URSULA FLACKE

1933
FEUER!

AF178201

URSULA FLACKE

1933

FEUER!

HORLEMANN

Bibliographische Information der Deutschen Nationalbibliothek:
Die Deutsche Nationalbibliothek verzeichnet diese Publikation in der
Deutschen Nationalbibliographie, detaillierte bibliographische Daten
sind im Internet abrufbar: http://dnd.d-nb.de.

ISBN 978-3-89502-410-8

Erschienen 2022 im Horlemann Verlag
www.horlemann.info

© 2022 Horlemann Verlag, Merdingen
1. Auflage: September 2022

Lektorat: Andrea Gibbels
Umschlaggestaltung: Katja Schüch Buchgestaltung, Kirchheim/Teck
Verwendete Fotos: © akg/mauritius images/Karl Heinrich Lämmel;
© Alexander Sorokopud, shutterstock; © Choukun kub, AdobeStock
Innentypographie: Katja Schüch Buchgestaltung, Kirchheim/Teck
Druck: CPI books GmbH, Leck · Printed in Germany

Inhalt

»Meine Pädagogik ist hart. Das Schwache muss weg-gehämmert werden ... Eine gewalttätige, herrische, un-erschrockene, grausame Jugend will ich ... Das freie, herrliche Raubtier muss erst wieder aus ihren Augen blitzen ... Ich will eine athletische Jugend. Das ist das Erste und Wichtigste. Ich will keine intellektuelle Erzie-hung. Mit Wissen verderbe ich mir die Jugend.«

Adolf Hitler

Frankfurt, im Februar 1933

»Elisa, Elisa wach auf!«

Elisa spürte kalte Finger, die gegen ihre Wange klopften. Sie lag auf dem Boden, der Boden war hart.

»Elisa, hörst du mich?«

Die Stimme klang weinerlich, fast verzweifelt. War das Judith? Vorsichtig hob Elisa die Augenlider. Da war graues Licht, trüber Dunst, sie roch verbranntes Benzin. Sie hörte das Quietschen von Reifen, das Trappeln von Schuhen und fühlte eisigen Wind.

Das Gesicht ihrer Freundin beugte sich über sie. »Alles in Ordnung?« Judiths Atem ging schnell und stoßweise.

»Was ist passiert?« Elisa tastete nach ihrer Stirn, sie schmerzte. Judith schob die Hand zur Seite. Die gefrorenen Flusen an ihrem Handschuh streiften Elisas Wangen.

»Das blutet etwas. Ist nicht so schlimm. Ein Kieselstein hat dich getroffen …«, sagte Judith.

»Was? Ein Stein? Von wem?« Elisa setzte sich hoch und schüttelte benommen den Kopf. Ihre Wollmütze war verrutscht.

»Weiß nicht …«

Elisa erinnerte sich, sie war im Osthafen bei den Kohlesammlern, gleich hinter der Wilhelmsbrücke. Gestalten in zerschlissenen Kleidern, Alte mit rotgefrorenen Gesichtern und junge Frauen mit weinenden Kindern an den Händen lungerten hier herum.

Mit Drückkarren, Säcken an Fahrrädern oder einfach nur mit Beuteln warteten sie auf den nächsten Kohlewagen.

»He, was macht ihr denn hier?«, rief Bruno, der mit ihnen in eine Schulklasse ging. Er rannte mit Plakaten und Kleister auf sie zu und kniete sich neben Elisa. »Was ist passiert? Du blutest ja!«

»Sie haben eingebrochen. Bei uns im Keller«, erzählte Elisa, während Judith ihr mit Schnee Blutflecken von der Stirn tupfte. Die Eiskristalle stachen wie Nadeln in ihre Haut. »Säcke voll Kohlen haben sie gestohlen. Im Nachbarhaus auch.«

»Ich weiß«, sagte Bruno, während er sich vorsichtig umschaute. »Die Kohlendiebe … In schlechten Zeiten wird alles gestohlen, was Geld bringt. Und dann unter der Hand weiterverkauft. Besonders hier am Umschlaghafen. Aber was hast du damit zu tun?«

Elisa raunte ihm zu: »Ein Dieb hat sich bei uns an der Kellerscheibe verletzt. Sie war eingeschlagen. Ich dachte …«

» … und du dachtest, du könntest ihn hier einfach stellen und festnehmen?« Bruno grinste und hielt den Kopf schief. Sein rötliches Haar blitzte unter der Schiebermütze hervor.

»Das nicht, aber wir könnten ihn aufstöbern und beschatten. Seine Hand muss verbunden sein. An der Scheibe war Blut …«

Bruno lachte spöttisch. »Ihr seid echt noch grün hinter den Ohren!«

»Aber das sind Diebe. Die beklauen andere. Die müssen verhaftet werden!«

»Diebe! Was sind schon Diebe ...« Bruno trat verärgert gegen eine rostige Blechbüchse. Sie schepperte über den vereisten Asphalt. »Was wisst ihr schon! Und Judith läuft dir immer gleich hinterher, was?«

»Ich?« Judith rümpfte die kleine Nase. »Das ist doch Unsinn! Ich ...«

»Ihr solltet euch da besser raushalten«, unterbrach Bruno. »Hier treiben sich gefährliche Banditen rum. Und eure Eltern? Die sind doch sonst immer so besorgt um euch. Haben die etwa erlaubt, dass ihr hierher kommt?«

»Natürlich nicht. Sie haben das sogar streng verboten. Hier gäbe es irgendwelche Aufmärsche von Nazis und Kommunisten oder so«, antwortete Elisa, rappelte sich hoch und wischte Schneedreck vom Mantel. »Wenn die wüssten, dass ich hier bin. Und das gegen ihren ausdrücklichen Willen! Da hätte ich richtig Ärger am Hals. Aber sie müssen ja nicht alles wissen.«

Bremsen quietschten. Ein Lieferwagen bog mit Schwung um die Ecke, Kohlestückchen prasselten von der Ladefläche zu Boden. Die Menschen stürmten zum Sammeln. Kinder liefen dem Lastwagen hinterher, ob nicht doch noch ein Stückchen Kohle herunterfiel.

»Guck mal, der Aufpasser da hinten. Auf der Ladefläche«, sagte Elisa leise. »Der stößt ja mit dem Fuß Kohle auf die Straße ... Macht der das extra?«

Bruno zog seine Schiebermütze tiefer in die Stirn, als wollte er seine Sommersprossen verdecken. »Es gibt

Menschen, die frieren, denen ist saukalt. Und der da auf dem Lastwagen hat Mitleid. Ist das auch ein Dieb, der verhaftet werden muss?«

Elisa schaute dem Kohlewagen nachdenklich hinterher. Sie selbst hatten es in ihrer Wohnung warm, in den Kachelöfen loderte das Feuer. Und ihr Kohlenkeller war immer noch gut gefüllt.

Während Judith Schmelzwasser aus ihrer rot gefrorenen Handfläche wischte, schaute Elisa den schmächtigen Kindern nach, die hinter dem Lastwagen herliefen. Der Laster kam wohl vom Hafenbecken und fuhr vollbeladen an Wellblechhütten vorbei in die Stadt.

An den Hütten klebten Plakate: ›Stopp den Kohlenklau!‹ und ›Gegen Hunger und Verzweiflung – wählt Hitler‹. Daneben hatten die Kommunisten ihr Plakat angeklebt: ›Wer Hitler wählt, wählt den Krieg‹.

Plötzlich gellten Schreie auf, Schüsse hallten durch die Straßen, dann waren Trillerpfeifen zu hören und militärisches Aufstampfen von derben Stiefeln.

Von rechts kam ein Trupp näher. Mit Mänteln über den Braunhemden, Knüppeln an den Gürteln, Pistolen im Halfter. Einer schwenkte eine rote Fahne mit Hakenkreuz auf weißem Kreis. Das musste ein Trupp der SA sein, der Sturmabteilung der Nationalsozialisten.

Von der anderen Seite marschierten die Kommunisten näher, mit Hammer und Sichel auf den Fahnen, mit Plakaten und Spruchbändern.

Hafenarbeiter hielten Schlagstöcke in den Händen und stellten sich abwartend an den Wegrand. Frauen griffen ihre Kinder und flüchteten in Lagernischen oder schmale Wege.

Die Straße war inzwischen menschenleer. Nur ein

paar Ratten huschten über den lehmig zerfurchten Frostboden. Schritt für Schritt marschierten die beiden Trupps aufeinander zu.

»Bloß weg hier. Gleich fliegen die Fetzen!«, zischte Bruno. Aber wohin? Die Hanauer Landstraße, die aus dem Osthafen hinaus in die Stadt führte, war durch den SA- Trupp versperrt.

Bruno duckte sich und starrte an Elisa vorbei zu den bewaffneten Braunhemden. Zwei von ihnen hatten sich aus der Kampfgruppe gelöst und rannten auf ihn zu. Einer der beiden hatte eine vernarbte Wange, als hätte ein Feuer ihm die Haut weggebrannt, der andere war kleiner und ungewöhnlich blass.

In Elisas Kopf ratterten Bilder vorbei, wie von alten Zelluloid-Rollen aus den Kinofilmen: Ihr Kohlenkeller, die eingeschlagene Scheibe, der schwarzgekleidete Dieb, gefüllte Kohleneimer, der blutige Handabdruck an der Wand …

»Jetzt komm! Was ist?«, brüllte Bruno, setzte sich in Trab und zeigte mit einer Kopfbewegung auf Plakate und Kleister. »Das da hol ich später. Los, mir hinterher!«

»Was wollen die denn von dir?«, rief Judith.

»Ich habe mit denen noch eine Rechnung offen. Oder die mit mir. Jetzt macht schon! Sonst kriegt ihr auch was ab.«

Die beiden SA-Männer rannten schneller und hielten Schlagstöcke hoch. Der mit der vernarbten Wange grinste, sein Gesicht wurde schief und wirkte, als hätte er eine Maske übergestülpt.

»Los, komm!« Elisa schnappte Judiths Hand, zerrte ihre Freundin mit sich und lief hinter Bruno her.

Sie rannten über Gleisanlagen, Schienen und Weichen, über brüchigen Schotter, an Güterzügen vorbei, die voll beladen weiter zum Hauptbahnhof fuhren. Eine Lokomotive stieß bauchige Rauchschwaden aus, sie zischte und dampfte. Es roch nach Schmieröl und Eisen.

Die beiden SA-Männer hinter ihnen kamen näher.

Sie liefen über schneebedeckte Kaimauern, die kein schützendes Geländer hatten und an denen es steil hinunter zum zugefrorenen Nebenarm des Mains ging. Nur schmale Stufen führten hinunter zum Fluss.

Plötzlich stolperte Elisa über ihren langen Strickschal, der ihr vom Hals gerutscht war und strauchelte über die vereisten Schottersteine.

»Vorsicht«, rief Bruno. »Das ist hier verdammt glatt!«

»Ach nee, da wär ich nicht drauf gekommen!«, sagte Elisa, packte ihren Strickschal und rannte weiter.

Bruno stockte. Er schaute zu einem abgestellten Güterwagen hinüber, der gleich neben der Wartungshalle für Eisenbahnwaggons stand. Er war fensterlos. Die braune Schiebetür war nur noch handbreit geöffnet und wurde jetzt mit Wucht zugezogen. Dann regte sich nichts mehr.

»Waren das die beiden SA-Männer?«, fragte Elisa leise.

»Bin mir nicht sicher«, antwortete Bruno.

»Was die da wohl machen?«

»Keine Ahnung. Los, weiter! Vielleicht habe ich mich ja nur getäuscht.«

Dann rannten sie vorbei an Erde, die von Baggern für neue Industriebauten aufgerissen war und an Riesenkränen, die mit ihren Schaufeln Kohle von breiten Schleppkähnen auf Züge beförderten.

»Hierher!« Bruno duckte sich, lief hinter einen aufgeworfenen Berg mit Kies und ging in die Hocke. Judith und Elisa kauerten sich neben ihn. Sie warteten.

»Sind sie weg?«, fragte Elisa leise.

»Wartet«, flüsterte Bruno, während er sich geduckt immer wieder nach allen Seiten umschaute. »Vielleicht lauern sie uns auf.«

Als sich ein paar Minuten lang nichts regte, schlichen sie aus ihrem Versteck und rannten weiter.

»Wo willst du denn hin?«, rief Judith.

»Wartet's ab!« Bruno rannte an einem hohen Vorratsspeicher vorbei auf einen kleinen Lagerraum zu, der gleich neben einer Fabrikhalle lag.

Mit rotgefrorenen Fingern steckte er einen Schlüssel ins Schloss, drehte ihn um und riss die Eisentür auf. »Los, rein mit euch!«

Kaum, dass die Mädchen im Lagerraum waren, verriegelte er die Tür. Drinnen war es stockdunkel. Es ratschte, als Bruno an seiner Schuhsohle ein Streichholz anzündete. Dünnes Licht flammte auf.

Dann schob er einen kleinen Metalldeckel zur Seite, der in Augenhöhe an der Tür angebracht war. Ein kleines Loch gab die Sicht nach außen frei. Bruno linste hindurch, und wieder warteten sie ein paar Minuten.

»Die Luft ist rein!«, sagte er schließlich und knipste das Licht einer Glühbirne an, die von der Decke herunterbaumelte.

Im Raum lagerten Kisten und Krempel, Stühle, die ineinander gestellt waren, aufgerollte Spruchbänder, leere Papierblätter und Pappe, die auf Leisten genagelt und noch nicht beschrieben war.

In einer Lücke stand ein Holzpferd, auf dessen Sitzfläche sich Kartons stapelten. Es roch muffig. Judith nieste, als sie den Staub einatmete.

»Los, erzählt!« Bruno wandte sich an Elisa. Seine

Augen blitzten. »Wer hat den Stein nach dir geworfen? Wurdet ihr verfolgt?«

»Wieso verfolgt? Ich versteh nicht …« Elisa rieb Dreck von ihrem Mantel und wischte Steinchen vom Stoff.

»Ist euch jemand aufgefallen?«

Elisa schaute Judith verwundert an. »Ist dir jemand aufgefallen?«

Ihre Freundin schüttelte den Kopf. »Nö. Keine Ahnung. Wieso denn?«

»Schon gut. Das war nur so ein Gedanke von mir.« Bruno nickte. »Komm her, ich mach schnell noch deine Wunde sauber. Und kleb ein Pflaster drauf.«

»Pflaster? Etwas für Wunden? Das hast du alles hier?«

»Na klar, Verbandszeug, Mullbinden. Man weiß ja nie, wer sich da draußen rumtreibt.« Bruno zog die Augenbrauen hoch und schob seinen Kopf näher an die Mädchen heran. »Aber vorher müsst ihr schwören.«

»Schwören? Was soll das denn jetzt schon wieder?«

»Dass ihr niemandem von meiner … Zentrale hier erzählt.«

»Niemandem? Auch den Eltern nicht?«, fragte Judith.

»Vor allem den Eltern nicht. Je weniger davon wissen, desto besser. Es ist nur zum Schutz für alle.«

»Also gut, wir schwören. Zufrieden?« Elisa schaute gelangweilt hoch zur Glühbirne mit den sirrenden Drähten und pfiff das Lied vom neuen Frühling, der in die Heimat kommt …

Bruno verdrehte die Augen und hob dann die aufgestapelten Kästen vom Holzpferd. Dahinter war ein Vorhang zu sehen. Vorsichtig schob er ihn zur Seite. »Passt auf, dass nichts runterkracht.«

Vor ihnen lag ein kleiner Raum mit einem langen

Tisch, auf dem Glasröhren lagen, Steckdosen, Schraubenzieher und sogar Lötkolben und Bunsenbrenner.

Daneben stand ein halbrundes Kupfergerät mit vielen Löchern. Es sah aus wie ein Igel, dem die Stacheln fehlten. Auf dem Boden standen Gehäuse aus Holz, überall lagen aufgerollte Kabel herum.

Bruno kramte in einer Kiste mit Verbandszeug, Tinkturen und Arzneitöpfchen, bis er ein Fläschchen mit einer Flüssigkeit herausholte. Er tropfte etwas davon auf einen Tuchfetzen, gab Elisa ein Handzeichen, sich auf eine Bank zu setzen und beugte sich über ihre Wunde.

»Was ist das denn?«, fragte sie misstrauisch.

»Sowas wie Alkohol. Damit sich nichts entzündet …

»Alkohol?«

»Ja, um die Wunde zu säubern. Alkohol! Trinken hilft da nichts.« Bruno grinste breit. »Aber es brennt ein wenig.«

»Ich werd's überleben!« Elisa zuckte nicht einmal, als er mit dem durchtränkten Tuch Flüssigkeit auf ihre Wunde tropfte.

»Ganz schön tapfer. Für ein Mädchen …«

Elisa knuffte ihn mit dem Ellbogen. »Du Sprücheklopfer!«

»Wie wär's mit danke?« Bruno verschloss das Fläschchen und stellte es zurück in die Kiste.

»In Ordnung: danke! Aber die Sprüche kannst du dir sparen!«

Auf dem Boden stand eine Kugellampe mit Kabel und Schalter. Darüber lag ein dünnes, rotes Tuch. Als Elisa die Lampe anknipste, leuchtete das Tuch, als läge ein rötlicher Dunst über ihr.

»Was ist das denn?«, fragte sie neugierig. »Willst du

damit Geister beschwören? So wie der Wahrsager, dieser Hitler-Freund ... dieser ... wie heißt er nochmal?«

»Hanussen!« Bruno nickte. »Dieser elende Trickser und Betrüger, der mit seiner Zeitung die Nazis hochjubelt. Zweimal am Tag hält der vor Tausenden von Besuchern spiritistische Sitzungen ab und zockt Kohle ab. So mit Hypnose und so.«

»Ich würde sowas auch mal gerne sehen ...«

» ... du zahlst dafür ein Vermögen. Aber die Leute wollen ja betrogen werden.« Bruno rümpfte die Nase. »Kohle hat er, davon kannst du nur träumen. Der hat 'ne Luxusyacht, einen Bugatti, einen Cadillac, und dann feiert er wilde Orgien. Die halbe SA in Berlin-Brandenburg steht bei ihm mit Spielschulden in der Kreide und ...«

»Ach ja? Und woher weißt du das?«, fragte Elisa.

»Das sag' ich besser nicht.«

»Aber ... er sagt doch Ereignisse voraus«, sagte Judith verunsichert.

»Richtig. Er sagt Ereignisse voraus. Genauso wie ich ...« Bruno unterdrückte ein Lachen, nahm ein Pflaster aus einer rostigen Blechkiste und klebte es auf Elisas Wunde. »Fertig! Und zieh nicht immer alles so ins Lächerliche. Das hätte auch daneben gehen können. Seid lieber vorsichtig. Noch ist nicht geklärt, warum dich ein Stein getroffen hat ... Und jetzt habe ich zu tun.«

Während er durch das Guckloch in der Eisentür die Gegend beobachtete, beschrieb er ihnen einen Weg, den sie nehmen konnten, um nicht den Nazis in die Arme zu laufen. Dann nickte er und öffnete die Tür.

»Bis morgen in der Schule«, raunte er ihnen zu.

»Bis morgen«, antworteten Elisa und Judith leise.

»Und grüß deinen Onkel Toni!«

Als Bruno die Tür hinter sich verschlossen hatte, waren von drinnen seltsame Geräusche zu hören, die kaum hörbar in einem surrenden Fiepen rauf und runter die Tonhöhe wechselten.

»Was ist das denn?« Elisa legte ihr Ohr an die Stahltür und lauschte. »Was macht Bruno da drin?«

»Los, komm jetzt!«, sagte Judith. »Mir ist kalt ... außerdem ist es schon spät. Ich muss nach Hause. Ich habe doch seit zwei Tagen ein kleines Brüderchen.«

»Also gut! Das mit dem Geräusch können wir später noch rauskriegen«, sagte Elisa und fuhr nachdenklich fort: »Aber komisch ist schon, dass Bruno gefragt hat, ob ich verfolgt wurde.«

»Naja, so'n Steinchen fällt ja nicht vom Himmel.«

»Ob mir jemand Angst einjagen will? Und was hat Bruno mit meinem Onkel Toni zu tun?«, sagte sie nachdenklich. »Ich weiß nur, dass die sich hin und wieder mal treffen.«

»Dass seine Eltern das alles erlauben ...«

»Naja, er ist eben ein Junge. Außerdem lebt er bei seinem Vater, der sieht das wohl alles ziemlich locker.«

»Und seine Mutter?«

»Keine Ahnung.«

»Ach, vergiss es, denk' einfach nur an morgen ...«, sagte Judith und wickelte sich den Strickschal über die blonden Locken, die ihr bis auf die Schultern fielen.

»Morgen!« Elisa lachte, schlidderte über eine zugefrorene Pfütze und ruderte mit den Armen. »Ich hätte nie gedacht, dass ich mich mal auf die Schule freue!«

»Und auf Hannes? Was ist mit Hannes?« Judith lächelte. Zwischen ihren Vorderzähnen zeigte sich eine schmale Lücke.

Elisa strahlte. »Ja, Hannes, endlich!«

Endlich konnten sie wieder zur Schule. Im Januar war nämlich die Grippe ausgebrochen. Eine richtige Epidemie hatte es gegeben. Erst wurden hundert Schulklassen nach Hause geschickt und drei Schulen geschlossen, kurz darauf waren alle Schulgebäude dicht. Die Betten der Krankenhäuser hatten nicht ausgereicht, und als die Baracken überfüllt waren, wurden in den Schulen Notkrankenhäuser errichtet. Jetzt war die Grippewelle abgeflaut, und der Unterricht wurde wieder aufgenommen.

»Morgen!« Elisa breitete die Arme aus, als wollte sie jemanden umarmen. Ihre rostbraunen Zöpfe flogen durch die Luft.

Sie lief mit Judith über die Hanauer Landstraße zurück in die Innenstadt, während sie über die Schule redeten. Ob der blonde Hannes sie wohl auch vermisst hatte? Ob der kleine Richard gewachsen war? Und ob Lehrer Mannskopf noch mehr Haare aus der Nase gewachsen waren?

Elisa steckte ihre Hände in einen Muff aus Lammfell, der an einer Schnur um ihren Hals hing. Er war wie ein Schlauch genäht, um von beiden Seiten die Hände darin zu wärmen. Sie blickte hoch in den bleigrauen Himmel und lächelte.

»Du bist ja richtig verliebt!« Judith knuffte sie in die Seite.

»Na und?« Elisa lachte.

»Und er weiß immer noch nichts davon?«

Elisa ließ ihre Finger im Muff über dem Herzen pochen. »Nee, davon weiß er noch nichts. Kommt schon noch. Den krieg ich schon.«

Auf dem Römerberg, wo das Rathaus von Frankfurt stand, waren überall Wahlplakate angeklebt. Parteifahnen hingen an Häuserfronten und flatterten von hohen Masten.

Die plärrende Stimme eines Kundgebungsredners schallte über Lautsprecher zu ihnen herüber, Sprachfetzen waren zu hören. »Entfernung der Juden ...« und » ... letztes Ziel«.

Dann schmetterte eine Militärkapelle einen Marsch. Kinder winkten mit Fähnchen der Sozialdemokraten, und immer mehr Menschen strömten auf das Holzgestell mit dem Redner zu. Einige ballten die Fäuste, andere schwenkten Hakenkreuzfahnen.

»Hoffentlich hat das mit diesen ewigen Wahlen bald ein Ende«, sagte Elisa. »Naja, bis zum März ist es ja nicht mehr lang.«

»Hauptsache, dieser Hitler bleibt nicht Reichskanzler«, sagte Judith. »Der hasst die Juden. Der will uns alle vernichten.«

»Wirklich?«, fragte Elisa ungläubig. »Alle Juden? Dich auch? Warum?«

Judith zuckte mit den Schultern. »Steht alles so in seinem Buch. Und du hörst es ja selbst.« Sie deutete zu dem Rednerpult hinüber.

»Aber das sind doch nur irgendwelche Redner ...«

Elisa blieb vor dem Brunnen mit der bronzenen Justitia stehen, der Göttin der Gerechtigkeit. Die streckte mit der einen Hand ein Gerichtsschwert hoch und hielt mit der anderen eine Waage mit zwei Schalen. Darauf sollten die Taten eines Menschen gegeneinander aufgewogen werden.

»Was die Göttin der Gerechtigkeit wohl zu dem Aufpasser sagt, der von der Ladefläche des Lastwagens aus Kohlestücke zu den Leuten hinunterwirft, die frieren ...«, sagte Elisa. »Ist das jetzt Diebstahl oder nicht?«

Vor dem Salzhaus hockten auf eisigem Boden Kriegsversehrte vom letzten Weltkrieg, Krüppel, wie man sie abfällig nannte. Ihre Krückstöcke lagen neben ihnen. Sie streckten die Hände vor, die mit Schmutzlumpen umwickelt waren und bettelten um ein paar Kupfermünzen.

Wieder schaute Elisa hoch zur Gerechtigkeitsgöttin mit ihrer Waage. »Was meinst du, ist das gerecht?«

»Gerecht? Was soll denn jetzt schon wieder gerecht sein?«, fragte Judith.

»Ich meine, dass jemand im Krieg ein Bein verliert und dann betteln muss«, antwortete sie. »Eigentlich müsste eine Waagschale doch nach unten sinken. Und der Soldat müsste Geld kriegen. So als Entschädigung. Schließlich hat er ein Bein fürs Vaterland gegeben.«

»Aber das Bein kriegt er dadurch auch nicht wieder.«

»Jedenfalls muss er dann nicht mehr betteln ... gerechter wär's.«

»Was ist schon gerecht?«, sagte Judith leise. »Mein Vater ...«

»Ja, ich weiß, nicht traurig sein.« Elisa nahm die Hände aus ihrem Muff, legte den Arm um die Freundin, die viel kleiner war als sie, zog sie nah an sich heran und flüsterte ihr ins Ohr: »Es gibt Gerechtigkeit.«

»Bist du sicher?«

»Ganz sicher.«

»Aber wann?« Judith schaute mit traurigem Blick hoch. Ihre Lippen waren blass. Sie zitterte.

»Eines Tages. Bestimmt.« Elisa streichelte ihrer Freundin über die kalten Wangen. »Ganz bestimmt.«

Judiths Augen waren tränennass. Sie senkte den Blick und schwieg.

»Bis morgen?«, fragte Elisa leise.

Judith nickte und rieb sich die kleine Nase, die von der Kälte ganz gerötet war. »Bis morgen, Schalom.«

Der Himmel war blassgrau, und es roch nach frischem Schnee, als Elisa nachdenklich nach Hause ging. Sie dachte an Judiths jüdischen Vater, der als deutscher Soldat im letzten Weltkrieg im französischen Arras seinen rechten Arm verloren hatte. Trotzdem hatte er es geschafft, seine Arztpraxis weiterzuführen. Er war bekannt für seine herausragenden Diagnosen.

Sein jüdischer Neffe, ein junger Mediziner, hatte das übernommen, was er selbst nicht mehr leisten konnte, weil sein rechter Kittelärmel leer an ihm herunterhing ...

Gerade kam Elisa an der Klinger-Schule im Hermesweg vorbei, als ein schwarzer BMW vor dem gusseisernen Tor hielt. In dieser Schule wurde seit Januar nicht mehr unterrichtet. Man sagte, die Nationalsozialisten hätten dort eine Kommandozentrale und eine Kaserne eingerichtet, und das Gebäude hieß jetzt Adolf-Hitler-Schule.

Elisa beobachtete, wie die hintere Wagentür des BMW aufgerissen, ein Mann herausgezerrt und unter Schlägen den Weg entlang zur Eingangstür getrieben wurde. Er stolperte und wurde mit Tritten weitergejagt. Einer der SA-Männer lachte, ein anderer hieb mit einem Knüppel auf ihn ein.

Sie duckte sich und schaute ihnen versteckt hinter kahlem Gestrüpp hinterher. Wer da wohl geschnappt worden war? Ein Mörder? Ein Verbrecher? Die Eingangstür des Gebäudes fiel ins Schloss, und Wachposten mit Gewehren stellten sich davor.

Elisa lief zu ihrem Wohnhaus mit den Stuckfassaden, das ein paar Straßen weiter in der Bergerstraße lag, gleich gegenüber vom Bethmannpark. Sie zog leise die Haustür auf und lief in den Flur. Auf Zehenspitzen schlich sie über Marmorfliesen auf den Treppenabsatz zu.

Vorsicht, dachte sie. Nur nicht dem schlaksigen Friedrich begegnen, dem Sohn von Hauswart Borkmann, der auch in ihre Schulklasse ging.

Friedrich war für sie ein elendes Großmaul mit seinem spöttisch grinsenden Gesicht, das vor Pubertätspickeln nur so strotzte. Außerdem waren Elisa seine langen Finger unheimlich, die er so geschmeidig biegen konnte. Manchmal bog er sie mit der anderen Hand so weit nach hinten, dass sie seinen Handrücken berührten. Dann kreischten die Mädchen auf, und er liebte es, sie kreischen zu hören. Und dann zog er an seinen Fingern, bis es im Gelenk knackte. Niemals wollte Elisa von diesen Fingern berührt werden!

Und da stand Friedrich auch schon vor ihr und grinste.

»Na, wen haben wir denn da?«, sagte er und versperrte ihr breitbeinig den Weg.

»Lass mich durch! Nun geh schon …«, fuhr Elisa ihn an.

»Zuerst will ich wissen, wo du warst.«

»Das geht dich gar nichts an!«

»Aber vielleicht … deine Eltern. Sie sind doch immer so unsäglich besorgt um dich. Außerdem: vergiss bitte nicht, ich bin der Sohn des Hauswarts. Uns geht es sehr wohl etwas an, wer hier ein- und ausgeht.« Er stutzte. »Ei, ei, ei, woher haben wir denn ein Pflaster an der

Stirn? Ist das etwa eine Verletzung? Wie haben wir uns denn da verletzt? Sind wir gefallen? Oder war es etwa ... ein Stein?«

Elisa war verunsichert. »Woher weißt du ...?«

»Ah, ein Stein! Es war ein Stein.« Friedrich lachte laut, sein Gelächter hallte im Treppenhaus nach.

Elisa wich zurück. Sie musste aufpassen und durfte sich von dem da nicht übertölpeln lassen. »Was willst du von mir?«

»Was ich will? Nichts weiter. Es war doch nur ein Stein. Ein kleiner Stein...« Er spielte an dem Springmesser herum, das an seinem Gürtel baumelte, ließ die Klinge springen und drückte sie langsam wieder zurück. Mit ironischem Unterton fuhr er fort: »Also ein Stein. Wer den wohl geworfen hat!«

Elisa blitzte ihn mit ihren grünen Augen an. »Du warst das also, im Osthafen! Der mit dem Stein ...«

»Ah, du warst im Osthafen! Danke für die Auskunft.« Er lachte noch lauter und stellte sich breitbeinig vor sie. »Ich war den ganzen Nachmittag über hier. Mein Vater, der ja schließlich Hauswart ist, kann das bezeugen. Und du willst ihn doch nicht etwa der Lüge bezichtigen?«

Elisa kniff verärgert die Lippen zusammen. Er hatte sie herausgefordert, und sie war ihm auf den Leim gegangen und hatte sich verplappert.

»Na und?«, fuhr sie ihn an. »Hast du jetzt deinen Spaß gehabt?«

Elisa wollte sich an ihm vorbeidrängen, aber Friedrich versperrte ihr wieder den Weg. Wütend stemmte sie die Hände in die Hüften. »Was willst du denn noch von mir?«

Friedrich verdrehte die Augen, als würde er nachdenken. »Was ich noch will? Hm … na, sagen wir zwanzig Reichsmark. Nichts ist umsonst. Dann sage ich niemandem, wo du dich herumgetrieben hast.«

»Zwanzig Reichsmark?« Elisa wurde blass und ließ langsam die Arme sinken. »So viel Geld? Wo soll ich das denn herkriegen?«

»Das ist nicht mein Problem! Morgen also, in der Schule. Und zu niemandem ein Wort. Sonst bist du dran!«

» … aber …«

»Aber du musst mir das Geld nicht geben.« Friedrich schaute sie mit treuem Hundeblick an. Die Pickel auf seiner Stirn glühten. »Und ich muss nicht den Mund halten und darf deinem lieben Vati sagen, wo du dich heimlich herumtreibst. Es ist doch nur aus Sorge, verstehst du? Aus reiner Sorge um dich!«

Friedrich streckte seinen Zeigefinger vor, deutete auf Elisa und zog an dem Finger, bis es im Gelenk knackte. Dann schob er das Mädchen zur Seite und schlenderte pfeifend zurück zu der Hausmeisterwohnung, die ein paar Stufen tiefer im Untergeschoss lag. Der Pfeifton hing noch im Treppenhaus, als Friedrich die Wohnungstür längst hinter sich geschlossen hatte.

Zwanzig Reichsmark …, dachte Elisa. Woher sollte sie nur so viel Geld nehmen? Friedrich würde bestimmt verraten, dass sie trotz Vatis ausdrücklichem Verbot im Osthafen gewesen war.

Sollte sie nicht einfach zugeben, dass sie nicht gehorcht hatte? Aber das würde Mutti und Vati maßlos enttäuschen, denn sie hatte das Vertrauen der Eltern gebrochen. Was wog also schwerer auf der Waage: Friedrichs Erpressung nachzugeben oder mit ihrem Geständnis Vati und Mutti vor den Kopf zu stoßen?

An der Haustür im ersten Stock stieß sie fast mit ihrer Mutter zusammen, die mit einem leeren Blecheimer und dem Kellerschlüssel in der Hand die Wohnungstür öffnete.

»Ach, da bist du ja, mein Mädchen. Hol doch bitte Kohlen aus dem Keller, dann muss ich das nicht tun.«

»Aber die Einbrecher ...«

»Jetzt stell dich nicht an. Die sind doch längst fort.«

Elisa hielt den Kopf gesenkt. Die Mutter sollte nicht sehen, dass ein Pflaster auf ihrer Stirn klebte.

»Außerdem: Vati hat das Kellerfenster mit Brettern zugenagelt«, fuhr Mutti.

»Ja, ja. Ist ja gut. Ich mach das schon. Ich zieh nur schnell den Mantel aus und geh ins Badezimmer«

Elisa lief ins Bad und überlegte. Sollte sie? Sie nickte. Vorsichtig zog sie das Pflaster von der Stirn und tupfte von Muttis Schminke etwas auf die heilende Wunde. Dann löste sie ihre Zöpfe, bis sie in rostbraunen Wellen an ihr hinunterhingen, kämmte Knötchen aus den Haaren, schnitt einfach ein paar seitliche Strähnen in Höhe der Augenbrauen ab und kämmte sie über die Verletzung. Von der Wunde war jetzt nichts mehr zu sehen.

»Ich stell' den Eimer vor die Tür«, hörte sie Muttis energische Stimme. »Wir haben Gäste. Und nimm Karlchen mit. Im Keller ist es dunkel. Dann kann er mit einer Kerze leuchten.«

Elisa verdrehte die Augen. Karlchen, Karlchen! Immer Karlchen!

Wer hat Angst

vorm schwarzen Mann

»Nun geh schon und leuchte.«

»Da drin ist's aber dunkel!«

»Dafür hast du ja die Kerze ... Nun geh endlich ... Kleine Brüder sind echt `ne Qual.«

»Ich bin keine Qual.«

»Dann mach die Tür auf.«

»Nee, jetzt erst recht nicht!«

Elisa seufzte und schob selbst die Brettertür zum Kohlenkeller auf. In der einen Hand hielt sie den Blecheimer am Henkel, in der anderen den Schlüsselbund. Es quietschte in den Angeln, und die Luft schmeckte nach Moder. Mit einer schnellen Bewegung ließ sie ihre stramm geflochtenen Zöpfe auf den Rücken fallen. Gleichzeitig dachte sie an den schlaksigen Friedrich mit den beweglichen Fingern. Zwanzig Reichsmark! Wo sollte sie die nur auftreiben?

»Jetzt geh schon und leuchte!«

»Mach ich ja. Beruhig' dich.« Karlchen streckte eine dicke Kerze vor. Der Lichtschein kreiselte über Briketts und einem Berg aus Eierkohlen. Sie glänzten schwarz, Silberpunkte glitzerten in Kohle und Staub.

»Wo ist die Schaufel?«, fragte Elisa.

»Weiß ich nicht.«

»Dann leuchte doch!« Elisa schaute die Kellerwand hoch. Warum hatte Vati das eingeschlagene Fenster nur mit einfachen Brettern vernagelt? Warum gab es keine neue Glasscheibe? Oder ein Gitter? Ein Gitter hätte Sicherheit gebracht. Sicherheit und Helligkeit.

Noch immer war der blutige Handabdruck an der Kellerwand zu sehen. Das war die schmale Hand von jemandem, der gut durchs Fenster gepasst hatte.

Plötzlich knackte es hinter ihr. Elisa drehte blitzschnell den Kopf. War da jemand? Ein Dieb? Der schlaksige Friedrich?

»Das Holz arbeitet, hat Opa Josef gesagt.« Karlchen grinste. »Das Holz steht einfach nur da rum und arbeitet. Dann knackt es.«

»Du spinnst. Und jetzt leuchte!«

»Immer muss ich tun, was du sagst!« Karlchen knurrte und hielt die Kerze näher an die Eierkohlen. Ganz unten ragte ein Holzgriff heraus. Kohlen waren nachgerutscht und hatten die Schippe fast begraben. Elisa packte sie am Griff und schaufelte Kohlestückchen in den Blecheimer.

»Mir ist langweilig!« Karlchen kratzte Wachsnasen von der Kerze und ließ sie in der Flamme schmelzen. Der Docht knisterte und sprühte rote Funken.

»Ich bin ja gleich fertig.« Elisa schippte, zögerte, ließ die Schaufel sinken und starrte ins Dunkel. Sie glaubte, trotz der dicken Wände Friedrichs Pfeifen zu hören. Es klang zackig und siegessicher. Wie laut eine Erinnerung doch sein konnte!

Karlchen schlenderte zur hinteren Wand, und mit ihm tanzte das Kerzenlicht davon.

Plötzlich schrie er auf. Elisas Blick jagte zu ihm, dann zu den Regalen mit den Einmachgläsern und alten Säcken. Zwischen den Brettern schwebte an Fäden eine Gestalt, ganz schwarz, kaum armlang, mit schneeweißen Zähnen und hervorquellenden Augen. Sie hatte rote Hörner und einen langen Schweif.

»Da ... da, ein Geist!« Karlchen zeigte auf die Gestalt und wich langsam zurück. Das Kerzenlicht machte sein Gesicht ganz blass. Er wirkte jünger, viel jünger als sechs Jahre. »Ein schwarzer Geist ...«

»Quatsch! Das ist doch nur eine von Onkel Tonis Puppen.« Elisa ging auf die Marionette zu, fasste nach einem der Fäden, an denen sie herunterbaumelte und zog ihn hoch.

Die schwarze Puppe hob ruckartig den Arm und schob die ausgestreckte Hand vor. Sie glänzte wie mit Pech bestrichen. Elisa ließ den Faden los, und der Arm schnellte zurück. »Siehst du? Und jetzt komm.«

»Warum hängt sie denn hier im Keller?«

»Ich weiß nicht. Vielleicht muss das Holz trocknen.«

»Dann muss sie ja nicht im Keller hängen.«

»Ich weiß es doch auch nicht.«

»Und warum ist sie schwarz? Und hat rote Hörner?«

»Ich weiß es nicht!«

»Sie sieht aus, wie ... der Teufel vom Römerberg!«

Elisa stockte. Der Teufel war schwarz, hatte rote Hörner und einen langen Schweif ... Tatsächlich, wie der Teufel vom Römerberg, eben nur in klein.

Im letzten Jahr hatte es nämlich auf dem Römerberg, wo das Rathaus stand, wieder Aufführungen vor mehr als tausendfünfhundert Zuschauern gegeben. Mit Hunderten von Mitspielern. Sogar Pferde waren dabei gewesen. Für solch gigantische Spektakel waren die Römerberg-Festspiele berühmt.

Da war das Theaterstück »Faust« aufgeführt worden, und der Teufel, der Höllenfürst war dort auf der Suche nach Seelen gewesen.

»Seelen für die Hölle!« Karlchen nickte und flüsterte: »Richtig schön gruselig.«

Er ging näher an die Marionette heran und leuchtete mit der Kerze. »Da klebt was!«, sagte er und fuhr mit der Kuppe seines Zeigefingers über die Stelle zwischen Oberlippe und Nase. »Tatsächlich ...«

»Was denn? Zeig mal!« Elisa tastete die Stelle ab. Da waren Haare zu spüren. Der schwarze Teufel hatte einen Oberlippenbart!

»Wer hat Angst vorm schwarzen Mann ...«, sang Karlchen leise das Lied vom Fangen spielen. »Wer hat Angst vorm schwarzen Mann ... und wenn er aber kommt, und wenn er aber kommt, dann laufen wir, dann laufen wir!«

Der Gesang hallte unheimlich von den Wänden wider. Elisa fröstelte. Sie drängte Karlchen zur Kellertür und griff nach dem Kohleneimer. Er war schwer, der Eisenbügel drückte sich in ihre Handfläche.

»Dann laufen wir, dann laufen wir ...«, sang Karlchen und kicherte.

Elisa schob Karlchen weiter. Nichts wie weg! Die schwarze Puppe, vielleicht löste sie sich ja von den Fäden, sprang zu Boden und jagte ihnen nach. Mit grinsendem Maul, vorgestreckten Hörnern und klappernden Gelenken.

Schnell die Kellertür zu! Elisa schob den Riegel vor

und drehte den Schlüssel im Vorhängeschloss um. Dann blinzelte sie durch die Lattenritzen und verdrehte die Augen. Was für ein verrückter Gedanke! Eine Holzpuppe, die lebendig werden konnte. Angst ließ den Kopf manchmal ganz schön durcheinanderpoltern.

Warum Onkel Toni aber die schwarze Marionette geschnitzt hatte, konnte sie sich nicht erklären. Und der Teufel vom Römerberg hatte keinen Bart über der Oberlippe gehabt ...

Elisa hustete und verzog das Gesicht. Alles schmeckte nach Kohlenstaub und trocknete die Kehle aus. Mit dem Handrücken wischte sie sich über die Lippen und lief dem Lichtkegel von Karlchens Kerze hinterher.

»Warte!«

»Warum?«

»Weil ich hier kein Licht habe.«

Zwanzig Reichsmark, zwanzig Reichsmark, zwanzig Reichsmark! Die Worte tanzten wie aufgeschreckte Hirngespinste durch Elisas Kopf und klammerten sich an ihren Gedanken fest.

Vorsicht, die Bodenschwelle! Sie stolperte, strauchelte und fiel. Der Eimer schepperte, kippte, und Kohlestückchen kullerten über den Boden.

»He, Karlchen! Komm her, ich brauche Licht!«, rief Elisa und rieb sich den aufgeschürften Ellbogen.

Diese verdammten Bodenschwellen! Bei Kriegsende vor fünfzehn Jahren hatten sich hier im Keller zwei Soldaten versteckt, erzählte man. Soldaten, die vom Matrosenaufstand in Kiel nach Frankfurt gekommen waren.

Aber sie waren aufgestöbert worden, und es war zu Schießereien gekommen. Der Boden war von Gewehrsalven ganz aufgeplatzt gewesen. Nachdem Schutt zur Seite geräumt worden war, hatten Kinder die kleinen Krater für ihr Murmelspiel genutzt. Elisa hatte dort vier farbige Murmeln aus Ton gefunden und sogar einen Klicker aus Glas.

Die Schusslöcher waren notdürftig mit Beton ausgebessert worden. Aber die buckeligen Schwellen wurden nie geglättet.

»Dieser Mistkrieg!« Elisa fluchte leise, tastete nach den Kohlen, warf sie zurück in den Eimer und rief: »Karlchen? Wo bleibst du? Ich brauche Licht!«

Langsam tappte ihr Bruder näher, blieb vor ihr stehen und leuchtete. »Da drüben liegen noch welche. An der Mauer.«

»Willst du mir nicht helfen?«

»Nö. Warum? Du bist doch schon dreckig.«

Elisa biss sich auf die Lippe. Nur nicht ärgern! Sie mochte ihren kleinen Bruder, aber ständig dieses Plappermaul um sich zu haben, kostete Kraft und Nerven.

Trotzdem hatte ihre Mutter sie eindringlich gebeten, auf ihn aufzupassen, wenn die Kindergruppe von Oma Knollennase geschlossen war. Die Familie müsste jetzt zusammenhalten. Und sie sollte Ruhe bewahren und ihren kleinen Bruder nicht herausfordern.

Oma Knollennase war der Spitzname der Leiterin, denn ihre Nase sah wirklich aus wie ein Knollenpilz, der aus ihrem Gesicht herausgewachsen war. Manchmal leuchtete sie rot, als wäre sie zu oft geputzt worden.

Kaum hatte Elisa das letzte Stückchen Kohle zurück in den Eimer geworfen, lief Karlchen mit dem tanzenden Kerzenlicht davon. »Wer hat Angst vorm schwarzen Mann …« Seine Schritte hallten von der Kellertreppe aus zu ihr herüber. »Und wenn er aber kommt, dann laufen wir, dann laufen wir ...«

Helles Licht flutete durch die Oberlichter der Haustür ins Treppenhaus mit den Marmorfliesen. Das Glas war ganz milchig, wie aus Nebel gemacht. Draußen musste die Sonne scheinen. Aber es war kalt, eisig kalt.

Karlchen liebte es, auf einem Bein über die Fliesen zu hüpfen, ohne die Striche zu berühren, obwohl der Hauswart das streng verboten hatte. Er hüpfte und juchzte. Sein dunkles Lockenhaar wippte bei jedem Sprung rauf und runter. Flüssiges Wachs spritzte von der Kerze zu Boden. Wie auf Knopfdruck sprang die Hausmeisterwohnung auf, dann war das Klacken von einem Krückstock zu hören.

»Vorsicht, Glotzauge!«, flüsterte Elisa. Sie wollte losrennen, aber der Hauswart hatte sie schon entdeckt.

»Halt, hiergeblieben!«

Helmut Borkmann hinkte näher, dabei stützte er sich auf seinem Gehstock ab. Das Klacken der Metallspitze hallte bei jedem Schritt durch das hohe Treppenhaus. Selbst der alte Wilhelm, der in einer Kammer oben im Dachgeschoss lebte, musste es hören.

Borkmanns Haar glänzte, als hätte er da dunkle Schuhcreme einmassiert. Es war an der Seite scharf gescheitelt und lag am Kopf an wie eine zweite Haut. Kein Härchen stand ab. Der Blick seiner Augen suchte unruhig den Flur ab, als würde er etwas wittern. Die Lider zuckten.

Das wären Schäden aus dem letzten Krieg, hatte Mutti gesagt. Die kämen von der Ostfront, wo er gekämpft hatte. Diese Schäden wären nicht zu reparieren, so wie der Betonboden im Keller.

»Du kleiner Rotzlöffel!« Helmut Borkmann richtete den ausgestreckten Zeigefinger auf die Wachsflecken. Seine Hand glich einer Pistole, die auf einen Krieger am Boden zielte.

Elisa stellte den Eimer ab, ganz leise, kein Geräusch sollte ihn stören. Karlchen huschte hinter sie. Sie warf die langen Zöpfe auf den Rücken und zupfte die Stirnhaare über die verkrustete Wunde.

Wie in Zeitlupe bückte sie sich und kratzte mit dem Fingernagel das Wachs von den Fliesen. Sie kratzte, bis sie kein Krümelchen mehr unter den Fingerkuppen spürte. Die Wachsreste ließ sie in den Kohleneimer fallen.

Noch immer stand Borkmann da, mit der einen Hand stützte er sich auf den Krückstock, mit dem ausgestreckten Zeigefinger der anderen zielte er auf die Fliesen. Aber jetzt stand sein Sohn Friedrich neben ihm, der schlaksige Friedrich mit seinem spöttischen Grinsen. Wieder spielte er an seinem Klappmesser herum und bog dann seine Finger bis zum Handrücken.

Soll er doch, dachte Elisa und schaute ihn herausfordernd an.

Borkmann legte die Hand auf die Schulter seines Sohnes Friedrich, als wollte er ihn vor irgendetwas beschützen.

Karlchen hielt den Kopf gesenkt, blinzelte aber zwischen den Wimpern hindurch zum Hauswart, dann zu Friedrich, zu Elisa und wieder zurück. Stille. Die Kerze hielt er hinter seinem Rücken versteckt.

»Ist es gut so?«, fragte Elisa mit leiser Stimme. Ihre Wangen glühten. Sie glühten immer, wenn sie in Aufregung war. Wie oft hatte sie schon ihre geröteten Wangen verflucht, weil ihr eigener Körper sie verriet.

»Dort ist noch etwas!« Friedrichs Stimme kiekste vor

.

33

Freude, und er zeigte auf kleine Dreckkrumen. »Und dort. Und da auch.«

Elisa wagte nicht zu widersprechen, obwohl alle Wachsreste weggekratzt waren. Also warf sie auch die Erdkrumen, die von Schuhen abgebröckelt waren, in den Blecheimer.

Nur nicht Glotzauge herausfordern, dachte sie. Denn manchmal schlug er zu. Dann sauste der Krückstock nieder. Borkmann war Mitglied in Hitlers Sturmabteilung, der SA, der durfte das.

Im Schießerlass von letzter Woche hieß es, SA, SS und Polizei sollten in gutem Einvernehmen zusammenarbeiten. Elisa nickte. So hieß es. Ganz genauso.

Seitdem durchkämmten immer mehr Trupps in braunen SA-Uniformen die Straßen, Gassen und Parkanlagen. Das waren Männer, die ihre Macht in der Knüppelhand spürten. Jetzt hatten sie ihre eigenen Gesetze. Sie durften zuschlagen, das war erlaubt.

In Gedanken sah Elisa ein Bild von Judith vor sich, von ihrer blonden Judith mit der kleinen Zahnlücke. Das Bild wirkte verschwommen, wie aus Nebel gemacht. Und da! Hinter ihr, ein Braunhemd hob den Knüppel und …

Es knackte. Elisa schreckte hoch. Aber es war nur der schlaksige Friedrich, der das Gelenk an seinem Zeigefinger auseinandergezogen hatte.

Elisas Herz pochte. Ob Hitler das wirklich ernst gemeint hatte? Das mit den Juden? Dass er alle vernichten wollte? Auch ihre kleine Judith?

»Verschwindet!«, blaffte der Hauswart. »Noch ein einziges Mal, und es setzt was!«

Friedrich zwinkerte ihr zu. »Wie schön, Elisa, morgen

fängt doch die Schule wieder an. Ei, ei, ei, was es da wohl für Überraschungen gibt ...«

Elisa warf ihm einen abfälligen Blick zu, schnappte den Kohleneimer und rannte Karlchen hinterher die Treppe hoch. Unten verhallte das Klacken des Gehstocks. Und dann das Pfeifen eines Marschliedes. Eine Tür fiel ins Schloss. Karlchen juchzte und hüpfte auf einem Bein über die Fliesen im ersten Stock auf die Wohnungstür zu.

›Dr. Michael Brendel - Lektor‹ stand auf dem goldfarbenen Türschild mit dem Klingelknopf. Die Haustür war nur angelehnt, und es roch nach Bohnerwachs.

Im Flur zog Karlchen Straßenschuhe und Strümpfe aus. Er liebte es, barfuß zu laufen. Seine nackten Fußsohlen platschten über die polierten Dielen, als er in sein Kinderzimmer rannte.

Elisa schleppte den Kohleneimer in die Küche und stellte ihn neben dem gusseisernen Herd ab. Der Henkel hatte sich tief in ihre Handfläche gedrückt.

Warum musste sie eigentlich immer den schweren Eimer hochtragen?, dachte sie und streckte und dehnte ihre klammen Finger. Warum konnte Vati das nicht tun? Sonst hieß es doch auch immer, sie wäre nur ein Mädchen.

Vom Wohnzimmer her hörte Elisa Gelächter und Stimmen. Sie kämmte sorgfältig die Haarsträhnen über die verkrustete Stirnwunde und öffnete langsam die Schiebetür, die Küche und Wohnzimmer voneinander trennte.

Die Eltern und zwei Gäste saßen auf Sesseln und dem niedrigen Sofa, das aussah, als hätte man ihm die Holzbeine ein wenig abgesägt. Auf dem Tisch standen Cocktailgläser, der Duft von frischem Gebäck zog zu ihr herüber.

Eine junge Frau in hellgrünem Kleid lehnte an dem

Klavier mit den goldenen Kerzenleuchtern. Ihre Wangen glänzten rosig und ihre Lippen waren knallrot geschminkt. Schwarze, dichte Stirnfransen fielen ihr bis über die Augenbrauen, so wie die Frauen im alten Ägypten das Haar getragen hatten.

»Woll'n wir?«, fragte sie und zeigte auf das Klavier.

Das war doch Sylvia von Hütting, dachte Elisa. Diese aufgeblasene Ziege, die sie nicht ausstehen konnte!

Die Schauspielerin kannte sie von Aufführungen an den Städtischen Bühnen. Elisa liebte das Theater. Dort konnte sie beim Zuschauen alles vergessen und mit Gauklern und Elfen in schillernden Kostümen durch fremde Welten reisen, oder mit Puk und Zettel in den Zauberwald. Aber diese Sylvia von Hütting bildete sich was auf ihre Schauspielerei ein. Wie hochnäsig sie jetzt wieder am Klavier stand!

Elisas Blick wanderte über zwei Handtaschen auf dem Sofa, die einen unheimlichen Sog auf sie ausübten. Ein Reißverschluss war nicht zugezogen. Es wäre nur ein Griff. Zwanzig Reichsmark …

»Es wird schon nicht so schlimm werden«, sagte einer mit hoher Stirn und schütterem Haar vom Sessel her. Das war Paul Gessen, der Leiter des Verlags, in dem ihr Vater arbeitete.

Aus dem Verlagshaus brachte Vati oft Bücher mit, die so gut nach Papier, Kleber und Druckerschwärze rochen. Und nach frischem Leder. Manche von den Büchern hatten nämlich lederne Umschläge, in die goldene Buchstaben eingestanzt waren.

»Nicht so schlimm werden?«, meinte Sarah Schönau, eine Sängerin aus dem Kabarett. »Es ist schon schlimm genug. Schon allein, wie der lügt.«

»Lügen haben kurze Beine.« Mutti lächelte hintergründig und warf ihre dunklen Locken in den Nacken.

»Stimmt, groß ist er ja nicht gerade ...«

Ein kurzes Auflachen. Dann war es still.

»Wer ist nicht groß?«, kam die helle Stimme von Karlchen aus der Küche.

»Der Göbbels«, rief Vati ihm zu. »Der ist noch nicht mal so groß wie Mutti.«

»Göbbels? Komischer Name. Macht der auch Theater?«

»Nun ja ...« Jemand lachte. »Göbbels ist Hitlers Freund, der macht Werbung für den Führer.«

Elisa stockte. Sie kannte die dunkle Stimme. Es war die von Onkel Toni, der verdeckt an der Wand gleich neben der Schiebetür stand. Muttis junger Bruder war kaum zehn Jahre älter als sie selbst.

Sie mochte ihn sehr und hatte ihn als kleines Mädchen schon gemocht, als sie im Bethmannpark, beim Holzhausenschlösschen oder im Tiergarten beim Affenhaus Räuber und Gendarm gespielt hatten. Elisas Wangen glühten ...

Karlchen hüpfte um die Ecke und zeigte mit ausgestrecktem Finger auf ihre rosigen Wangen. »Lisa ist verliebt! Lisa ist verliebt!«

Sylvia von Hütting kicherte hinter vorgehaltener Hand, Paul Gessen räusperte sich und nippte an seinem Cocktail.

»Na, Karlchen?«, versuchte Toni ihn abzulenken und zwinkerte Elisa zu. »Wollen wir wieder den kleinen, grünen Kaktus singen? Von den Comedian Harmonists? Den müssen wir sowieso üben.«

»Au ja!« Karlchen rannte zum Klavier und klatschte in die Hände.

Toni war groß und muskulös, seine braunen Haare waren im Nacken frisch ausrasiert. Elisa mochte ihn fast so sehr wie den blonden Hannes. Er hockte sich auf den Klavierschemel, schlug ein paar Akkorde an und fing an zu singen:

»Mein kleiner, grüner Kaktus, steht draußen am Balkon …«

»Hollari, hollari, hollaro …«, fielen die anderen mit ein.

»Was brauch ich rote Rosen, was brauch ich roten Mohn …«

»Hollari, hollari, hollaro …«

»Und wenn ein Bösewicht was Ungezog'nes spricht, dann nehm' ich meinen Kaktus und der sticht, sticht, sticht …«

Elisa beobachtete, wie Toni den anderen beim Wort ›Bösewicht‹ vielsagende Blicke zuwarf. Vati zwinkerte ihm grinsend zu. Sylvia von Hütting lächelte hintergründig. Wen Onkel Toni wohl mit dem Bösewicht gemeint hatte? Wen er mit dem Kaktus stechen wollte?

»Das tut weh, wenn so'n Kaktus sticht«, sagte Karlchen mit ernsthaftem Gesicht.

»Ja, das tut weh!«, sagte Onkel Toni und grinste.

»Man darf ja auch nichts Ungezogenes sagen. Das muss dann bestraft werden«, plapperte der Kleine weiter. »Oma Knollennase sagt das auch immer …«

Mensch, Karlchen! Elisa zupfte gereizt Knötchen von ihrer Strickjacke. Kannst du nicht einfach mal deine Klappe halten?

»Nochmal den Kaktus singen, ja?«, bettelte er.

Elisa lehnte immer noch an der Schiebetür und zupfte. Kleine Wollknäuel tanzten aus ihren Fingern zu Boden.

Karlchen stand natürlich wieder im Mittelpunkt! Niemand beachtete sie. Auch Onkel Toni nicht. Aber das war ihr eigentlich ganz recht, denn die zwanzig Reichsmark wollten ihre Gedanken nicht loslassen.

»Karlchen, du hast ja keine Strümpfe an«, rief Mutti plötzlich. »Du wirst dich …«

Mehr nahm Elisa nicht wahr. Strümpfe! Mutti hatte doch einen Sparstrumpf, den sie unter ihrer Bettmatratze versteckt hielt.

Elisa atmete schneller. Wenn sie sich zwanzig Reichsmark bei Mutti ausleihen würde, einfach nur ausleihen, dann wäre sie gerettet. Nur für ganz kurze Zeit ausleihen!

Dafür könnte sie für ein paar Reichspfennige irgendwo aushelfen. Vielleicht in der Markthalle. Oder in einer Wäscherei, bis die Schulden zurückgezahlt waren. Sollte sie? Sie überlegte zwei, drei Sekunden …

Dann drückte sie sich an der Schiebetür vorbei in die Küche. Niemand schaute ihr nach. Auf Zehenspitzen schlich sie ins Schlafzimmer der Eltern. Dort hörte sie gedämpft das Klavierspiel aus dem Wohnzimmer und dazwischen die grelle Stimme von Karlchen.

Mit zitternden Fingern hob sie die schwere Bettmatratze an, ertastete darunter Muttis Sparstrumpf mit Münzen und Scheinen und zog daraus einen Zwanzig-Reichsmark-Schein hervor.

»Und wenn ein Bösewicht, was Ungezog'nes spricht …«, hallte es vom Wohnzimmer her dumpf zu ihr herüber.

Als hielte sie glühende Kohle in der Hand, ließ sie die schwere Matratze zurückfallen, huschte in den Flur und dann in ihr Zimmer. Der Schein knisterte in ihrer Hand und brannte wie Feuer.

Schnell ins Rechenbuch damit und dann in den Schulranzen. Ihr Herz pochte, als hätte man sie gerade bei dem Diebstahl ertappt.

Langsam schlenderte sie zurück zur Schiebetür. Niemand bemerkte sie. Noch immer zitterten ihre Hände, noch immer wirkte ihr Gesicht erhitzt.

»Na, dann woll'n wir mal!«, sagte Paul Gessen. »Und wie ist es mit unserer Aufführung? Seid ihr alle dabei?«

»Es kann gefährlich werden.«

»Was ist nicht gefährlich …«

Die Freunde der Eltern tranken die Cocktailgläser leer, standen auf und verabschiedeten sich. Küsschen hier, Küsschen da, und Mutti fuhr Paul Gessen mit einer sachten Handbewegung über den Nacken.

Elisas Vater Michael war groß und schmal, als könnte er nie ein Gramm Fett ansetzen. Er wirkte fast zerbrechlich mit dem runden Brillengestell auf der Nase.

Verschwörerisch beugte er sich zu Onkel Toni. »Die Aufführung muss sein!«

»Und wenn wir Ärger kriegen?«

»Den kriegen wir sowieso. Irgendwann …«

»Macht Bruno auch mit?«, fragte Gessen.

»Na klar. Er will unbedingt dabei sein. Wir kommen alle. Pünktlich!«

Was war mit Bruno? Elisa wischte sich die verschwitzten Hände an ihrer Schürze ab. Wo wollte er dabei sein?

»Nochmal den Kaktus singen, ja?« rief Karlchen.

»Nein, jetzt ist Schluss!«, sagte Mutti mit energischer Stimme. »Und zieh dir endlich Strümpfe an.«

Onkel Toni legte den Arm um Sylvia von Hütting, sie drückte ihm zärtlich einen Kuss auf die Wange und wischte ihm einen Krümel von der Lippe.

Eifersucht stieg in Elisa hoch. Ausgerechnet die Hütting mit ihren knallrot geschminkten Lippen! Was hatte Onkel Toni nur mit der da zu schaffen? Die passten doch gar nicht zusammen.

Elisa betrachtete das hellgrüne Satinkleid der Schauspielerin und die schlanken Beine und Füße, die in Schuhen mit hohem Absatz steckten. Wie kokett sie die Beine nebeneinander stellte!

Dann sah sie an sich hinunter, an verdreckter Schürze und Strickstrümpfen vorbei bis zu den festen Laufschuhen. Und an ihrem rostbraunen Haar, das in stramm geflochtenen Zöpfen bis zum Bauchnabel hinunterbaumelte. Die mussten ab, dachte sie. Sie war doch schon längst kein Kind mehr.

Elisa zupfte die Haarfransen, die niemand bemerkt hatte, über der Stirn glatt und versuchte ihre Gedanken auf den nächsten Morgen zu lenken. Auf die Schule, auf Judith und auf Hannes. Auf den blonden Hannes. Und ihr Herz schlug schneller.

*

Elisa rannte über den festgetrampelten Schnee auf ihre Schule zu. Das Läuten der Glocke schallte aus dem roten Backsteingebäude hinaus bis auf die Straße. Sie war spät, denn sie hatte warten müssen, bis Oma Knollennase Karlchen zur Kindergruppe abgeholt hatte. Mutti war schon auf dem Weg zur Arbeit gewesen, und Vati hatte in seinem Arbeitszimmer schon früh an Manuskripten gearbeitet.

Karlchen hatte noch Milch verschüttet, rein zufällig, wie er sagte und dann gekichert, als sie die Küchenfliesen aufwischen musste.

Elisa hetzte weiter und keuchte und hustete. Sie wollte nicht zu spät kommen. Nicht gleich am ersten Schultag. Sie sah das Bild von Hannes vor sich, von dem blonden Hannes, der es geschafft hatte, einen Weg in ihre Träume zu finden. Nur schnell weiter …

Der Schulranzen mit dem störrischen Leder drückte auf ihren Rücken, er wog schwerer als sonst mit dem Rechenbuch und dem Zwanzig-Reichsmark-Schein zwischen den Seiten.

Der Schulhof mit der großen Kastanie lag schon verlassen. Nur ein paar Spatzen pickten Blätter aus dem Schnee und suchten nach Brotkrumen, dort, wo die Schüler sich in der Pause trafen.

Elisa rannte die ausgetretene Holztreppe hoch in den ersten Stock. Überall roch es nach Bohnerwachs, das die Böden rutschig machte. Vor ihrem Klassenzimmer zerrte sie die Arme aus dem Wintermantel, hängte ihn an einen der Haken und riss die Tür auf. Im Klassenraum standen die Schüler in Grüppchen, schwätzten und tuschelten.

Elisa atmete auf, von Lehrer Mannskopf war noch nichts zu sehen. Der schlaksige Friedrich hockte breitbeinig auf dem Fensterbrett und winkte ihr zu. Sie tat, als hätte sie ihn nicht bemerkt und suchte nach Hannes, bis sie ihn entdeckte. Wieder war da dieses Brennen auf der Haut. Und ein leichtes Frösteln. Brennen und Frösteln. Verrückt!

Hannes hatte sich zum kleinen Richard hinuntergebeugt. Der saß auf seinem Platz und hörte ihm gebannt zu.

»Ja, genau! So machen wir es«, rief Richard und grinste.

Neben der Wandtafel hatte der Hausmeister ein groß gerahmtes Bild vom neuen Reichskanzler Adolf Hitler aufgehängt. Darauf schaute der mit entschlossenem Blick in die Ferne. Sein Haar war scharf gescheitelt, genauso wie das von Hauswart Borkmann, und er trug einen fein ausrasierten Oberlippenbart.

»He, Elisa! Endlich!« Judith lief ihrer Freundin mit ausgestreckten Armen entgegen. Mit ihrem zierlichen Körper und den blonden Locken wirkte sie wie eine Elfe.

Sie zog Elisa zu ihren Pulten. »Mama hat doch das Baby bekommen«, sagte sie leise. »Meinen kleinen Bruder Josua. Zur Feier des Tages soll ich dir das mitbringen.«

Judith setzte sich an ihr Schreibpult, holte eine Pappschachtel hervor, öffnete sie und reichte sie Elisa. »Das ist Rugelach. Der Teig ist sogar mit Sauerrahm gebacken.« Sie strahlte, ihre Wangen waren leicht gerötet.

In der Schachtel lag ein gerolltes Stück Gebäck, aus dem etwas Marmelade quoll. Elisa schnupperte. Es duftete köstlich, aber ungewohnt.

»Wonach riecht das denn?«, fragte sie. »Den Geruch kenne ich gar nicht.«

»Du meinst sicherlich Kardamom. Zimt kennst du doch. Außerdem ist das Gebäck mit Nüssen und Rosinen gefüllt.« Judith lächelte stolz. »Und morgen wird Josua beschnitten.«

»Beschnitten? Was ist das denn?«

»Hm ... also ...«, druckste Judith verlegen.

»Ab damit!«, grölte der schlaksige Friedrich mit den Pubertätspickeln, der die letzten Sätze mitbekommen hatte. »Und ... guten Morgen Elisa! Du erinnerst dich doch an mich?«

»Was? Wo? Wem wird was abgeschnitten?« Einige Schüler drängten näher und kicherten.

»Sag doch was …«, raunte Elisa ihrer Freundin zu. »Das stimmt doch nicht, oder?«

»Nein, das stimmt nicht!« Verschämt schaute Judith zu Boden. »Nur das, was in der Bibel steht. Das ist ein Zeichen für unser Bündnis mit Gott …«

Friedrich lachte laut, und seine Pickel wurden feuerrot. »Beschneiden! Wieder so ein Schwachsinn der Juden! Das kann den Christen nicht passieren. Mit ihrem Herrn Jesus.«

Judith stemmte sich auf ihren kleinen Fäusten vom Pult hoch und schob ihr Gesicht ganz nah an das von Friedrich heran, der hochmütig auf sie herabblickte. »Darf ich dich daran erinnern, dass Jesus auch Jude war?«, sagte sie mit Leidenschaft in der Stimme. »Ihr Christen feiert ja selbst das Beschneidungsfest. Am 1. Januar. Also, was willst du?«

Es wurde still in der Klasse. Friedrich presste wütend die Lippen zusammen und warf Judith einen abfälligen Blick zu. Die anderen Schüler stellten sich in Grüppchen und tuschelten.

»Wo nur Mannskopf bleibt?«, sagte Bruno, um abzulenken. »Der ist doch sonst überpünktlich.«

In lauernder Haltung ging Friedrich auf Elisa zu, baute sich dicht vor ihr auf, streckte seine leere Handfläche vor und ließ die Finger rauf und runter tanzen. »Unauffällig, wenn ich bitten darf!«, befahl er mit leiser Stimme, die keinen Widerspruch duldete. »Wo ist das Geld? Und kein Wort zu irgendjemandem! Vor allem nicht zu Judith. Sonst … du weißt … Osthafen!«

Elisa schloss kurz die Augen. Ihr Magen krampfte. Dann zog sie das Rechenbuch aus dem Ranzen, klappte es auf, griff nach dem Zwanzig- Reichsmark-Schein und hielt ihm das Geld entgegen. Sofort schnappte er danach, schob den Schein in seine rechte Hosentasche und wandte sich ab.

Die Dielen knarrten, als die dunkelhaarige Marianne zur Wandtafel ging. Sie wischte letzte Kreidespuren von der Tafel, damit sie wirklich blitzblank war, so wie Lehrer Alois Mannskopf das haben wollte.

Dann wurde sie nämlich gelobt, und sie war fast süchtig danach, gelobt zu werden. Vor allem von Lehrer Mannskopf. Vor ihm knickste sie artig und senkte den Blick, wie es sich für ein Mädchen gehörte. In seinem Unterricht hatte sie noch nie den Bambusstock zu spüren bekommen, auch nicht auf den Fingerspitzen.

»Vielleicht muss Mannskopf ja noch seine Halbglatze polieren«, fuhr Bruno von der Fensterbank aus fort und grinste. »Oder die Grippewelle hat ihn doch noch erwischt.«

»Der würde auch noch mit 40 Grad Fieber auf der Matte stehen«, sagte Elisa verärgert. Zwanzig Reichsmark, Muttis Geldschein! Und der steckte jetzt in Friedrichs Hosentasche.

Elisa schloss die Augen. Sie glaubte, den Schein zu sehen, wie er in der Luft aufloderte und sich in ihr Gewissen brannte. Zwanzig Reichsmark …

Noch heute wollte sie in der Markthalle an den Verkaufsständen für Kartoffeln und Wintergemüse nach Arbeit fragen. Oder besser noch in der Fressgasse in feinen Läden mit den köstlichen Leckereien. Aber würden sie ein Schulmädchen wie sie überhaupt nehmen? Bei den vielen hunderttausenden von Arbeitslosen?

Elisa ließ ihre Fingerspitzen auf der Schulbank unruhig hin und her trappeln. Sogar im Schlachthof würde sie arbeiten, um ihre Schulden loszuwerden. Wenigstens würde Friedrich sie jetzt in Ruhe lassen, dieser eklige Friedrich mit seinem Pickelgesicht.

»Das mit den Haarsträhnen über der Wunde steht dir übrigens gut!«, flüsterte Bruno. »Haben deine Eltern …«

»Pst!« Elisa legte den Zeigefinger auf die Lippen. Mit einer knappen Kopfbewegung deutete sie auf Friedrich, der mit dem Rücken zu ihnen stand. Er hielt den Kopf zur Seite geneigt, als würde er lauschen.

Bruno nickte. Er hatte verstanden, setzte sich zurück auf die Fensterbank und fing wieder an, von seiner alten Schule in Berlin zu erzählen und von den Hitlerjungen, die jüdische Kinder terrorisierten.

Jetzt beugte sich Friedrich zu Elisa hinunter und schob seinen Mund ganz dicht an ihr Ohr. Sie spürte seinen heißen Atem, als er flüsterte: »Du scheinst dich ja ausgesprochen gut mit Bruno zu verstehen. Woher weiß er das eigentlich mit der Wunde an deiner Stirn? Ei, ei, ei, das könnte deine Eltern interessieren. Ich hätte da eine Idee, wie sie nichts davon erfahren …« Er grinste und schlenderte mit der Hand in der Hosentasche zu seinem Platz.

Elisa rieb sich mit dem Ärmel ihrer Strickjacke über Wange und Ohr, als hätte sein stickiger Atem sie verdreckt. Was immer der auch vorhatte, sie musste vorsichtig sein, verdammt vorsichtig.

»Wer soll nichts erfahren?«, fragte Judith, die den letzten Satz mitbekommen hatte, und Elisa biss in ihr Kuchenstück, um nicht antworten zu müssen.

» … sie haben Philipp Löwenstein mit Fäusten und Schulterriemen zusammengeprügelt, bis er am Boden lag und aus Mund und Nase blutete. Und der Direktor hat geschwiegen«, sagte Bruno. Sein Gesicht lief rot an, und Judith drehte sich zur Seite. »Der Direktor hat einfach nichts dazu gesagt und irgendetwas getan. Mein Vater meinte nur, dass an solcher Feigheit unsere Republik noch zugrunde geht.«

»Am Schweigen?«, fragte Elisa.

»Am Schweigen und Nichtstun.« Brunos Kinn zitterte. »Ich schweige jedenfalls nicht.«

Wenn der Wind sich dreht

Es wurde still in der Klasse, nur das gleichmäßige Wischen von Mariannes Schwamm an der Wandtafel war zu hören. Und das Auflodern vom Feuer im Kohleofen. Trotzdem war es kühl. Elisa fröstelte. Sie zog ihre Wolljacke enger um die Schultern.

In diesem Moment schlenderte der blonde Hannes näher. Sein Platz war genau vor Elisas Sitzbank. Sie lächelte ihn an, wie sie es heimlich vor Spiegeln geübt hatte. Und er lächelte zurück.

Verlegen schlidderte sie zu Bruno ans Fenster, um ihre Gedanken zu ordnen. Unten auf dem Schulhof heftete gerade ein Bursche mit Schiebermütze ein Plakat der KPD an den Kastanienbaum. So ein Plakat, wie es im Osthafen auf einer Wellblechhütte klebte, das mit der fetten Aufschrift: ›Wer Hitler wählt, wählt den Krieg‹.

»Warum hat der alte Hindenburg ihn eigentlich zum Reichskanzler gemacht?«, fragte Elisa.

»Weil kein anderer Kandidat mehr da war«, sagte Bruno. »Hitler ist ja der vierte Reichskanzler in kurzer Zeit. Irgendjemand musste her.«

»Keine Sorge«, sagte Hannes. »Die rechten Parteien wollen ihn einfach nur für sich einspannen und werden ihn schon unter Kontrolle halten.«

»Einspannen? Ihn?« Bruno lachte auf. Er sprang von der Fensterbank und schob seine Schiebermütze in den Nacken. »Glaubt ihr wirklich, ein Mann wie Hitler lässt sich einspannen?«

»Politik interessiert mich nicht«, sagte Marianne und klatschte in die Hände. Kreidestaub wirbelte hoch und rieselte federleicht zu Boden.

»Aber es ist doch gut, wenn man irgendwo dazugehört.« Der kleine Richard spielte an dem ausgefransten Verband herum, der um seine rechte Hand gewickelt war. »Zu einer Gruppe. Oder einem Bund. Dann hält man zusammen, egal was passiert.«

»Natürlich ist das gut«, antwortete Judith und stellte sich so dicht an Richard heran, dass sich ihre Oberarme fast berührten. »Aber irgendwo dazugehören? Was ist irgendwo? Wo willst du denn dazugehören?«

»Zu den Siegern!« Richard war kaum größer als Judith und wurde bei Sportveranstaltungen oft verlacht. Obwohl er heimlich trainierte, blieben seine Oberarme dünn. Er wusste einfach nicht, wie er seinen schmächtigen Körper zum Wachsen anregen konnte.

»Schweine kriegen doch auch Kraftfutter«, hatte der schlaksige Friedrich ihn schon oft verspottet und dadurch immer wieder Lacher einkassiert.

»Ja, zu den Siegern will ich gehören. Zu einer Gemeinschaft«, fuhr Richard fort. »Zu einer Volksgemeinschaft.«

»Und wer entscheidet, wer zu dieser Volksgemeinschaft gehören darf?«, fragte Judith und fuhr leise fort: »Und wer nicht?«

Die Klassenzimmertür knarrte. Sofort stürzten alle an ihre Pulte, blieben stramm stehen und wagten nicht, sich zu rühren. Nur ihre Blicke folgten Lehrer Alois Mannskopf, der mit hochrotem Kopf eintrat und seine braune Aktentasche auf dem Pult ablegte.

Elisa beugte sich ein wenig vor, dorthin, wo der blonde Hannes seinen Platz hatte und wo sie ihn erschnuppern konnte. Heute roch er nach Kamille. Elisa schloss kurz die Augen und sog den Geruch tief ein.

Alois Mannskopf rückte seine Rundbrille zurecht und fuhr sich mit einem Taschentuch über die schweißnasse Stirn. Er schnaufte, und die Härchen an seinen Nasenlöchern flatterten.

»Heil Hitler«, schnarrte er und ließ seinen Arm mit der ausgestreckten Hand hochschnellen.

*

Nach dem Unterricht lief Elisa die rutschige Bleichstraße entlang zum Fotoatelier Wittmann, wo ihre Mutter arbeitete. Die Freunde hatten sich nämlich zum Schlittschuhlaufen verabredet, und sie wollte fragen, ob sie mitgehen durfte. Noch war es eisig kalt, und der Main war zugefroren. Wer wusste schon, wie lange noch. Außerdem wollte Hannes auch kommen.

Am Eschenheimer Turm blieb Elisa kurz stehen, blickte das Mauerwerk hoch bis zu den beiden Flankentürmchen und dann zurück zum Boden. Erst kürzlich am 30. Januar, genau in der Nacht, als Hitler zum Reichskanzler ernannt worden war, hatte es hier zwischen der SA und der Eisernen Front Straßenkämpfe gegeben.

Bruno war auch dabei gewesen, genauso wie die

drei Hitlerjungen aus der Nachbarklasse. Er hatte vom Kampf eine blutige Schramme an der Stirn zurückbehalten, eine ausgerenkte Schulter und bestimmt jede Menge blaue Flecken. Aber er hatte nur gelacht und die Faust geballt.

Elisa suchte mit dem Blick nach Kampfspuren. Nach Einschusslöchern im Turm. Nach Blutflecken. Als sie an der Mauer einen rötlichen Fleck entdeckte, schloss sie die Augen und rannte davon.

Sie lief vorbei am Opernhaus, auf dem schon in der Nacht, als Hitler Reichskanzler wurde, die Fahne der Nationalsozialisten gehisst worden war, immer weiter durch enge Straßen und Gassen zum Fotoatelier Wittmann.

Mutti leuchtete dort mit Scheinwerfern die Kunden aus, sorgte bei Hochzeitspaaren für ein feierliches Lächeln und machte, dass Soldaten heldenhaft mit stolz geschwellter Brust und geschultertem Gewehr in die Kamera schauten.

»Sie hat den Blick. Sie weiß, was unsere Kunden wünschen«, pflegte Ernst Wittmann zu sagen. Dann nickte er, und sein dickliches Doppelkinn schob sich rauf und runter, als wollte er es aufpumpen. »Das kann man nicht lernen, das hat man. In nächster Zeit wird es übrigens viel Arbeit für uns geben. Das garantiere ich! Sehr viel Arbeit.«

Beim Fotoatelier strich Elisa über das kostbare Tropenholz, mit dem das Schaufenster eingerahmt war. Das war nicht nur Holz, das nach Abenteuer roch wie das geölte Bücherregal von Vati, dieses hier hatte selbst mal zwischen Gorillas und Riesenschlangen im Urwald gestanden.

Im Schaufenster waren Fotos in Silberrahmen dekoriert. Da war Sylvia von Hütting zu sehen, in hautengem Abendkleid, mit Federboa und Zigarettenspitze.

Immer diese Hütting! Elisa zertrat wütend einen Schneeklumpen. Diese Hütting, die ihren Onkel Toni geküsst hatte, und die sich einfach nicht aus ihrer Erinnerung wegwischen ließ.

Dann schaute sie zu dem Glanzfoto, das von der Decke hing. Das war ganz aus Licht und Schatten gemacht. Darauf war Johannes Sittinger als Teufel zu sehen, mit kleinen Hörnern und dunklem Seidenumhang. Schwarz angemalt war er, wie der Teufel von den Römerberg-Festspielen. Oder wie die schwarze Marionette im Kohlenkeller. Nur der angeklebte Oberlippenbart fehlte.

Elisa zog sich die Wollmütze tief in die Stirn, weil sie ihrer Mutter nichts über die Wunde sagen wollte. Und nichts über die Haarfransen. Nicht jetzt, vor dem Schlittschuhlaufen.

Gestern hatte Mutti sie wegen der Gäste kaum angeschaut, und heute früh war sie schon unterwegs gewesen. Elisa zupfte die Wollkante noch weiter über die Augenbrauen. Irgendetwas würde ihr als Erklärung schon noch einfallen. Dann drückte sie die schwere Eingangstür zum Fotogeschäft auf. Ein Glockenspiel erklang, und sie betrat den gut beheizten Verkaufsraum.

*

Elisa stand mit geöffnetem Haar vor dem großen Flurspiegel. Dann stellte sie die Beine so, wie Sylvia von Hütting es getan hatte: Zehenspitzen vor, langsam den Fuß abrollen …

Sie verzog das Gesicht. Wie sie mit ihren dicken Winterschuhen dastand und posierte. Einfach lächerlich! Dann der kratzige Rock und die Strickstrümpfe, die ausgeleiert waren und Beulen warfen. Kein Wunder, dass der blonde Hannes sie nach Schulschluss …

»Ich komme!« Karlchen schubste sie zur Seite und rannte juchzend auf Vati zu, der von seinem Schreibtisch aufgestanden war, ihn auffing und durch die Luft wirbelte.

»Mein Sohn!« Vati drückte ihn zärtlich an sich, obwohl seine Brille mit den Rundgläsern auf der Nase verrutschte. »Mein Stammhalter. Mein Himmelsstürmer.«

»Weiter.« Karlchen juchzte und sein dunkles Lockenhaar wippte. »Weiter!«

Elisa stand daneben, wie ausgegrenzt. Vati wirkte in letzter Zeit bedrückt. Auch saß er nicht mehr so oft wie früher am Schreibtisch, um Texte zu bearbeiten. Die stapelten sich ungelesen auf einem Beistelltisch. Nur wenn er Karlchen im Arm hielt, blühte er auf. Dann strahlte er.

»Weiter Vati, weiter!«

Es gäbe Schriftsteller, die wären neuerdings im Verlag unerwünscht. Sie würden ins Ausland gehen, hatte Mutti gesagt und die Nase gerümpft. Und Vati weigerte sich strikt, die neuen Texte zu bearbeiten.

Elisa starrte in den Spiegel, in ihr Gesicht, in ihre aufgerissenen Augen. Musste er deshalb seine Tochter übersehen, als würde es sie nicht geben? Oder war es deswegen, weil sie nur ein Mädchen war und kein Stammhalter?

Er durfte nie erfahren, dass sie nicht gehorcht hatte und trotz seines Verbots im Osthafen gewesen war. Wenn Vati etwas von ihrem Ungehorsam wüsste, würde er sie bestimmt noch mehr ablehnen.

»Was ist?«, unterbrach die Mutter Elisas Gedanken. Sie war gerade zur Tür hereingekommen und ging in die Küche, um ihren Einkaufskorb mit Kartoffeln und Hering abzustellen. »Wollt ihr nicht Schlittschuh laufen?«

»Doch, doch!« Elisas Finger flogen in ihr Haar, teilten es und flochten straffe Zöpfe, so wie Mutti es wünschte. »Ich kämme mich nur. Und ziehe dickere Strümpfe an. Und Karlchen? Muss der auch wieder mit?«

»Elisa!« Die scharfe Stimme ihrer Mutter duldete keinen Widerspruch. »Ja, er muss mit!«

Die Dielen quietschten, als Elisa in ihr Zimmer rannte. Dort zog sie die langen Wollstrümpfe an, die Großmutter ihr gestrickt hatte und befestigte sie an dem verhassten Leibchen. Sofort setzte sie wieder die grüne Wollmütze auf und zog sie tief in die Stirn.

»Nur nicht auffallen«, sagte Mutti, als sie Karlchen die dunklen Lockenhaare kämmte. Sie zupfte Haare aus der Bürste, beugte sich zum Spiegel und tupfte Creme auf ihre Stirnfalte. »Ich flehe euch an: Benehmt euch! Vor allem im Treppenhaus. Wegen Borkmann … Versprecht mir das!«

»Ist ja gut. Ich passe schon auf«, sagte Karlchen und grinste.

Mutti lief in die Küche. Geschirr klapperte. Elisa stieg in ihre Stiefel und zog den warmen Wintermantel über. Die beiden Handschuhe, die mit einem dicken Faden verbunden waren, baumelten aus den Ärmeln heraus. Elisa lächelte. Wenn nämlich gleich beim Schlittschuhlaufen der blonde Hannes nach ihrer Hand greifen würde, konnten sie leicht ausgezogen werden und würden nicht verloren gehen.

Vom Wohnzimmer her knallte aus dem Radio eine

Stimme zu ihr herüber. Die wusste grollend den Ton zu heben, in einem Donner zu entladen, um sich dann beschwörend wieder einzuschmeicheln. Die Massen jubelten, sie waren berauscht und hingerissen.

Elisa lief neugierig ins Wohnzimmer. »Ist das der Sittinger vom Theater? Der bei den Festspielen auf dem Römerberg den Teufel gespielt hat?«, fragte sie ihren Vater. Der saß gebeugt auf einem Sessel, hatte die Arme über dem Magen verschränkt und starrte auf den Volksempfänger.

»Nein, nicht der Sittinger …«

»Wer ist das dann?«, fragte Elisa vorsichtig, als sie Vatis betroffenen Blick sah.

»Der Führer.« Er drehte die Lautstärke herunter, und Elisa sah, dass seine Finger zitterten.

»Warum schreit er denn so?«

»Damit er gehört wird.«

»Und warum jubeln die Menschen?«

»Weil sie Hoffnung haben wollen.«

»Und wenn er lügt?«

»Ein Lügner weiß am besten, was das Volk hören will.«

Elisa schwieg und schaute auf ihre Handschuhe, die aus bunter Wolle gestrickt waren. Gleichzeitig dachte sie an Hannes. Ja, das mit der Hoffnung war richtig. Sie wollte auch Hoffnung haben.

»Das ist neu!«, rief Karlchen plötzlich. Auf dem Tisch lag ein Buch von Erich Kästner. ›Emil und die Detektive‹ stand auf dem gelben Umschlag.

Daneben lag ein Manuskript. Es war handgeschrieben, die Überschrift war rot unterstrichen. Sie lautete: ›Peter, der Soldatenjunge‹.

»Was steht denn da drin? Da, in dem gelben Buch.«

»Das handelt von Emil. Dem wird Geld gestohlen«, antwortete Vati stockend und wischte sich über die Stirn. »Seine Detektivbande will den Verbrecher fangen ...«

»Und? Gewinnen sie?«

Vati wirkte müde. »Ja, sie gewinnen gegen den Verbrecher.« Er räusperte sich, als hätte er Pfefferkrümel im Hals. Dann rückte er seine runde Nickelbrille zurecht, packte das Manuskript von ›Peter, der Soldatenjunge‹ und steckte es in den Kachelofen. Das Feuer loderte hell auf. »Und ja, ich lese euch von Emil vor. Aber später. Jetzt geht spielen.«

Elisa schlich auf Zehenspitzen auf das geschmiedete Treppengeländer zu. Nur Karlchen musste wieder über die Fliesen hüpfen.

»Willst du, dass Glubschauge uns packt?«, zischte Elisa. »Wenn du nicht gehorchst, bleibst du hier!«

»Ich bin ja schon still«, antwortete Karlchen.

Von dort oben hatten sie gute Sicht auf das Erdgeschoss. Die Marmorfliesen unten glänzten, sie waren frisch gewischt. Von Hauswart Borkmann und dem schlaksigen Friedrich war nichts zu sehen. Leise liefen sie die Treppe hinunter. Ihre Fußabdrücke hinterließen Flecken auf den wischnassen Fliesen.

Elisa drückte die Haustür auf, kalte Luft wehte ins Treppenhaus. Der Himmel war gläsern blau. Bevor sie aber die Tür hinter sich schließen konnte, drehte Karlchen sich noch einmal um.

»Haaaallo!«, rief er ganz laut unter Elisas angewinkeltem Arm hindurch. »Haaaallo!«

Er liebte es, Worte ins hohe Treppenhaus zu rufen. Das hallte dann wie in einer Kathedrale, so wie vor einiger Zeit, als er im Kaiserdom gefallen war und sich das Knie blutig aufgeschlagen hatte. Das war gleich dort gewesen, wo die Kaiser gewählt und gekrönt worden waren.

Da hatte er gebrüllt und gebrüllt, länger, als es notwendig gewesen wäre. Es war eine Offenbarung für ihn gewesen, was er mit seiner Stimme für eine Wirkung erzielen konnte. Und das langgezogene ›A‹ erzielte die stärkste Wirkung. »Haaaallo!«

»Du sollst Borkmann nicht immer reizen. Und: Vorsicht, wenn du über die Straße läufst!«, rief Elisa ihm verärgert hinterher, als er davonrannte.

Aber Karlchen war schon drüben im verschneiten Bethmannpark und warf Pulverschnee in die Luft, der langsam auf ihn niederrieselte.

Da wurde Elisa mit festem Griff am Arm gepackt. Hauswart Borkmann stand hinter ihr.

»Ich warne dich«, raunte er. Seine Stimme klang heiser. Der Blick zuckte über ihr Gesicht, als wollte er dort eindringen. »Noch ein einziges Mal! Du willst doch nicht, dass deinem Vater etwas geschieht?«

»Meinem Vater?« Elisa starrte ihn an. Sie spürte seinen heißen Atem und roch Zwiebeldunst.

Borkmanns Blick trudelte, als würde er aus der Welt kippen. »Deinem Vater, deiner Mutter und all diesen undeutschen Geschöpfen, die sich bei euch einnisten.«

Elisa starrte auf seine goldenen Mantelknöpfe mit dem Hakenkreuz und wagte nicht, den Blick zu heben. Glubschauge hatte Macht, er konnte die Eltern bei den Nazis melden und Onkel Toni und die Schauspieler auch. Und dann war da noch der harte Krückstock mit der Metallspitze, der nicht zerbrach.

Borkmann lockerte seinen Griff und schubste Elisa hinunter auf den rutschigen Bürgersteig. Sie stolperte, konnte sich aber gerade noch halten. Ihre Schlittschuhe fielen zu Boden.

Als sie sich umdrehte, war Borkmann verschwunden. Eine Windböe verfing sich in der riesigen Hakenkreuzfahne, die neuerdings an ihrer Hausfront hing und blähte sie auf, als hätte sie ein Eigenleben bekommen.

Elisa fröstelte trotz des warmen Mantels, den sie trug.

Glubschauge konnte also auch leise sein, ohne dass ein Klacken vom Krückstock ihn verriet. Und er hörte mehr, viel mehr, als ihr bewusst war.

Auf der anderen Seite im Bethmannpark versank Karlchen in einem Schauer aus Pulverschnee.

Von rechts trieb ein Bierkutscher seinen alten Gaul an. Die Hufe klapperten über das Kopfsteinpflaster mit dem braunen Schneematsch, bauchige Fässer waren auf dem Karren festgezurrt.

Der Kutscher, der Nebelwolken aushauchte, brachte sie wohl zum Löwengasthof. Keine hundert Meter weiter zweigte nämlich die Gasse zu der Gaststätte ab, wo Vati mit Bruno, Onkel Toni und den anderen Kabarett-Sketche auf die Bühne bringen wollte.

Vielleicht spielte ja in der nächsten Kabarett-Aufführung auch die schwarze Marionette aus dem Kohlenkeller mit. Die Puppe mit den Teufelshörnern und dem Oberlippenbart ...

Die Sonne warf Lichtflecken durch das Schneegeäst, als Elisa ihrem Bruder hinterherlief. Wo er jetzt wohl wieder steckte? Sie musste doch Karlchen beschützen! Irgendwo in den weiten Parkanlagen hauste nämlich ein Irrer, der sich hier herumtrieb. Verlaust war er, mit wirrem Haar und zerrissener Kleidung.

»Im letzten Krieg hat er seinen Verstand verloren«, hieß es. »Das Krachen der Bomben hat ihm das Gehirn weggepustet.«

Manchmal tauchte er auf, gebückt wie ein gejagtes Tier und heulte von blutigen Gefahren. Und dass ein Weltenbrand Frankfurt entflammen würde.

Das wären aber nur Spinnereien eines Verrückten, der hinter Gebüsch hervorsprang, seine Hirngespinste verkündete und wieder davonjagte, flüsterten andere sich zu.

Niemand wusste, wo der Irre sich aufhielt. Und niemand wusste, ob er wirklich harmlos war.

*

»He, da bist du ja endlich!«, rief der blonde Hannes, als er Elisa oben an der Uferpromenade entdeckte. Seine Stimme klang erleichtert. »Beeil dich, wir warten schon.«

»Ich komme ja!« Elisas Wangen brannten, obwohl der Wind eisig kalt war. »Ich musste nur Karlchen wieder einfangen.«

Hannes trug einen Wintermantel, der bis zu den Ärmelspitzen mit Schafsfell unterfüttert war. Elisa stellte sich vor, ihn zu umarmen, wenn der Mantel geöffnet war. Dann konnte sie in seine Wärme hineinkriechen, wie in ein schützendes Zelt.

Neben Hannes stand breitbeinig der kleine Richard. Er hatte beide Daumen hinter eine Gürtelschnalle geklemmt, obwohl die rechte Hand mit einem Verband umwickelt war. Die Schnalle war sein neuester Besitz: Ein blank geputztes Koppelschloss mit Hakenkreuzadler.

Der schwere Lodenmantel hing Richard fast bis zu den Waden hinunter. Er deutete mit einer Kopfbewegung auf Karlchen, während ihm eine Haarsträhne vors Auge fiel. »Musst du die kleine Wanze denn immer mitschleppen?«

»Wenn ich eine Wanze bin, dann bist du eine Lesbe«, rief Karlchen. Die anderen fingen an zu lachen. Karlchen hatte das Wort von den Erwachsenen aufgeschnappt, weil die Sängerin Claire Waldoff wieder in der Künstler-Klause auftreten sollte.

»Nur Frauen können Lesben sein.« Hannes grinste.

»Es gibt auch Männer-Lesben!« Karlchen spuckte auf den Boden, so wie er es bei Richard gesehen hatte. Wieder johlten die anderen.

»Lass dich nicht unterkriegen!« Die Mundwinkel von Hannes zuckten, langsam schlenderte er auf Elisa und Karlchen zu. »Natürlich gibt es auch Lesben bei Männern. Nur heißen die nicht Lesben, sondern ...«

»Komm, jetzt lass ihn doch«, wiegelte Elisa ab. »Und Karlchen? Wo sind eigentlich deine Schlittschuhe? Wir wollen doch aufs Eis!«

»Vielleicht will ich ja gar nicht.«

»Karlchen, du nervst!«

»Selber!« Dann rannte er auf die Eisfläche und schlidderte ein paar Schritte über den zugefrorenen Main.

Hannes berührte wie zufällig Elisas Hand. Sie zuckte zurück, als hätte sie in Feuer gefasst.

»Entschuldige. Ich ... ich komme gleich wieder!«, stotterte sie verlegen und rannte zu Judith, die sie gerade erst entdeckt hatte.

Judith saß auf einer Bank und malte mit einem Stock Zeichen in den Schnee. Es waren Sterne, lauter Sterne.

Solche Sterne, die sie manchmal in ihr Heft malte. Jüdische Sterne mit sechs Zacken.

Judith saß da wie verloren, wie aus dem Leben geschubst.

»Was ist los?« Elisa setzte sich zu ihr, legte den Arm um sie und rutschte ganz dicht an sie heran. »Hast du Ärger zu Hause?«

»So kann man es auch nennen.« Judith zog sich die Strickmütze tiefer in die Stirn, als wollte sie ihre Gedanken dahinter verbergen. Dann seufzte sie und schaute zum kleinen Richard hinüber.

»Sieh dir den mal an. Läuft jetzt auch mit einem Nazi-Gürtel rum.« Judith klang enttäuscht.

»Ach, das geht wieder vorbei«, sagte Elisa. »Vielleicht kannst du ihn … ein wenig beeinflussen. Er mag dich doch.«

»Meinst du? Auch wenn ich Jüdin bin?« Sie warf den Stock in den Schnee und rieb sich Astkrümel von den Handschuhen.

»Wenn er dich mag, dann mag er dich auch als Jüdin«, antwortete Elisa, wandte den Kopf und schaute hinüber zum Fluss. »Ganz bestimmt!«, fügte sie leise hinzu.

Auf dem zugefrorenen Main tummelten sich Schlittschuhläufer, die Kreise zogen oder Pirouetten drehten. Kufen knirschten auf dem Eis, kleine Schneefontänen spritzten hoch. Andere schlidderten auf Schuhen über den vereisten Fluss.

Struppige Hunde zogen Schlitten mit Kindern, sogar Skiläufer rutschten auf ihren langen Brettern voran und stießen sich mit Stöcken ab. Der Himmel hatte sich zugezogen. Er war jetzt aschgrau, bestimmt würde es heute noch schneien.

»He, es ging nicht eher. Die Schularbeiten …« Bruno und Marianne liefen die Stufen zum Ufer hinunter und hockten sich auf Steine, um die Schlittschuhe an ihren Stiefeln festzuschnallen. Bruno hatte sein Stirnband hoch gezogen, damit jeder die Narbe an der Stirn sehen konnte, die an die Straßenschlacht am Eschenheimer Tor erinnerte.

»Außerdem … heute Nacht sind sie auch bei uns im Keller eingestiegen«, rief Bruno. »Säckeweise Kohle haben sie weggeschleppt.«

»Was denn? Bei euch auch? Das tut mir leid …!« Erst gestern hatte Elisa Brunos Vater vor einem grauen Gebäude gesehen, an dem mit Buchstaben aus Eisen die Worte ›Reichsanstalt für Arbeitsvermittlung‹ angebracht waren. Er hatte regungslos zwischen all den Wartenden zu Boden gestiert. »Diese verdammten Diebe! Die müssen geschnappt werden!«

»Glaubst du wirklich, dass die sich schnappen lassen? Gerissen, wie die sind …« Richard schaute sie herausfordernd an. Erst jetzt bemerkte Elisa, dass sein linkes Augenlid blau geschwollen war.

»Was hast du denn da gemacht?«

»Ich bin gefallen. Was sonst!« Richard hob störrisch das Kinn und tastete sich mit den angeschnallten Kufen auf den zugefrorenen Fluss. »Na, jetzt kommt schon. Oder habt ihr Schiss?«

»Und was ist mit deiner verbundenen Hand?«, rief Elisa ihm nach. »Was ist, wenn du auf dem Eis hinfällst? Wie willst du dich da abstützen?«

Richard tat so, als hätte er nichts gehört.

Gemeinsam rutschten, liefen und tanzten sie über das Eis, kratzten Schnee zusammen und bewarfen sich mit Schneebällen. Karlchen war immer mittendrin. Judith breitete ihre Arme aus, als wollte sie im nächsten Moment davonfliegen. Hannes zeigte hohe Sprünge um die eigene Achse, und Marianne deutete eine Pirouette an.

»Das kann ich doch schon gut, oder?«, rief sie zaghaft.

»Sehr gut!«, lobte Bruno, und Marianne lächelte stolz.

Zwei verkleidete Narren liefen vorbei, bald würde Fastnacht sein und die Stadt im bunten Treiben versinken. Mit Umzügen in ›Klaa Paris‹ oder ausgelassenen Sitzungen in Festsälen. Sogar im Rundfunk würde wieder eine Fastnachtssitzung aus Mainz übertragen.

»Habt ihr gehört?«, meinte der kleine Richard plötzlich.

»Wir kriegen einen neuen Lehrer. Die Goldmann geht.«

»Was denn? Lea Goldmann mit dem Flachshaar?«

»Warum das denn?«

»Keine Ahnung.«

»Und woher weißt du das?«

»Von meinem Vater. Der kennt immer die neuesten Nachrichten!«, sagte der kleine Richard stolz. Das geschwollene Lid hing wie eine bläuliche Geschwulst über seinem linken Auge.

Elisa schwieg. Sie wusste, dass Richards Vater oft zuschlug, und zwar mit Wucht in der Faust. Im Wirtshaus krakeelte er herum, dass sein Weib nicht fähig zum Gebären wäre. Sie hätte diesen missratenen Balg da ins Leben geworfen, diesen Schwächling. Niemals wäre er selbst der leibliche Erzeuger. Klein und schmächtig, wie der da war. Niemals glaubte er, dass in dem da sein Blut fließen würde. Das Blut der Arier, das Blut der Auserwählten.

Trotz allem stand der kleine Richard breitbeinig vor ihnen, wie sein stämmiger Vater und hatte die Daumen hinter die Gürtelschnalle mit dem Hakenkreuz geklemmt. So wie sein Vater.

»Lea Goldmann geht ... Sie ist Jüdin«, sagte Judith leise und hauchte in ihre kalten Hände. Es knirschte auf dem Eis, als sie ein paar Schritte weiterglitt. »Ich hab’ sie gemocht. Und sie mich wohl auch.«

»Ist doch egal. Du hättest bei ihr sowieso nichts gelernt. Mädchen sind dafür nicht gemacht.« Richard versuchte, mit tiefer Stimme zu reden.

»Wie bitte?« Elisa schaute ihn verwundert an. »Warum das denn nicht?«

»Du sollst mal Kinder kriegen für den Führer. Da brauchst du nichts über Rechnerei zu wissen.« Sein blaues Auge zuckte.

»Wer sagt das?« Elisa lief auf Richard zu und baute sich vor ihm auf. Sie war größer als er, und er musste zu ihr hochschauen. »Wenn ich Kinder kriege, dann sind das meine. Die krieg ich für mich. Und nicht für den Führer. Und: Wofür braucht der Führer überhaupt Kinder?«

»Für später mal. Wenn sie erwachsen sind. Erwachsene Männer!« Richard hob das Kinn. »Wart’s nur ab, dann ...«

»Achtung!«, rief Bruno und zeigte auf drei Jugendliche, die auf Schlittschuhen unter Schnürstiefeln von der anderen Seite des Mains her näher rasten. Sie trugen Kniebundhosen mit Koppel und Schulterriemen über dem Pullover. »Nichts wie weg. Das sind die von der Hitlerjugend aus der Nachbarklasse! Die sind hinter mir her.«

»Hinter dir, aber doch nicht hinter uns ...«, rief der kleine Richard.

Bruno schüttelte den Kopf. »Das kannst du vergessen. Mitgegangen, mitgefangen!«

Es würde sicherlich zu einer blutigen Schlägerei

kommen, wenn die von der HJ sie erwischten. Bruno war einer ihrer heftigsten Gegner. Spätestens seit der Straßenschlacht am Eschenheimer Tor.

Schon waren ihre Gesichter zu erahnen und die bloßen Hände, die zu Fäusten geballt waren. Sofort fasste Elisa nach Karlchens Handgelenk, zog ihn ans Ufer und versuchte, ihre Schlittschuhe abzuschnallen. Mit ihren kalten Fingern konnte sie kaum die eisverklumpten Lederriemen lösen.

Karlchen blieb neugierig zwischen Flusskieseln und gefrorenen Schneebrocken am Uferrand stehen und blickte den HJlern entgegen. Da rutschte er weg und schlidderte zurück auf den Fluss. Wie festgefroren blieb er liegen.

»Karlchen!« Elisa riss sich die Stiefel samt der Schlittschuhe von den Füßen und rannte in Strümpfen auf ihn zu. »Komm, steh auf!«

Die drei HJler kamen näher und näher. Judith lief ihrer Freundin entgegen und zerrte mit ihr Karlchen vom Eis.

»Los, mir nach!«, brüllte Bruno.

Elisa ließ die Stiefel mit den angeschnallten Schlittschuhen einfach liegen, rannte ihm auf Strümpfen hinterher und zog Karlchen an der Hand mit sich.

Kaum hetzten die Freunde die letzten Stufen zur Uferpromenade hoch, hatten die HJler schon das Flussufer erreicht und knoteten die Lederriemen auf, um aus den Kufen zu steigen.

»Komm Karlchen, komm!«, flehte Elisa ihren Bruder an, der widerspenstig hinter ihr her tippelte. Judith fasste ihn an der anderen Hand, und sie rissen ihn hinter sich her.

Sie liefen über rutschige Pflastersteine auf die andere Straßenseite mit den riesigen Hakenkreuzfahnen, dann eine Nebenstraße entlang in einen Hinterhof, von dem viele Hauseingänge abzweigten.

Im Hof lagen noch Berge von Ziegelsteinen, die im letzten Krieg aus zerschossenen Wänden herausgebrochen waren. Ein Haus hatte keine Fenster mehr, die Frontseite fehlte. Im Krieg vor fünfzehn Jahren waren nur wenige Häuser zerstört worden, dies war eins davon.

Marianne versteckte sich hinter einem Haufen Ziegelsteine. Judith schaute sich um. Wo war Richard?

Bruno blickte kurz zurück, als auch schon die Verfolger mit geballten Fäusten um die Ecke bogen.

»Hier rein, da kenn ich mich aus!«

Elisa folgte Bruno die Treppe hinunter in einen düsteren Kellergang, von dem schmale Zellen abzweigten. Die waren nur durch Bretterverschläge voneinander getrennt. Die Luft war klamm, und Elisas Füße kribbelten in den nassen Strümpfen von der Kälte. Oben öffnete sich eine Tür.

»Sie müssen hier unten sein!«, dröhnte eine Stimme zu ihnen herunter. Das war Lutz, der Schläger der Truppe, der es besonders auf Bruno abgesehen hatte, diese Furzkanone, wie er ihn nannte.

Lutz war immer blass. Auch im Sommer. Sein Haar war hellblond und ging fast ins Weißliche über, und die Farbe seiner Augen war wässrig blau. »Hier kommt keiner mehr raus! Mitgefangen, mitgehangen!«

Bruno führte die anderen leise zu dem letzten Verschlag und verriegelte die Brettertür von innen. Hier war es düster, nur spärliches Licht sickerte durch ein schmales Fenster ganz oben an der Wand. Dann fing er an, aus der hinteren Mauer Ziegelsteine herauszuziehen. Lautlos. Stein für Stein.

Elisa hielt Karlchen im Arm. Er hatte seine kalten Händchen um ihren Hals gelegt und drückte seine Schwester fest an sich. Wo waren nur seine Handschuhe? Elisa schüttelte sich vor Kälte.

»Pst! Ganz leise«, flüsterte sie.

Vor ihnen öffnete sich in der Ziegelwand ein dunkler Gang. Nur noch ein paar Steine, dann konnten sie hindurchschlüpfen.

»Woher kennst du den Geheimgang?«, flüsterte Judith.

»Der Wind dreht sich«, antwortete Bruno leise. »Da muss man auf alles vorbereitet sein.«

»Welcher Wind?«, fragte Karlchen.

»Der Wind, der die Gedanken durcheinanderpustet«, antwortete Bruno, während er vorsichtig Steine zur Seite schob. »Erst sind es dunkle Gedanken, die da aufziehen, dann hässliche Worte und schließlich gemeine Taten.«

»Hier sind sie auch nicht«, hörte Elisa die Stimme von Lutz durch den Keller hallen. Wieder krachten Stiefel gegen Latten. Holz splitterte.

Bruno hatte inzwischen so viele Ziegelsteine aus der Wand gezogen, dass der Durchbruch groß genug war, um sich hindurch zu hangeln. Im fahlen Licht kletterte er in den Gang und winkte die anderen hinter sich her.

Erst folgte Judith, dann Karlchen, Elisa und schließlich der blonde Hannes. Elisa fühlte sich beschützt, dass gerade er hinter ihr war und sie seinen Atem hören konnte.

Die Erde war halb gefroren, Sickerwasser sammelte sich in Mulden. Von der Decke tropfte es auf ihre Körper. Elisas Strickstrümpfe waren völlig durchnässt, die Füße eisig. Ihre Zehen brannten vor Kälte, und es stach in ihre Fußsohlen wie mit Nadeln.

»Wann sind wir denn da?«, jammerte Karlchen und

blieb einfach hocken. »Ich habe Angst. Ich will nicht mehr.«

»Karlchen weiter!«, flüsterte Elisa ihm zu. Was würden wohl die Eltern sagen, wenn ihm irgendetwas zustoßen würde? »Los, weiter!«

Im Keller war jetzt lautes Holzkrachen zu hören.

»Dies ist doch nur ein Spiel«, raunte Bruno ihm beschwörend zu.

»Ein Spiel?«, fragte Karlchen genauso leise zurück.

»Ja«, flüsterte Bruno. »Wir spielen Fangen. Die anderen sollen uns doch nicht kriegen. Da musst du dich sehr anstrengen. Wir wollen doch die Sieger sein, oder? Wir wollen gewinnen!«

»Ja, Sieger sein«, antwortete Karlchen, kicherte und kroch sofort hinter Bruno her. »Wie bei ›Emil und die Detektive‹. Wir werden die Verbrecher besiegen.«

Elisa schloss kurz die Augen. Natürlich! Sie war dankbar, dass Bruno die richtigen Worte gefunden hatte. Warum war ihr das nicht eingefallen?

»Wer hat Angst vorm schwarzen Mann«, sang Karlchen leise. »Niemand! Und wenn er aber kommt, dann laufen wir, dann laufen wir …«

Wieder war Poltern und Krachen von Latten zu hören.

»Hier sind sie«, rief einer mit dröhnender Stimme. »Hier ist ein Loch in der Wand. Schnell hinterher. Gleich haben wir sie. Aber dann!«

Bruno kroch so schnell es ging, die anderen robbten hinterher. Dann endete der Gang. Es war dunkel, und Elisa hörte, wie Bruno mit den Händen die Steine abtastete. Hinter ihnen war ein Rutschen, Schieben und Fluchen.

»Und jetzt? Wie weiter?« Sie zitterte am ganzen Leib.

Der Metzger ruft

Es quietschte, als Bruno eine niedrige Eisentür aufschob. Licht sickerte in den dunklen Gang. Sie zwängten sich durch eine schmale Lücke und kletterten über Ziegel nach draußen. Als letzter kam der blonde Hannes. Jetzt standen sie an einer Außentreppe, die hoch in den Hof führte.

»Gleich haben wir sie«, dröhnte eine Stimme, eine Hand streckte sich durch das Backsteinloch.

Bruno schlug mit einem Ziegel auf die vorgestreckte Hand, die mit lautem Aufschrei zurückgezogen wurde. Sofort warf er die niedrige Eisentür zurück ins Schloss, griff nach einem viereckigen Balken, der in einer Ecke abgestellt war und wuchtete ihn in zwei Eisenhaken rechts und links neben der Tür. Der Ausgang war versperrt. Kalk bröselte nach und deckte den Einstieg mit einer feinen, weißlichen Schicht zu.

Hinter der Wand waren wütende Rufe zu hören. »Wir kriegen euch! Und die kleine Wanze zerquetschen wir zuerst!«

»Wir haben gewonnen!«, rief Karlchen, hüpfte auf

einem Bein im Kreis und riss seine Strickmütze hoch. Die dunklen Lockenhaare wippten rauf und runter. Verwundert sprang er auf seine Schwester zu. »Wir haben doch gewonnen … Warum weinst du dann?«

»Alles gut?«, fragte Hannes und klopfte Elisa Schmutz vom Mantel.

Sie nickte und zeigte auf ihre verdreckten und durchnässten Strümpfe, die an den Zehenspitzen schon zu Eis gefroren waren. »Mir ist so kalt. Ich will nur noch nach Hause!«

Hannes zog seine gefütterten Winterschuhe aus. »Los, zieh sie an. Und bring sie morgen wieder mit in die Schule.«

»Wie bitte?«

»Zieh sie an! Oder willst du erfrieren?«

»Und du?«

»Ich wohne ganz in der Nähe.«

»Jetzt mach schon«, stachelte Judith sie an. »Hannes hat recht.«

Elisa folgte, zog ihre Strümpfe aus und spürte schon bald die Wärme des Fells auf ihrer nackten Haut.

»Aber jetzt weg von hier! Und zwar schnell«, drängte Bruno. »Bevor wir denen in die Arme laufen. Wir haben sie überrumpelt. Das lassen die nicht auf sich sitzen!«

Hannes legte den Arm um Elisa und zog sie an sich. Sie spürte seinen Atem am Ohr. Seine Lippen berührten ihren Hals, die Wange … Würde er sie küssen? Jetzt vielleicht, jetzt?

»Aber sowas spiel ich nie wieder!« Karlchen zupfte energisch an Elisas Mantel. Sie öffnete enttäuscht die Augen, Hannes nahm den Arm von ihrer Schulter.

»Nie wieder!«, sagte Karlchen leise. »Nie mehr wieder. Das macht mir Angst.«

Elisa seufzte, tastete nach der Hand von Hannes und drückte sie. Wie eisig ihre Finger waren! Sie spürte, wie er zärtlich ihren Händedruck erwiderte. »Ja, Karlchen, sowas spielen wir nie wieder.«

*

Elisa saß zu Hause mit hochgezogenen Knien zwischen Pflanzentöpfen auf dem Fensterbrett und schaute hinaus. Wann wohl die Eltern zurückkommen würden? Ein kleiner Kaktus, den sie in einen grünen Topf gepflanzt hatte, stand rechts neben ihr. In Gedanken summte sie das Lied: ›Und wenn ein Bösewicht, was Ungezog'nes spricht, dann nehm' ich meinen Kaktus und der sticht, sticht, sticht ...‹ Noch immer knetete sie ihre Zehen und rieb über ihre Fußsohlen, dort, wo das Fell von Hannes' Winterschuhen sie gewärmt hatten.

Kaum zu Hause angekommen, hatte sie sich umgezogen und war mit der Straßenbahn zurück zum Mainufer gefahren, um ihre Schlittschuhe zu suchen.

Noch immer glaubte sie, die Hand von Hannes in ihrer zu spüren, seine Lippen ganz nah an ihren zu wissen. Hannes hätte sie beinahe geküsst, bis Karlchen mit seinem Plappermaul dazwischen gegangen war.

Elisa vollendete in Gedanken den Kuss, sie spürte seine Lippen und atmete ihn tief ein. Die Erinnerung setzte wie in einer Zeitschleife ein: er hielt ihre Hand, ihre Lippen berührten sich. Und wieder atmete sie ihn ein ... Dieses Wolkengefühl ließ sie nicht mehr los und machte das Leben viel leichter.

Ihre Stiefel mit den angeschnallten Schlittschuhen hatte sie zwischen Kieseln und Ufergras entdeckt. Sie waren zwar von einer dünnen Schneeschicht bedeckt gewesen, aber sofort gut zu erkennen.

Karlchen hatte brav in seinem Zimmer gespielt, wie sie es vereinbart hatten. Dafür hatte sie ihm zwei kupferne Reichspfennige geben müssen. Aber das spielte bei ihren Schulden von zwanzig Reichsmark auch keine Rolle mehr.

Die Strickstrümpfe hatte sie gewaschen und in ihrem Zimmer hinter dem Ofen aufgehängt, die Eltern brauchten davon nichts wissen.

Obwohl der hohe Kachelofen im Wohnzimmer eine angenehme Wärme verbreitete, fröstelte Elisa. Aber es war ein angenehmes Frösteln. Sie hockte noch immer auf dem Fensterbrett und dachte an Hannes. Da war sein Atem an ihrer Wange, dann der Händedruck, der Blick, und endlich der erträumte Kuss ...

Draußen wirbelten dicke Schneeflocken vom bleigrauen Himmel. Windböen fegten durch die Luft und jagten die Flocken vor sich her. Hüte wurden tiefer in die Stirn gezogen, Schals enger um den Hals gewickelt. Leute in dunklen Mänteln hasteten vorbei. Das gelbliche Licht der Gaslaterne lag wie ein verlorener Fleck im Schneetreiben.

Elisa lehnte ihren Kopf an die Fensterscheibe und hauchte gegen das Glas. Es quietschte, als sie mit dem Finger über die beschlagene Scheibe fuhr und ›Hannes‹ schrieb.

Die Fingerlinien gaben kurz die Sicht nach draußen frei: Ein Pferdekarren fuhr über das schneedichte Kopfsteinpflaster, der Atemdunst aus den Pferdenüstern plusterte sich in gleichmäßigen Abständen auf und stob mit den Flocken davon.

Wieder schrieb sie ›Hannes‹ und schaute durch die

Schrift nach draußen. Hauswart Borkmann streute mit einer Handschaufel Asche auf den Gehweg. Körner glommen auf, rotglühende Punkte flogen durch die Luft und fraßen Löcher in den Schnee, um Schuhsohlen Halt zu bieten.

Von links wankte breitbeinig der dicke Wilhelm näher, immer darauf bedacht, nicht wegzurutschen. Er lebte in einem Kämmerchen oben im Dachgeschoss.

Da zog es durch die Dachpfannen, die Luken waren nicht abgedichtet. Und die Hitze von seinem Kanonenofen verflog, kaum dass sie die Wand aus Gusseisen durchdrungen hatte.

Wo die Eltern nur blieben? Ob etwas passiert war? Ob Glotzauge sie etwa doch den Nazis gemeldet hatte?

Elisa legte die Wange an die Scheibe, um unten den Bürgersteig entlang zu schauen. Das Glas war kalt. Wieder schlug ihr Atem dagegen. Diesmal malte sie ein Herz auf das beschlagene Fenster. Draußen tauchte ein roter, hochgestreckter Fleck auf und schwebte die Straße entlang. Elisa wischte das beschlagene Herz blank.

Das aufsteigende Rot war eine Fahne mit Hakenkreuz, die durch die Straße getragen wurde. Ihr Träger versank im Schneetreiben. Auch die Truppe, die im Gleichschritt folgte, war nur zu erahnen. Bräunliche Uniformen mit Spruchbändern über den Köpfen marschierten vorbei. Im gleichen Schritt und Tritt.

Aber jetzt, da, einige Braunflecken lösten sich aus der Einheit, liefen durch den Schneedunst auf zwei Fußgänger zu und hoben die Arme. Hatten sie Schlagstöcke in der Hand? Und …

Die Wohnungstür wurde aufgeschlossen, die Eltern waren zurück. Elisa atmete erleichtert auf. Von den

Ereignissen heute wollte sie nichts erzählen. Hoffentlich würde Karlchen sich nicht verplappern.

»Schüttle doch den Mantel draußen im Flur aus. Und zieh' die Schuhe aus«, hörte sie Muttis Stimme. »Du machst ja alles dreckig.«

Elisa schaute zurück auf die Straße. Die Truppe war verschwunden. Auf dem Bürgersteig lagen zusammengekrümmt zwei Gestalten.

»Vati, Mutti!« Karlchen rannte auf seine Eltern zu. »Wir haben heute toll gespielt. Wir waren auf dem Fluss, und dann kamen welche und wollten uns packen. Dann sind wir weg. Lisa ohne Stiefel und Schlittschuhe. Nur in Strümpfen …«

»Nur in Strümpfen?« Die Mutter blickte ihrer Tochter, die vom Fensterbrett gesprungen war und näher schlenderte, misstrauisch entgegen.

Achselzuckend zeigte Elisa auf die geputzten Winterstiefel und blank polierten Schlittschuhe, die neben der Tür lagen.

»Was ist das denn?«, rief ihre Mutter entsetzt. »Du hast dir ja Haarsträhnen abgeschnitten!«

»Ja, das ist doch jetzt modern«, sagte Elisa fast gelangweilt und zupfte an den Strähnen herum, sodass sie mit der Hand die verkrustete Wunde verdeckte. »Das haben viele aus der Klasse.«

»Ja, und dann sind wir rein in eine Höhle«, plapperte Karlchen weiter. »Die war dunkel und voller Dreck. Die Bande immer hinter uns her. Bruno hat dann gegen eine Wand geklopft. Da war eine Eisentür. Wir sind durch das Loch. Und zack – dann haben wir gewonnen. Toll, was?«

Die Mutter seufzte, schaute zu den blank geputzten Stiefeln, zu den Schlittschuhen, dann zum Spiegel und zog die lange Nadel aus dem Haar, mit der sie das Hütchen befestigt hatte. Sie kannte Karlchens Fantasie, die oft verrückteste Abenteuer erschwindelte.

Der Vater lächelte und nahm seinen Sohn auf den Arm. »Ja, das ist wirklich ein tolles Abenteuer! Sowas will ich auch mal spielen.«

»Ja, aber das spielen wir nicht mehr«, flüsterte Karlchen. Er nickte verschwörerisch und legte den Finger auf die Lippen. »Lisa kriegt da nämlich immer Angst.«

*

»Heute will ich euch dokumentieren, warum der arische Mensch anderen Rassen überlegen ist.« Lehrer Mannskopf rollte ein Zentimetermaß aus und hielt es an einem Ende fest. Schlangenförmig wand es sich nach unten. »Friedrich, kannst du mal nach vorne kommen?«

Der schlaksige Friedrich sprang auf, stand stramm und streckte stolz seine Brust vor. Er fühlte sich sowieso den anderen überlegen. Er wäre rein von verdrecktem Judenblut, reinrassig deutsch, pflegte er zu sagen. Und rein von Gewerkschaftsgeschwätz und Sozialistenparolen, die den Menschen beschmutzten, verdarben und zu Boden streckten.

»Unsere Volksgemeinschaft ist stolz auf so einen jungen Kämpfer«, sagte Mannskopf. Er atmete tief ein und aus, und die Härchen, die aus seiner Nase wuchsen, flatterten.

Elisa schaute zu Judith, die den Kopf gesenkt hielt. Als könnte sie jemanden beschmutzen. Als wäre ihre Blutlinie unrein. Als könnte ihr schmächtiger Körper jemanden zu Boden strecken.

Judith schaute aus dem Fenster. Ihre Haut war blass, fast durchscheinend wie Porzellan, als wollte sie unsichtbar werden und sich auflösen.

Als Mannskopf mit Kreide Zahlen auf die Wandtafel schrieb, steckte der blonde Hannes Elisa ein gefaltetes Zettelchen zu, das sie gleich zwischen Büchern im Schulranzen verschwinden ließ.

Friedrich stand neben dem Lehrerpult noch immer stramm. Rote Flecken flammten in seinem Gesicht mit den Pubertätspickeln auf.

Lehrer Mannskopf, der für den Reichsparteitag der NSDAP die Rassengesetze mit vorbereitete, legte das Zentimetermaß um Friedrichs Kopf und nickte anerkennend. »Beachtlich! Ein klares Zeichen, ein klarer Beweis. Dieser Umfang ist nur dem arischen Wesen zuzuordnen.«

Judiths Augen glänzten. Regungslos schaute sie aus dem Fenster. »Sieh nur, der Kastanienbaum«, sagte sie leise. »Bald wachsen Blätter. Dann, wenn Frühling ist …«

»Arische Männer, arische Frauen, arische Kämpfer. Das ist unsere Zukunft«, donnerte Mannskopf, und Friedrich strahlte.

Judith liefen Tränen über die Wangen. Elisa griff nach Judiths Hand. Die Finger waren kalt und zitterten.

»Aber … das stimmt nicht. Das kann nicht stimmen.« Die zaghafte Stimme aus der ersten Reihe durchdrang den Klassenraum bis zur letzten Reihe.

»Wer war das?« Mannskopf, der gerade das Zentimetermaß in seiner Aktentasche verschwinden ließ, schnellte herum und griff nach dem Rohrstock. »Richard? Warst du das? Du wagst es, mich der Lüge zu bezichtigen?«

Der kleine Richard nickte. Dann schüttelte er den Kopf. »Es ist nur, weil die Größe … ich meine, der Umfang ...« Er griff an seinen eigenen schmalen Kopf, als könnte er ihn aufquellen lassen. »Und ich bin doch ... auch Arier ...«

Richard wirkte verunsichert. Aber gleichzeitig war er schon lange fest entschlossen, sein Gehirn zu trainieren. Mit mathematischen Formeln, Gesetzesparagrafen und Flächenerschließungen in der östlichen Landeskunde.

Das brauchte er für später, wenn die deutschen Truppen bereit waren für den Osten. Lernen war Kraftsport für den Kopf.

Er wollte im Verein ›Kraft durch Freude‹, der bald gegründet würde, wie sein Vater sagte, Aufseher werden. Die Freizeit der Deutschen müsste immer besser kontrolliert werden, meinte der. Ja, und er selbst wollte mit eisernem Willen und Gehorsam dem arischen Wesen entsprechen und seinem Vater, dem Leiter der NSDAP-Dienststelle, ein Sohn sein, auf den er stolz sein konnte: Ein glanzvolles Vorbild für seine Kameraden.

Da waren doch ein kleiner Kopf und auch ein schmächtiger Körperbau nicht so wichtig. Göbbels war ja selbst nur 1,65 Meter groß. Und er hinkte. Und war nicht blond, sondern hatte dunkles Haar.

Hannes drehte sich kurz zu Elisa um und zwinkerte ihr zu. Sie strich über seine Schulter und lächelte.

»Wie kommst du dazu, ungefragt zu reden?« Alois Mannskopf schlug mit dem Rohrstock aufs Pult. Es knallte, als das Rohr zersplitterte. Der schmale Richard hielt die Arme fest an sich gepresst, als wollte er sich festhalten.

»Aufstehen, wenn ich mit dir rede!«

Sofort sprang Richard auf. Mannskopfs Befehle machten sein Gesicht blutleer und ließen ihn zittern. Er senkte den Blick. Die dunklen Schwitzflecken an seinem Oberhemd wuchsen Millimeter um Millimeter, es sog noch mehr Angstschweiß auf.

»Schau mich an!«, brüllte Mannskopf. »Ein deutscher Junge hält den Kopf erhoben.«

Richard schaute starr nach vorn. Er wollte doch gehorchen, er wollte alles tun, was von ihm verlangt wurde. Mannskopf durfte nur nichts dem Vater sagen, nur nichts dem Vater sagen!

Jetzt zeigten sich auch nasse Flecken hinten an seiner Hose. Einige in der Klasse fingen hinter vorgehaltener Hand an zu kichern.

»Setz dich!«, blaffte Mannskopf und griff nach einem neuen Stock aus Rohr. Er schnaufte, und seine Nasenhärchen flatterten. »Unflätiges Verhalten wie unkontrolliertes Reinrufen ist nicht zu akzeptieren! Merk dir das ein für alle Mal.«

Jeder wusste, dass Lehrer Mannskopf um die Wertschätzung von Richards Vater buhlte. Ging es doch um seinen beruflichen Aufstieg, um die Beförderung zum Schulleiter.

Niemals hätte er es gewagt, Richard zu züchtigen. Ihm mit dem Rohrstock auf den nackten Hintern zu dreschen oder ihn mit stundenlangem Stehen in der Ecke zu strafen.

Mannskopf zog eine dicke Kladde aus seiner Aktentasche. Dann notierte er die Daten von Friedrichs Kopfumfang in einer Liste.

»Warum macht Mannskopf das nur?«, sagte Elisa leise.

»Weil er gehorcht«, antwortete Judith ohne den Kopf zu wenden.

Elisa versuchte, die Lippen nicht zu bewegen. »Aber

das ist doch unlogisch. Richard mit seinem schmalen Kopf wäre dann doch kein Arier.«

»Und ich keine Jüdin«, antwortete Judith.

Elisa nickte. Judith hatte keine krumme Nase, so wie es den Juden nachgesagt wurde. Ihre Nase war klein und zierlich, und ihr Haar war blond, wie es für Arier vorbildlich war.

»Er denkt nicht selbst.« Judith schloss die Augen, wiederholte die Worte im Flüsterton und betonte jede Silbe: »Er ... denkt ... nicht ... selbst! Er lässt denken und gehorcht. Er führt nur Befehle aus. Das sind die Schlimmsten, die alles möglich machen.«

Alois Mannskopf schrieb Zahlenreihen an die Tafel. Die Kreide quietschte, wenn er damit zu fest aufdrückte. Das klang wie das Quietschen einer Gabel auf einem Teller.

Der kleine Richard hockte gebückt in seiner Schulbank. Elisa stieß Judith an, beugte sich etwas zur Seite und deutete mit dem Kinn in seine Richtung. Judith streckte sich und zog erschrocken die Augenbrauen hoch. Von seiner Sitzfläche tropfte es hinunter in eine gelbliche Pfütze.

»Armer Richard«, flüsterte sie.

Sonst schien es niemand zu bemerken. Viele räumten schon leise ihre Hefte und Bücher in die Schultasche, während Lehrer Mannskopf wieder an der Tafel stand und mit Kreide Zahlen auflistete. Es klickte, wenn der Verschluss eines Ranzens einrastete. Ungeduldig warteten die Schüler auf den Schulschluss.

Der Klingelton am Ende der Stunde war durchdringend und schrill. Die Klasse atmete auf, da war ein Rascheln, Scharren mit den Füßen, ein Zuklappen der Bücher.

Lehrer Mannskopf griff mit der linken Hand nach seiner Aktentasche und ließ den rechten Arm hochschnellen.

»Sieg Heil!«

Mit schnellem Schritt verließ er den Raum, und die Schüler stürzten zum Ausgang, als würde die Feuersirene heulen.

»Ich muss los. Leider«, flüsterte Hannes Elisa zu und strich über ihre Hand. Es war nur eine kurze Berührung, aber es war, als würden in ihrem Körper Flammen auflodern. Sie lächelte, Hannes, der Flammenwerfer!

»Ich freu mich auf dich«, sagte er. »Wenn wir uns treffen … allein.«

Elisa nickte heftig. »Ganz allein … ohne Karlchen.«

Dann drängte auch er hinaus auf den Flur. Nur Richard blieb sitzen und tat, als würde er noch Zahlen von der Wandtafel in sein Heft abschreiben, während die gelbe Pfütze unter seiner Bank sich weiter ausbreitete.

»Warte«, flüsterte Judith. »Warte, bis alle draußen sind.«

Elisa nickte und schaute aus dem Fenster. Unten auf dem Schulhof warfen Lutz und die aus der HJ mit Messern auf das Plakat der Kommunisten am Kastanienbaum.

Friedrich wartete an der Klassentür auf Richard. »Was ist? Kommst du?«

Der reagierte nicht und kritzelte Zahlen in sein Heft. Hin und wieder tunkte er die Feder in das offene Tintenfass, das in der runden Vertiefung in seinem Pult abgestellt war.

»Jetzt komm endlich«, rief Friedrich ihm zu. »Willst du nicht in die Flieger-Sondereinheit? Oder doch lieber in die Motor …«

»Geh schon«, unterbrach Richard. »Ich komme nach.« Er schaute auf sein aufgeschlagenes Heft. Sein geschwollenes Augenlid hatte inzwischen eine lila Farbe angenommen, der Verband an seiner rechten Hand war gräulich verfärbt.

Als Friedrichs Schritte im Flur verhallten, schlenderte Judith auf Richard zu und stellte sich verschämt neben ihn. »Ich ... habe hier etwas ...«, sagte sie sehr leise und hielt ihm ihre lange Wolljacke entgegen. »Die kann ich dir ... gerne leihen. Die geht bis zu den Knien ... Ich leih' sie dir wirklich gerne.«

Judith stand da und streckte ihm die graue Wolljacke entgegen. Richard klappte sein Heft zu und sagte mit einem kurzen Seitenblick: »Verpiss dich, du ... du ... Juden ...«

»Halt!«, unterbrach Judith. Sekunden vergingen. Dann sagte sie mit schneidend scharfer Stimme: »Schau mich an!«

Er reagierte nicht und tat so, als müsste er in einem Buch etwas nachlesen.

»Schau mich an, Richard Kleinert!«

Er wandte kurz den Kopf, ihre Blicke trafen sich.

»Bist du das, Richard? Bist du das wirklich?«, sagte sie und schüttelte den Kopf, als wollte sie das alles nicht wahrhaben. »Du tust mir leid, Richard Kleinert. Du tust mir so leid! Wo bist du nur verloren gegangen? Was ist nur von dir übrig geblieben? Schau dich an: Du bist nur noch ein Abklatsch von dem Richard, den ich mal sehr gemocht habe!«

Richard schwieg und senkte den Blick. Im hohen Bogen warf sie die Strickjacke auf sein Pult und verließ mit erhobenem Kopf die Klasse. Elisa rannte hinter ihr her.

Im Flur roch es noch immer nach Bohnerwachs, durch

die hohen Fenster fiel graues Licht, als hätte das Firmament die Sonnenstrahlen einfach herausgefiltert.

Judith wischte sich über die tränennassen Augen.

»Komm, vergiss ihn …«, versuchte Elisa ihre Freundin zu trösten. »Er ist ein Vollidiot!«

»Es geht schon. Was soll ich schließlich mit einem, der kein Rückgrat hat.« Sie versuchte zu lächeln. »Aber das tut weh. Es tut so sehr weh. Warum macht er da nur mit?«

»Vielleicht wegen seinem Vater?«, sagte Elisa und schaute auf die Klassentür. »Vielleicht will er Eindruck auf ihn machen.«

»Aber jeder hat doch einen freien Willen. Auch Richard«, antwortete Judith und zog ihren Mantel über. »Jetzt muss ich los. Du weißt, mein kleiner Bruder … Bis morgen, Schalom.«

Die Flurdielen knarrten, als sie mit eiligen Schritten zur Treppe lief. Elisa schaute ihr nachdenklich hinterher.

Die Schule war ein großes Backsteingebäude mit hohen Fenstern und wuchtigen Eingangstüren. Elisa drängte sich mitten zwischen größeren Schülern hinaus auf den Schulhof und duckte sich aus Angst vor Lutz und den anderen von der Hitlerjugend. Die grüne Strickmütze von Oma Elsbeth hatte sie tief in die Stirn gezogen.

Am Morgen erst hatte dieser Lutz von der Hitlerjugend sie fest am Arm gepackt. »Du bist doch diese Judenfreundin«, hatte er gesagt und abfällig gegrinst. Mit seinen weißblonden Haaren, der hellen Haut und den herabhängenden Mundwinkeln wirkte er seltsam verschlagen.

Als Alois Mannskopf den Schulhof überquerte und

direkt auf sie zusteuerte, hatte er zackig die Hand zum Gruß erhoben und war Seite an Seite mit dem Lehrer die Eingangstreppe hochstolziert.

Elisas Blick flog über den Hof. Das Plakat vom Kastanienbaum war heruntergerissen, Papierfetzen wölbten sich im Schneematsch. Von Lutz und seinen Kameraden war jetzt nichts zu sehen.

Erleichtert zog Elisa die Strickmütze vom Kopf, allmählich wurde es wärmer. Die Eiszapfen an den Balkonvorsprüngen wurden glasig, Schmelzwasser tropfte an ihnen hinunter.

»Ja, wen haben wir denn da?« Friedrich versperrte ihr den Weg. »Jetzt weiß ich, was du tun kannst, damit niemand etwas von deinem Herumstreunen erfährt.«

»Aber ... ich habe dir doch die zwanzig Reichsmark gegeben.«

»Das war für den Osthafen. Aber nicht dafür, dass du mit Bruno unter einer Decke steckst. Das könnte deine Eltern interessieren.«

»Meine Eltern kennen Bruno«, antwortete Elisa trotzig. »Sie planen sogar einen Theaterabend. Zusammen mit ihm!«

»Zusammen mit ihm? Danke für den Hinweis!« Der schlaksige Friedrich grinste und ließ wieder die Klinge von seinem Taschenmesser aufspringen.

Elisa biss sich auf die Unterlippe. Hätte sie bloß nichts gesagt!

»Außerdem wäre es äußerst interessant zu wissen«, fuhr Friedrich lächelnd fort, »wem du den Geldschein gestohlen hast.«

»Ich habe nichts gestohlen!« Elisa schien empört, aber ihre Hände schwitzten.

»Da wäre ich mir nicht so sicher … Aber ich bin kein Unmensch!«, fuhr er gönnerhaft fort und drückte die Messerklinge langsam zurück ins Gehäuse. »Diesmal möchte ich dir nur netterweise den Hinweis geben, dass in der Bäckerei Bertram eine Hilfskraft gesucht wird. Da ist Geld zu verdienen …«

»Ausgerechnet du willst mir einen Hinweis geben, wo ich Geld verdienen kann? Du mir?«

»Bin ich nicht ein guter Mensch?« Friedrich legte die rechte Hand auf seine Brust, seufzte tief auf und säuselte: »Du sollst doch deinen Diebstahl zurückzahlen können … Eins nach dem anderen, Schritt für Schritt.«

Elisa konnte sein hinterhältiges Grinsen nicht deuten. Was hatte er mit ihr vor?

Friedrich verabschiedete sich mit einer knappen Verbeugung und ging mit schnellem Schritt davon.

Elisas Gedanken spielten verrückt. Was bezweckte Friedrich mit diesem Hinweis? Sie kannte die Bäckerei Bertram, mit der Besitzerin war sie fast befreundet. Bertrams backten die besten Kuchen der Gegend. Besonders ihre Apfelkuchen schmeckten köstlich. Und dann das ofenfrische Krustenbrot …

Was hatte Friedrich nur mit den Bertrams zu schaffen? Da musste für ihn doch etwas herausspringen, niemals würde er aus reiner Menschenliebe einen Hinweis geben. Und was bedeutete dieses ›Schritt für Schritt‹ und ›Eins nach dem anderen‹? Da musste mehr dahinterstecken! Freundlichkeit … das war von ihm nicht zu erwarten.

Friedrich bog gerade in die Straße zur Haltestelle ab. Von dort aus ging es mit der Straßenbahn zum Flughafen, wo die Ausbildung bei der Flug-Sondereinheit begann. Da bemerkte sie hinten auf dem Schulhof einen Pulk von der Hitlerjugend. In Schnürstiefeln und Kniebundhosen, mit Koppel und Schulterriemen über den Pullovern marschierten sie näher. Es mochten wohl an die dreißig Jugendliche sein. Einer von ihnen rollte eine Hakenkreuzfahne aus. Es war Lutz. Mit seinem blonden Haar war er schon von weitem zu erkennen. Er schwenkte die Fahne an einem Stock durch die Luft und ließ sie flattern. Seine Wangen waren gerötet. Wie entrückt stand er da und schaute hoch zur flatternden Fahne.

»Sieg Heil! Sieg Heil! Sieg Heil«, brüllten die anderen wie auf ein Kommando. Dann fingen sie an zu singen:

»Die Fahne hoch! Die Reihen fest geschlossen!

SA marschiert. Mit ruhig festem Schritt ...«

Elisa fuhr zusammen, als sich eine Hand auf ihre Schulter legte. Aber es war nur Bruno. Er schob die Schlägermütze auf seinem fuchsroten Haar zurecht und flüsterte: »Geh weiter! Es ist besser, wenn sie dich nicht mit mir zusammen sehen.«

»Warum das denn? Ich kann doch zusammenstehen, mit wem ich will. Außerdem sind wir in der Klasse auch zusammen.«

»In der Klasse ist das was anderes. Nun geh schon!«

Elisa zögerte und lief dann über den Schulhof zur Hauptstraße. Bruno wartete, bis sie auf dem Bürgersteig war, dann fing er laut an zu singen:

»Der Metzger ruft! Die Augen fest geschlossen.

Das Kalb marschiert mit ruhig festem Tritt ...«

Jetzt trabten junge Burschen auf Bruno zu und stellten sich hinter ihn. Es wurden mehr und mehr. Sie ballten die Fäuste, schwenkten Fahnen der Gewerkschaften und

Sozialdemokraten. Sogar Kommunisten, die sonst gegen die Sozis protestierten, waren dabei, und die ließen es zu. Sie fielen in den Gesang mit ein, der zu einem irren Singsang mit dem der Hitlerjugend anschwoll.

»Die Fahne hoch! Die Reihen fest geschlossen ...«, sangen die HJler.

»Der Metzger ruft! Die Augen fest geschlossen ...«, antwortete Bruno mit den anderen.

»SA marschiert. Mit ruhig festem Schritt ...«

»Das Kalb marschiert mit ruhig festem Schritt ...«

Langsam marschierten die verfeindeten Gruppen aufeinander zu. Ihr Gesang wurde lauter und lauter. Und langsam hoben sie Fäuste, Knüppel und Schlagstöcke.

Elisa rannte. Sie wollte das alles nicht hören. Sie rannte, bis ihre Lungen brannten. Bei jedem Schritt schlug der Schulranzen gegen ihren Rücken. Wenigstens waren neue Löcher in die Riemen gestanzt, um ihn enger zu schnallen, sodass er nicht mehr verrutschen konnte.

Sie war auf dem Weg zu Josua Siebenstern, der sein Geschäft in der Straße neben dem Kolonialwarengeschäft Fischer hatte.

Er wäre der beste Stempelschneider der Gegend, hatte Mutti gesagt und Elisa aufgetragen, nach einem Stempel zu fragen, den sie in Auftrag gegeben hatte.

Danach wollte sie in der Bäckerei Bertram nach der Aushilfsstelle fragen. Was sollte Friedrich ihr schon anhaben können? Sie würde sich nichts, aber auch gar nichts zu Schulden kommen lassen und brauchte nur das Geld. Und zwar dringend!

Kuchenstücke zu verkaufen war außerdem kein Vergleich zum Schlachthof, wo sie vielleicht blutige

Schweinsköpfe in riesige Bottiche werfen musste, um sie für Fleischsuppe auszukochen.

Das Zettelchen von Hannes!, fiel ihr plötzlich ein. Der Brief, den er ihr zugesteckt hatte … Elisa war, als würde ein kräftiger Windstoß Friedrich und die Schweinsköpfe einfach aus ihren Gedanken wegfegen. Sie wischte ihre Finger am Mantel ab, zog den Zettel aus ihrem Schulranzen und faltete ihn auseinander.

›Sind deine Lippen noch frei?‹, las sie und wurde rot. ›Ich freu mich auf dich.‹ Elisa kniff sich in den Oberschenkel, um nicht vor Freude laut aufzuschreien und schob den Zettel zurück in den Schulranzen.

Freie Lippen … Elisa lächelte. Nicht mehr lange.

Das Schaufenster von Josuas Geschäft war vollgestopft mit verschiedensten Stempeln. Buchstaben und Zahlen waren aus Hartgummi herausgeschnitzt, auf Halterungen geklebt und mit Stempelfarbe auf Pappe gedruckt. JERUSALEM stand da und 1933.

Daneben lagen einfache Stempel, aber auch Stahlstempel, Bleilettern und Gussformen. Allerdings gab es keine Wappen oder Symbole, auch das Herstellen von Münzen oder Dienststempeln war verboten.

Als Elisa die Tür aufschob, klingelten die Türglocken. Im Laden war es recht dunkel, und es roch nach Metall. An einer Wand hingen Messer und Feilen, Meißel und Stichel in allen Größen. In einem Schubladenschrank stand eine Lade offen, darin lagen Bleilettern mit dem Buchstaben ›d‹.

Am hinteren Tisch hockte Josua Siebenstern, der durch ein Vergrößerungsglas schaute. Eine Schreibtischlampe warf Licht auf einen Gummistempel, aus dem er winzig kleine Eckchen, Kanten und Bögen herausschnitt. Er hatte feine Hände und konnte millimetergenau arbeiten, trotz seines Alters und ohne ein Zittern.

Seine grauen Haare hingen ihm fusselig auf die Schultern, seinen Bart hatte er mit einem Faden zusammengebunden. Auf dem Hinterkopf trug er eine kreisrunde Mütze, die Kippa, die mit silbernen Fäden durchzogen war.

»Schalom, Josua!«, sagte Elisa. Den Friedensgruß hatte sie von Judith gelernt.

Josua erschrak. Er hatte sie nicht bemerkt, trotz des Glockenspiels an der Tür. Seine Hand zuckte hoch, verbarg darin sofort den Stempel, an dem er arbeitete und steckte ihn in eine Schublade.

»Schalom, Elisa. Schalom! Was treibt dich in meine Werkstatt?«

»Mutti lässt fragen, ob der Stempel …«

»Ach, natürlich der Stempel«, unterbrach er und klopfte sich mit der Faust gegen die Stirn. »In drei Tagen ist er fertig. Sag es ihr.«

Elisa betrachtete die Feilen, Stichel und Hämmer. Es roch nach Gummi, als hätten Autos scharf gebremst. Auf dem Fußboden glitzerten winzige Metallspäne. »Was will sie denn für einen Stempel?«

Er hüstelte und wischte ein paar Krumen vom Pult. »Ach, nichts Besonderes … Ich hatte nur viel zu tun, sonst wäre er längst schon fertig. Weißt du, jeder braucht Stempel. Von der Reichspost bis zum Palmengarten mit seinen Eintrittskarten.«

Er griff nach einem Stempel, der neben ihm lag, hielt ihn unter das Vergrößerungsglas und winkte Elisa näher. »Komm näher, Mädchen. Schau mal hier …«

Elisa beugte sich über die Lupe, das Bild verschwamm

und glitt hin und her, bis sie eine Palme entdeckte, mit Blätterwedeln und Stamm. Sie war aus dem Hartgummi herausgeschnitten.

Josua nahm den Stempel, drückte ihn in ein Farbkissen und dann auf den Rand einer Zeitungsseite.

»Für den Palmengarten«, sagte er und lächelte zufrieden. Winzige Fältchen durchzogen seine Augenwinkel, einem Fächer gleich, der sich öffnete.

»Hier! Siehst du das?« Er zögerte kurz, seine Stimme wurde sehr leise. Er schaute prüfend zur Tür und dann zum Schaufenster.

»Aber das bleibt unser Geheimnis. Versprichst du mir das?«

Elisa nickte. »Natürlich, Josua. Du kennst mich ...«

»Sieh dir den Abdruck genauer an!«

Sie nahm die Zeitung in die Hand, hielt sie ins Licht und schob den Kopf vor. Aber da war nichts weiter als ein winzig kleiner Fleck, rechts unten am Rand des Abdrucks.

»Leg ihn unter das Vergrößerungsglas!«

Zuerst verschwamm das Bild, bis Elisa den richtigen Abstand zur Lupe gefunden hatte. Da war die Palme, da waren die Blätter und der Stamm. Und da, der Fleck.

»Aber das ist ja gar kein Fleck«, sagte sie plötzlich. »Das ist ja ein ›s‹, ein winzig kleines ›s‹!«

»Mein Zeichen«, raunte Siebenstern ihr zu und schnippte mit den Fingern. »Früher hatten die Baumeister an den Kathedralen und Synagogen auch eigene Zeichen. Jede Zunft hatte ihr Zeichen.«

»Zunft?«, fragte Elisa nach.

»Das ist sowas wie eine Berufsgruppe. Manchmal waren die Signaturen auch Geheimzeichen«, sagte Josua und blinzelte mit den Augen. »Ich habe auch mein Zeichen, das winzig kleine ›S‹. ›S‹ wie Siebenstern.«

Er lachte. Es war ein leises, hohes Lachen, als hätte er jemandem ein Schnippchen geschlagen.

Von Teufelsköpfen und

Niederschlägen

Wenig später stand Elisa vor der Bäckerei von Martin Bertram in der Rohrbachstraße. Hier zu arbeiten, wäre ein Lotteriegewinn. Trotzdem blieb da ein mulmiges Gefühl, ein Rest von Misstrauen. Was hatte Friedrich vor?

Als sie die Eingangstür öffnete, dampfte ihr eine Duftwolke von frischem Brot und Würzkuchen entgegen. Helga Bertram erkannte sie sofort wieder.

»Na, Elisa«, sagte sie und lächelte. Kleine Grübchen zeigten sich in ihren Wangen. »Was darf ich dir heute einpacken?«

»Eigentlich nichts«, antwortete sie verlegen und beugte sich flüsternd vor. »Es ist nur ... ich habe gehört ... ich meine ... die Aushilfsstelle.«

»Du willst Geld verdienen?« Helga verschränkte die Arme über der vollen Brust. »Wissen deine Eltern davon?«

Elisa versuchte den Blick zu halten. »Nein, es ... es soll eine Überraschung werden.«

»Warum eigentlich nicht?« Helga nickte ihr gutmütig zu. »Zuckerguss auf Kuchenteilchen pinseln, das wirst du ja noch hinkriegen.«

»Und wann kann ich anfangen?« Elisa strahlte und rieb sich die kalten Hände. »Vielleicht morgen? Gleich nach der Schule?«

»Einverstanden!«, sagte Helga. »Hinten in der Backstube ist es wegen der Öfen auch richtig schön warm. Du musst wissen, Kohle ist überall knapp. Sehr knapp.«

»Ich weiß, die Kohlen-Diebe ...«

Helga seufzte und wickelte zwei Stück Mohnkuchen in Zeitungspapier, die sie Elisa über den Verkaufstresen hinweg zusteckte.

»Sozusagen als Vorauszahlung.« Sie lachte und wischte ihre klebrigen Finger an einem nassen Küchentuch ab.

Elisa schnupperte an dem Kuchen. »Hm, lecker. Danke ... und bis morgen!«

Als Elisa den Bürgersteig entlangschlenderte, entdeckte sie jemanden mit fuchsrotem Haar, der aus einer Nebentür das Bäckerhaus verließ. War das nicht Bruno? Sein Gesicht war geschwollen und er humpelte.

»Bruno!«, rief Elisa, aber er war schon auf sein Fahrrad gestiegen und radelte durch den Schneematsch davon.

✳

Schon vor der Wohnungstür roch es nach Kartoffelsuppe. Mutti war also schon vom Fotografen zurück. Als Elisa die Wohnungstür aufschloss, rannte Karlchen ihr entgegen und hielt sich die Nase zu. »Mutti stinkt«, rief er. »Sie stinkt eklig!«

»Das ist die Essigsäure. Und das Fixiersalz«, sagte sie. »Ich helfe jetzt manchmal im Labor aus. Damit werden die Fotos gewässert.«

»Das stinkt ja wie im Schweinestall!«, rief Karlchen, als Vati die Wohnungstür öffnete. »Mutti stinkt wie ein Schweinestall.«

Charlotte lächelte Michael an. »Das ist Ammoniak. Das brauche ich für meine Arbeit im Labor. Und seht mal hier, was ich hier habe.« Sie holte einen Stapel Fotos aus der Handtasche. »Die wollte der Fotograf nicht mehr haben.«

Heimlich ließ sie einen Teil davon in der Schürzentasche verschwinden, aber Elisa hatte es bemerkt. Was wohl darauf zu sehen war? Den anderen Stapel fächerte Mutti auf dem Küchentisch auf. Da lag ein pausbackiges Baby auf einem Bärenfell, eine junge Frau saß auf einer Schaukel, die mit Blumen verziert war, ein Offizier mit entschlossenem Gesicht präsentierte sein Gewehr. »Sind die Fotos nicht wunderbar? Dass man so das Leben einfach festhalten kann! Es ist wie ein Wunder.«

»Kann ich nicht auch mal fotografiert werden?«, fragte Elisa. Vielleicht am Mainufer. Mit nackten Füßen und offenem Haar. Dort, wo sie die Schlittschuhe liegen gelassen hatte. Dann würde sie Hannes das Foto schenken. So als Erinnerung …

»Wir lassen ein Foto von uns allen machen!« Vati schaute über den Rand seiner Rundbrille und lächelte. »Eine gute Idee. Ein Foto von der ganzen Familie. Eine schöne Erinnerung.«

»Übrigens, heute Abend gehen wir zur Vorstellung in den Löwengasthof«, sagte Mutti. »Es wird sicherlich ein großartiges Stück.«

»Es ist kein Stück«, verbesserte Vati und legte den Arm um sie. »Es sind kurze, witzige Szenen. Kabarett eben ...«

»Elisa, du passt dann schön auf Karlchen ...«

»Was? Kabarett im Löwengasthof?«, unterbrach Elisa ihre Mutter. »Dürfen wir mit? Bitte! Bruno ist doch auch dabei.«

»Ja, Bruno! Bruno ist auch kein Mädchen«, entgegnete Mutti mit scharfer Stimme.

Vati überlegte kurz. »Warum eigentlich nicht? Warum sollten die beiden nicht mit?«

»Aber Michael, der Inhalt. Sie werden ihn nicht verstehen.«

»Ach was! Sie werden das verstehen, was zu ihrem Alter passt.«

»Außerdem ... wenn etwas passiert«, sagte Mutti. »Es könnte gefährlich werden.«

»Ach, was. Gefährlich«, antwortete Vati. »Auf der Straße ist es auch gefährlich. In der Straßenbahn ist es gefährlich. Im Auto ist es gefährlich ...«

»Michael, hör schon auf!«, rief Mutti, aber Vati hatte die Küche schon verlassen.

Elisa stand am Küchenherd und rührte in der Kartoffelsuppe. Kabarett im Löwengasthof! Vielleicht spielte ja auch der schwarze Teufel aus dem Keller mit. Der mit dem Oberlippenbart. »Ich freue mich jetzt schon darauf.«

»Elisa, ihr als Kinder bis in die Nacht hinein in einem Gasthof? Und bei einem Kabarettabend? Das ist nichts für euch. Wenn euch was passiert!«

»Aber Vati ...«

»Nichts da, Vati! Das muss ich erst noch einmal mit ihm bereden.« Mutti zog die Küchenschürze aus und hängte sie an den Haken. »Ich geh mich jetzt waschen und umziehen. Ich stinke wirklich wie ein Schweinestall. Und du, Elisa, leg bitte Kohlen nach.«

Vati hatte es erlaubt, dachte Elisa, während sie Kohlestückchen durch die Herdklappe warf. Wenn er einverstanden war, dann wird auch Mutti zustimmen. Außerdem war sie kein Kind mehr, und das schon seit einiger Zeit.

Sobald Mutti die Küche verlassen hatte, griff Elisa in die Schürzentasche und holte die versteckten Fotos heraus.

Da waren tatsächlich Frauen zu sehen, die nur mit einem dünnen Seidenschal bekleidet waren! Sie lagen auf einem Bärenfell, saßen auf einer Schaukel oder standen vor einer bemalten Kulisse mit einer Laterne und einem großen Tor.

Sowas fotografierte Mutti? Und Vati? Hatte er nichts dagegen? Und dann war da ein Foto von einer schwarzen Frau. Sie trug nichts weiter als einen Rock aus gelben Bananen, die sich nach außen wölbten. Und sie lachte ein schneeweißes Lachen.

Am Kopf war ein Stirnband befestigt, das mit Glitzersteinchen und einer hohen Feder geschmückt war. ›Josephine Baker‹ und ›Paris‹ stand auf dem Papier in goldener Schreibschrift eingestanzt. Elisa streckte das Bild weit von sich, als wäre es ansteckend. Nichts weiter als gelbe Bananen … Sie schüttelte den Kopf. »Das gibt's doch gar nicht!«

Wenig später saßen sie am Küchentisch, während Mutti dampfende Kartoffelsuppe in die Teller schöpfte. Vati schob den ›Völkischen Beobachter‹, das Kampfblatt der Nationalsozialisten, zur Seite und zog die Augenbrauen hoch.

»Gibt's was Neues?«, fragte Charlotte vorsichtig.

Michael schüttelte den Kopf. »Nur das Übliche. Agitation, Hetze, Stimmungsmache. Schießereien, Prügeleien, Tote … Aber jetzt lasst uns essen. Ich hab Hunger.«

Er griff nach seinem Löffel, um damit Brotbröckchen in die Suppe zu tunken.

»Halt«, rief Karlchen. »Nicht essen. Ich muss noch beten!«

»Beten?« Vati runzelte die Stirn. »Du willst beten?«

Karlchen nickte und faltete die kleinen Hände.

»Aber du betest doch sonst auch nicht. Wer hat dir das denn beigebracht?«, fragte Vati.

»Oma Knollennase!«, antwortete Karlchen stolz. »Die hat auch immer ganz tolle Spiele. Mit Zinnsoldaten. Und mit Angriffen auf den Feind.«

»Beten? Ich wusste gar nicht, dass Frau Zöckel religiös ist«, sagte Mutti.

»Wer weiß, was Karlchen da wieder zusammenplappert.« Elisa verdrehte die Augen.

»Elisa! Keinen Streit«, fuhr Mutti sie an. »Also gut, beten wir. Was soll's. Vielleicht gibt es ihn ja wirklich, diesen Gott.«

Vati nickte. »Na, Karlchen, dann fang mal an, sonst wird die Suppe kalt.«

Karlchen räusperte sich und hob die Stimme:

»Händchen falten, Köpfchen senken
und an Adolf Hitler denken
der uns gibt das täglich' Brot
und uns führet aus der Not!«

*

Elisa schnupperte. Es roch nach verbranntem Papier. Auf der Spüle lag die Lockenschere aus Eisen. Herausgerissene Seiten vom ›Völkischen Beobachter‹ lagen in der Spüle. Sie hatten braune Brandflecke. Mutti prüfte an den Seiten, ob die Lockenschere zu heiß war. Sie wurde nämlich im Kohlenherd glühend rot erhitzt, um die Haare damit einzudrehen. Sobald die Zeitung sich nicht mehr braun verfärbte, war die Temperatur für das Eindrehen genau richtig.

»Geht's jetzt endlich los?«, rief Karlchen aufgeregt.

»Zieh dir schon mal den Mantel an«, sagte Elisa und überlegte, ob sie heute zur Fastnacht ihren Mund rot anmalen sollte.

Elisa dachte an den Zettel von Hannes: ›Sind deine Lippen noch frei?‹ Sie hatte das Zettelchen klein zusammengefaltet und in ein aufklappbares Medaillon gesteckt, das sie von der Großmutter geschenkt bekommen hatte und jetzt um den Hals trug. Wie sich die Lippen von Hannes wohl anfühlten?

Wieder tauchte sie in ihre Erinnerung ein, die so erregend und wohltuend war. Es waren die Sekunden nach der Flucht durch den Keller, als er sie beinahe geküsst hätte. Beinahe. Sie hatte seinen Atem gefühlt, ihm das Gesicht zugewandt, die Augen geschlossen, seine Lippen an der Wange gespürt und …

»Kann Teddy auch mit?«, knallte Karlchen in ihre Gedanken.

Elisa versuchte, ruhig zu bleiben. Ihre Kopfbilder waren verflogen. »Du kannst ihn verlieren. Bei der Veranstaltung wird es bestimmt voll.«

»Ich halt ihn ganz fest.«

»Dann kannst du nicht klatschen.«

»Ich halt ihn mit den Beinen.«

»Mach, was du willst«, sagte Elisa. »Aber beschwer' dich nicht, wenn er weg ist.«

»Mach ich.«

»Moment mal!«, ging Mutti dazwischen. »Ihr kommt nicht mit zum Kabarett-Abend. Das ist nichts für Kinder. Ihr bleibt hier! Karlchen, zieh dir schon mal deinen Schlafanzug an.«

»Aber Vati …«, bettelte er. »Du bist doch der Vati-Mann! Darf ich mit?«

»Du hörst, was Mutti sagt«, meinte der und zuckte mit den Schultern.

Karlchen rannte mit stampfenden Schritten in sein Zimmer und knallte die Tür hinter sich zu.

Kaum hatten die Eltern die Wohnung verlassen, kam Karlchen im Schlafanzug angerannt und presste den Teddy an sich. »Du hast mir gar nichts zu sagen«, schimpfte er, bevor Elisa etwas sagen konnte. »Ich geh da auch hin. Und mein Kostüm hab' ich schon an!«

Elisa lief ihm hinterher, die Treppe hinunter, schlidderte die Hauptstraße entlang durch den rutschigen Schneematsch und weiter in die Seitenstraße. Sie versuchte, ihn zu packen, aber er entwischte ihr jedes Mal wie ein zappelnder Fisch. »Du kriegst mich nicht! Ich will das sehen!«

Als Elisa die Hintertür zum Löwengasthof aufdrückte, war der Raum schon bis auf den letzten Platz besetzt und Karlchen im Gedrängel verschwunden.

Der Saal war für den Karnevalsabend bunt dekoriert. Luftschlangen hingen von Deckenlampen und Gardinenstangen. Einige Frauen trugen lila Fransenkleider, Straßenräuber hatten aufgemalte Narben im Gesicht,

Bonzen dicke Kissen unter dem Hemd und fette Zigarren zwischen ihren Fingern mit den goldglänzenden Blechringen. Einer ging als Hahn mit Schwimmflossen an den Füßen und rotem Kamm aus Filz auf dem Kopf.

Auf einer niedrigen Bretterbühne stand eine brusthohe Leinwand, die mit Häusern bemalt war. Dahinter würden wohl gleich die Puppenspieler stehen. Rechts auf der Bühne stand ein Hocker mit einer Kugellampe, auf der eine rote Seidendecke lag.

Elisa drängelte sich weiter durchs Publikum und reckte den Hals. Das war doch die Kugel aus Brunos Lagerraum! Stimmt ja, er wollte sich hier mit Onkel Toni treffen! Was die wohl vorhatten?

»Da bin ich!«, rief Karlchen vor dem Publikum, stellte sich im Schlafanzug vor Mutti, die in der ersten Reihe saß und strahlte. »Ich gehe als der kleine Häwelmann.«

Einige Zuschauer applaudierten.

Mutti starrte Karlchen fassungslos an. »Wie … wo …«

»Mutti, entschuldige«, stammelte Elisa außer Atem. »Ich wollte ihn packen, aber er …«

»Komm, setz dich!«, zischte Mutti, als immer mehr Menschen ihnen belustigt zuschauten und zeigte auf den Stuhl, der eigentlich für Vati reserviert war.

Elisa setzte sich, Karlchen hockte sich auf den Boden, klemmte seinen Teddy zwischen die Beine und wickelte sich ein paar Luftschlangen um den Hals.

»Ich kann wirklich nichts dafür …«, sagte Elisa leise.

Mutti schwieg und saß ganz starr. Sie hatte auf ihr Wellenhaar ein handtellergroßes Hütchen gesteckt, das mit Pfauenfedern verziert war, und die jetzt leicht zitterten. Der Stoff ihres grünen Kleides glänzte im Licht der Kugellampen, die von der Decke hingen.

»Hast du denn wenigstens Schuhe angezogen«, fragte sie Karlchen leise. »Na klar. Ich bin doch nicht dumm. Draußen liegt doch Schnee!«, rief er empört, und die Zuschauer um sie herum lachten. Mutti schloss die Augen und atmete tief durch.

Hinten in der Saalecke entdeckte Elisa drei bekannte Gesichter. Friedrich, der kleine Richard und der blassblonde Lutz standen in alten Wehrmachtsuniformen zusammen und tuschelten. Was die wohl vorhatten? Und Hannes? Würde Hannes auch kommen? Sie griff nach dem Medaillon, in dem sie sein Zettelchen verwahrte, und lächelte.

Mutti schaute zu Paul Gessen, der auf der anderen Seite von ihr saß. Der Leiter des Verlags, bei dem Vati arbeitete, hielt ein gerolltes Manuskript in den Händen. Trotzdem konnte Elisa den Titel darauf entziffern: ›Wehrgedanke und Schule‹.

»Und?«, fragte Mutti ihn leise und legte vertraulich eine Hand auf seine Schulter. »Will er?«

Gessen schüttelte den Kopf. »Nein, er will nicht.«

»Kann Michael … die Arbeit verlieren, wenn er sich weigert?«

»Irgendwann schon, Charlotte. Ich muss es drucken. Irgendwann muss ich es tun.«

Mutti presste die Lippen zusammen und schaute zu Boden. Ihre Augen glänzten. Jemand warf eine Handvoll Konfetti hoch, und Karlchen schnappte nach den bunten Papierschnipseln.

»Wann geht's denn endlich los?«, rief er ungeduldig.

»Spiel mit dem Teddy und gib Ruhe«, zischte Elisa.

Einer mit buschigen Augenbrauen, der aussah wie ein Polizist aus dem Kaiserreich, fingerte an seinem Schlagstock herum. Friedrich, Lutz und der kleine Richard hielten Schreibblöcke in den Händen und schauten sich um.

Frau von Ahrensburg, die feine Dame aus dem zweiten Stock, saß im Paillettenkleid und mit funkelndem Stirnband in der zweiten Reihe. Ihr schwarzgelockter Pudel mit dem Glitzerhalsband hockte neben ihr und schnupperte.

»Hier stinkt's!«, rief Karlchen.

»Bist du endlich ruhig«, zischte Elisa ihm zu. »Sonst geht's ab nach Hause. Und zwar allein.«

Wo nur Onkel Toni blieb? Und Bruno …

Rechts neben der kleinen Bühne spielte eine Kapelle. Ein dunkelhäutiger Musiker umarmte seinen Kontrabass und ließ die Finger über die Saiten springen.

Elisa starrte den Mann an, sie hatte noch nie einen Schwarzen gesehen. Die Kräuselhaare waren kurz geschnitten, schneeweiße Zähne leuchteten aus seinem lachenden Mund, und die Nase war ein wenig gekrümmt, als ob sie mal gebrochen gewesen war.

»Ob der abfärbt?«, flüsterte Karlchen.

»Quatsch! Seine Haut ist wie deine Haut. Nur eben in dunkel.«

»Aber die Knollenoma sagt …«

»Es ist mir egal, was die Knollenoma sagt! Und jetzt sei still!«

Ein Schlagzeuger wirbelte mit Schlagbesen über Trommeln und Becken, und ein Gitarrist sang etwas von ›freedom‹.

»Der swingt aber«, sagte Mutti und tupfte Tränen aus den Augenwinkeln, als sie wieder zu dem Manuskript ›Wehrgedanke und Schule‹ schaute.

Karlchen ließ seinen Teddy an den Ohren hin und her

tanzen. Der Pudel von Frau Ahrensburg sprang auf und fing an, in hohen Tönen zu kläffen.

»Könnten Sie bitte Ihren Köter zur Ruhe bringen?«, blaffte ein dicker Mann mit Zigarre. »Ich will zuhören!«

Dann sang der Gitarrist deutsch. Deutsche Lieder klangen anders als die aus Amerika, dachte Elisa. Bei deutschen Liedern konnte man rhythmisch im Takt besser mitklatschen. Die Töne waren wie festgebunden, sie tanzten nicht frei durch den Raum.

Die Musiker brachen mitten im Lied ab, nur ein paar letzte Töne plätscherten nach. Das Stimmengewirr wurde leiser. Erwartungsvoll schauten alle nach vorn.

Endlich. Elisa atmete auf. Da war er ja, Onkel Toni! Und neben ihm ging Bruno auf die Bühnenleinwand zu. Applaus brandete auf. Beide versuchten, ernst zu bleiben. Aber ihre Mundwinkel zuckten. Die Deckenlichter wurden ausgeschaltet und Scheinwerfer auf die Bühne gerichtet.

»Bravo, bravo, bravo!«, rief Karlchen.

Ein Trommelwirbel gab das Zeichen. Dann wurde die Kugellampe angeknipst, die auf dem niedrigen Tischchen stand. Die Seidendecke, die darüber gebreitet war, leuchtete glutrot auf. Bruno erschien mit einem schwarzen Samtumhang, den er um die Schultern warf.

»Ein Wahrsager«, rief Karlchen.

»Halt endlich den Mund«, raunte Elisa ihm zu.

Bruno beugte sich über die Lampe und hob die Hände. Seine Augen waren weit aufgerissen, sein Gesicht wirkte verzerrt. Es sah aus, als beugte er sich über ein loderndes Feuer. Der leise Trommelwirbel klang gespenstisch.

»Ich sehe ... ich sehe stürmische Zeiten auf uns zukommen. Düstere Wolken ballen sich zusammen. Blitze zerreißen den Himmel, Donnergrollen kommt näher. Da … ein Teufelspakt. Der Dämon der Finsternis ist auferstanden. Die Hölle öffnet sich …«

Hinter den Kulissen blitzten grelle Lichter auf, mit Stöcken wurde auf Bleche geschlagen. Ein Knall! Die Wahrsagekugel erlosch.

In die Stille hinein klapperten zwei Marionetten auf die Bühne: Erst kam Kasper, dann ein Polizist. Sie baumelten an Fäden von Holzkreuzen hinunter, die von Vati und Onkel Toni gehalten wurden. Mit dem Zeigefinger zog Toni an einem Faden. Ruckartig hob der Polizist den rechten Arm mit der ausgestreckten Hand.

»Der Hitlergruß«, flüsterte Frau von Ahrensburg. »Der Hitlergruß hier beim Puppenspiel?«

Stille. Kein Raunen, kein Zischeln.

»Na, wird's bald?«, fuhr der Polizist den Kasper an. Er hatte einen Ton am Leib, der keinen Widerspruch duldete. »Hoch mit dem Arm! Oder willst du unserem Führer den Gruß verweigern?«

Bruno ließ Kasper langsam den rechten Arm hochnehmen und die Hand ausstrecken.

»Ein Scheiß Wetter …«, sagte er, und dann nach einer kurzen Pause: »Und so hoch liegt der Schnee …«

Elisa drehte sich um und sah in erstarrte Gesichter. Der mit den buschigen Augenbrauen schob die Hand auf seinen Schlagstock. Friedrich machte sich Notizen. Dann, ganz plötzlich, entlud sich ein Lachen und Prusten und donnernder Applaus. »So hoch liegt der Schnee, das ist gut!«

Wieder wurde die Wahrsagekugel angeschaltet, und Bruno schob sein Gesicht immer näher an die glutrot leuchtende Kugel heran. Er hob beschwörend die Hände und raunte mit düsterer Stimme: »Ich sehe ... das Volk jubelt seinem Führer zu ... noch hat er Gegner ... sie versuchen einen letzten Stoß ... aber jeder Widerstand ist nutzlos ...«

Brunos Gesicht war verzerrt, die Augen hatte er weit aufgerissen. »Sind das Schüsse? Nein ... da ist Feuer ... Flammen werden aus einem großen Haus heraussteigen. Flammen ... Verbrecher am Werk!«

Hinter den Kulissen leuchteten glutrote Feuerlichter auf, die aufgeschreckt hin und her tanzten, bis sie plötzlich erloschen.

Bruno amtete tief durch. Sein Gesicht entspannte sich. »Und nun das Wetter: Das Leben wird uns verhagelt. Wir erwarten unzählige Niederschläge.«

»Niederschläge ...«, rief einer aus dem Publikum. »Großartig!«

Sonst war es bedrückend still. Kasper rannte von der Bühne, der Polizist lief ihm hinterher und hieb mit einem Knüppel auf ihn ein. Hinten im Saal öffnete sich die Tür und zwei SA-Männer drängten herein.

Auf der Bühne klackerten Holzfüße näher.

»Da! Die schwarze Puppe!«, rief Karlchen aufgeregt. »Die Teufelspuppe aus dem Keller!«

Tatsächlich tänzelte der Teufel mit den roten Hörnern und dem langen Zottelschweif auf die Bühne. Sein Oberlippenbart war pechschwarz, gerade mal nasenflügelbreit. Ihm tapste das Krokodil hinterher, ein giftgrün angemaltes Krokodil mit Fäden an Beinen, Kopf und Körper. Auch diese Puppe hatte einen Oberlippenbart.

»So wie Hitler«, flüsterte Frau von Ahrensburg hinter ihnen.

Raunen im Publikum. Der Pudel knurrte und bellte.

»Ruhe, du verdammtes Mistvieh!«, donnerte der Zigarrenraucher. »Sonst fliegst du im hohen Bogen raus!«

Frau von Ahrensburg tätschelte ihrem Pudel das Fell. Wieder wurde es still.

Eine neue Figur stolperte auf die Bühne, noch war sie nicht zu sehen, noch war sie von den seitlichen Vorhängen verdeckt. Köpfe reckten sich, Hälse streckten sich. Im Licht des Scheinwerfers tappte sie vorwärts.

»Ein Kaktus«, jubelte Karlchen. »Ein grüner Kaktus!«

Der Kaktus stakste auf breiten Beinstumpen herein und fuchtelte mit seinen Stachelarmen. Auf ein Kopfnicken hin fing die Kapelle an zu spielen. Sylvia von Hütting tippelte auf die Bühne und sang: »Mein kleiner, grüner Kaktus, steht draußen am Balkon ...«

Karlchen sang laut mit. Immer mehr Zuschauer fielen in den Gesang mit ein, und der Pudel kläffte.

» ... und wenn ein Bösewicht, was Ungezog'nes spricht,

dann hol ich meinen Kaktus und der sticht, sticht, sticht ...«

Der Kaktus wuchs an, er wuchs und wuchs, sein Brustkorb spannte, die Arme wurden dicker und dicker. Elisa streckte sich. Wurde er aufgeblasen?

Jetzt sprang der Riesenkaktus auf den Teufel zu, der floh, das Krokodil jagte ihm hinterher. Sirenen wurden angeschaltet, grelle Lichter flackerten auf. Die Zuschauer johlten und warfen Hüte in die Luft.

Sylvia von Hütting wiederholte die Zeile: » ...und der sticht, sticht, sticht!«

Erst jetzt entdeckte Elisa den sechseckigen Stern, den die Sängerin am Kleid trug. Sylvia von Hütting? Eine Jüdin?

Der Pudel bellte sich heiser, japste nach Luft, der dickliche Zigarrenraucher versetzte ihm einen Fußtritt. Aufjaulen. Heulen. Frau von Ahrensburg nahm ihren Hund hoch, drückte ihn an sich und zwängte sich aus dem Hinterzimmer.

Friedrich, Lutz und Richard waren verschwunden.

Gedränge, Gewühle, Gejohle.

»Juden raus, Juden raus«, grölten welche.

Die beiden SA-Männer griffen nach ihren Schlagstöcken.

Elisa taumelte. War es die stickige Luft und der dichte Rauch, dass sie in einen Tagtraum glitt und glaubte, Judith in ihrem Schlafzimmer zu sehen?

Da war es still, so still, nur die Katze miaute leise und schmiegte sich an Judiths Beine. Die saß auf dem Bett, hielt ihr Brüderchen im Arm, wiegte ihn und sang ein jiddisches Kinderlied.

Von irgendwoher flog das klagende Weinen einer Klarinette zu ihr herüber. Ihr Brüderchen war eingeschlafen. Die Katze sprang aufs Bett und rieb schnurrend den Kopf an ihrem Arm. Ihr Vater öffnete die Tür und strich seiner Tochter mit der einen Hand, die ihm noch geblieben war, übers Haar. Judith weinte …

Holz splitterte. Der Rauch verflog, Elisa wischte sich über die Augen. Die Bilder waren verschwunden. Das Gesicht von dem mit den buschigen Augenbrauen war hochrot angelaufen. Er holte mit seinem Schlagstock aus und schlug zu. Schlug auf den ein, der am lautesten klatschte. Aufschreien. Randale. Fäuste flogen.

Draußen hallten Trillerpfeifen durch die Straßen.

Stiefel knallten aufs Pflaster. Das Hinterzimmer wogte, es schien zu atmen, es pulsierte. Die Schreie wurden lauter.

»Die Kinder!« Mutti packte Elisa und Karlchen an den Handgelenken.

»Hierher!« Vati zeigte auf eine Hintertür, gleich bei den Musikern. Die packten ihre Instrumente ein, den Bass, die Gitarre. Rein in die Koffer, die Deckel zu. Die Trommel vibrierte, ein Becken fiel zu Boden, schepperte.

»Mein Teddy, mein Teddy!« Karlchen riss sich los und wollte zurück zu dem Sitz, wo sein Stofftier lag.

Er stolperte über den Gitarrenkoffer und fiel fast zu Boden. Der schwarze Musiker mit der schiefen Nase fing ihn auf und hob ihn hoch wie ein Fliegengewicht. Karlchen zappelte mit den Beinen und schrie und wurde keine zwei Sekunden später von dem Schwarzen bei Mutti wieder abgesetzt. Die packte ihn am Handgelenk und zerrte ihn zum Hinterausgang.

»Aber mein Teddy …«

»Den holen wir später!«

Elisa warf einen schnellen Blick zurück. Die Teufelsmarionette mit dem Oberlippenbart hing hinter der Bühne und grinste. Aber wo war Onkel Toni? Und Bruno? Und wo war Vati?

»Komm schon«, rief Mutti mit greller Stimme.

Dann rannte Elisa ihrer Mutter und Karlchen hinterher durch den schmalen Flur in den Hinterhof, von dort ins Nachbargebäude, Schreie, das Klatschen von Schlägen, das Zersplittern von Holz in den Ohren. Dann ging es durch den Hausflur, raus aus dem Haupteingang und über rutschiges Pflaster zu ihrer Haustür.

Von der Straße her hörte sie Getrappel von Stiefeln,

das Quietschen von Lastwagen, das Lodern von Fackeln. Schnell weiter zu ihrem Eingang, zu ihrem Flur. Rasch, die Marmortreppe hoch, nur nach Hause! Die Tür fiel ins Schloss. Stille. Hier waren sie sicher. Aber Vati, wo war Vati?

∗

Elisa lag wach. Die schwarze Teufelsmarionette wollte sich nicht aus ihrem Kopf vertreiben lassen. Wo blieb nur Vati? Und was war mit Onkel Toni? Sie waren in dem Tumult geblieben, dort unten im Gasthof mit prügelnden Schlagstockträgern und SA-Leuten, die der Trillerpfeife gehorchten. Sie lauschte auf jedes Quietschen, auf jedes Knacken, auf jeden Schritt im Treppenhaus.

Mutti hatte sie mit dem Federbett noch zugedeckt, ihr übers Haar gestrichen und ihr einen Gute-Nacht-Kuss gegeben. Ganz still war sie gewesen und ihr Blick tränennass. Jetzt hockte sie im Flur gegenüber der Eingangstür und wartete. Wie spät es wohl sein mochte?

Elisa hielt das goldene Medaillon mit dem Briefchen von Hannes fest in der Hand. Ob sie für Vati beten sollte? Bei Gott, dem richtigen Gott. Nicht bei Hitler.

Elisa schreckte hoch: Ein Schlüssel drehte sich im Schloss. Sie sprang auf, lief auf Zehenspitzen zu ihrer Tür und lauschte. Leises Flüstern war zu hören. Elisa erkannte Vatis Stimme. Sie umklammerte das Medaillon noch fester, er war zurück.

» ... abtransportiert wurden sie, einfach weggebracht. Auf Pritschenwagen.« Er schluchzte, versuchte aber, sich unter Kontrolle zu halten. »Paul war auch dabei.«

»Paul? Ins Gefängnis?«, flüsterte Charlotte.

»Zum Verhör …«, wieder war da ein Schluchzer » …
in den Kellern der Perlenfabrik.«

Stille.

Elisa hatte vor Anspannung die Augen weit aufgerissen. Paul … Das musste Paul Gessen sein, der Verlags-
leiter, der neben Mutti gesessen hatte.

»Du hättest die Veranstaltung absagen sollen! Ich
hatte dich gewarnt …«

»Absagen?«, zischte Vati. »Wo fängt denn das Ducken
an? Soll ich keinen Widerstand leisten?«

»Aber doch nicht auf Kosten von anderen.« Mutti
klang verzweifelt. »Auf Kosten von deinen Kindern. Von
Paul. Und Toni. Was ist mit Toni?«

Elisa drückte vorsichtig die Tür weiter auf. Sie sah gerade noch, wie Vati unschlüssig mit den Schultern zuckte.

Vati hielt Muttis Hände an seine Brust gepresst und
küsste sie auf die Wange. Dann schob er seine verbogene
Brille auf der Nase hin und her, ein Glas war zersplittert.
»Hoffen wir, dass der Verlag nicht gleichgeschaltet wird.
Es heißt, so ein Gesetz ist in Planung.«

Sie fasste ihn an den Schultern und schüttelte ihn.
»Michael! Dann arbeitest du eben in einem gleichge-
schalteten Verlag und verdienst Geld.«

Gleichschaltung? Elisa wusste nicht, was das war.
War da jemand, der mit einem Schalter wie bei einer
Lampe alles gleich hell schalten konnte? Oder gleich
dunkel? Der unbequemes Denken einfach ausknipsen
konnte und andere Meinungen nicht zuließ?

»Michael, ich habe Angst. Ich habe so eine Angst.«

Wieder küsste Vati sie auf die Wange. »Na, komm
schon! Es wird schon nicht so schlimm werden. Paul
wird doch nur verhört.«

»Du meinst, die Lage beruhigt sich wieder?«

»Ganz bestimmt.« Er schnäuzte sich leise. »Alles andere wäre verrückt, viel zu verrückt. Aber ..., da ist noch etwas.«

»Noch etwas?«

Michael nickte und legte die Hand auf Charlottes Schulter. Sein Ärmel war zerfetzt, am Oberarm hatte er blutige Striemen. Sie führte ihn ins Schlafzimmer. Er humpelte, die Schritte wischten ungleich über die Flurdielen. Dann wurde es still.

Elisa kroch zurück ins Bett und zog das Federbett über den Kopf. Vati war zurück, das war das Allerwichtigste. Und er meinte ja, dass sich alles wieder beruhigt. Wenn Vati das sagte, würde es auch so sein.

Flammen ... Verbrecher am Werk

Als Elisa am nächsten Morgen aufwachte, war das Radio auf laut gestellt. Eine Stimme plärrte, knisterte und knackte zu ihr herüber. Da musste was geschehen sein! Barfuß rannte sie ins Wohnzimmer.

»Was ist los?«

Vati hockte im Schlafanzug vor dem Volksempfänger. Er war kreidebleich und hörte regungslos zu.

» ... Das Feuer konnte noch in dieser Nacht gelöscht werden«, knarrte die Stimme aus dem Volksempfänger. »Der Brandstifter Marinus von der Lubbe wurde gleich am Tatort aufgegriffen und umgehend in Haft genommen.«

»Komm, das ist nichts für dich. Du musst dich für die Schule fertig machen.« Mutti drängte Elisa in die Küche. Es roch nach heißer Milch und Brot, das Mutti aufgebacken hatte.

»Was ist denn da los?«, fragte Elisa und ballte die Fäuste. »Was hat denn da gebrannt? Warum ist das nichts für mich? Gleich in der Schule erfahre ich es sowieso!«

Mutti legte die Arme um sie. »Ganz ruhig, meine Kleine. Nur keine Angst. Ja, da ist was passiert. Aber weit weg. In Berlin. Da hat heute Nacht der Reichstag gebrannt. Die riesige Kuppel, die Sitzungssäle, alles. Aber das Feuer ist gelöscht … Und jetzt komm. Es ist spät.«

»Feuer …« Elisa wurde blass. »Flammen werden aus einem großen Haus heraussteigen … aber das hat doch Bruno gestern als Wahrsager …«

»Zufall«, unterbrach Mutti. »Woher sollte er das denn wissen?«

Vati klickte den Volksempfänger aus und blieb sitzen. Er starrte zu Boden und rührte sich nicht. Elisa sah zu ihm hinüber. Vati wirkte müde und abgekämpft. Da musste mehr dahinterstecken, dachte sie. Wesentlich mehr.

Vom Flur her kamen Schritte näher. Karlchen marschierte ins Wohnzimmer und sang mit lauter Stimme: »Die Fahne hoch, die Reihen fest geschlossen …«

»Aber Karlchen!« Vati sprang auf und hob abwehrend die Hände. »Was singst du denn da? Das ist ja ein Nazi-Lied …«

»Schön, nicht?« Karlchen strahlte. »Hat Oma Knollennase uns beigebracht. Jetzt brauch ich nur noch Schnürstiefel wie die von der SA. Dann marschier ich nämlich zum Gasthaus und hol mir meinen Teddy!«

»Das musst du nicht!«, sagte Vati und streichelte ihm durch die Lockenhaare. »Sobald der Gasthof geöffnet hat, hole ich ihn dir zurück.«

Michael wandte sich an Charlotte und flüsterte: »Wir brauchen unbedingt jemanden für Karlchen. Diese Betreuerin beeinflusst unser Karlchen bis aufs Blut.«

»Ich … weiß da niemanden.«

»Kannst du nicht aufhören zu arbeiten?«, fragte er leise.

»Jetzt? Wo wir das Geld so dringend brauchen?«

»Und Elisa?« Er schaute fragend zu seiner Tochter.

»Wie stellst du dir das vor?«, antwortete Mutti. »Sie hat Schule. Wenn Karlchen erst älter ist, wird er das schon verstehen.«

Vatis Auge hinter dem zerbrochenen Brillenglas wirkte wie durchgeschnitten. Er schaute auf den Volksempfänger und dann auf das Manuskript, das auf dem Tisch lag: ›Wehrgedanke und Schule‹.

Mutti musste es gestern von Paul Gessen mitgenommen haben. Vati nahm es fest zwischen beide Hände und riss es in der Mitte durch.

»Mach dir keine Sorgen!«, sagte er zu Elisa, als er ihr erschrockenes Gesicht sah. »Sowas ist Müll. Heute Abend lese ich euch aus Erich Kästners ›Emil und die Detektive‹ vor. Einverstanden? Und jetzt beeil dich, sonst kommst du zu spät zur Schule.«

Charlotte stand da mit blutleeren Lippen und starrte ihren Ehemann an.

*

Draußen war es noch dunkel. Elisa sog die frische Luft tief ein und lief über knirschende Schneereste den Schulweg entlang. Zeitungsjungen auf klapprigen Fahrrädern fuhren über die Bürgersteige und schwenkten den ›Völkischen Beobachter‹ durch die Luft.

»Reichstagsbrand in Berlin!«, riefen sie und lärmten die Neuigkeit in den frühen Morgen.

Vor dem Laden von Milchmann Sandrock standen Frauen mit Blechkannen, um sich mit der Schöpfkelle frische Milch abfüllen zu lassen. Sie tuschelten und flüsterten und warteten auf neue Nachrichten von den Zeitungsjungen.

»Die Kommunisten zünden den Reichstag an!«, riefen die von ihren Fahrrädern herunter.

Vor der Kohlehandlung Bayer mit dem langen Lattenzaun stand der alte Bayer mit seinen kohleschwarzen Arbeitern unter einer Laterne. Er beugte sich über eine Zeitung, die er gerade erstanden hatte. »Eine Schande«, brummmelte er. »Eine Schande!«

Ein Arbeiter, breit wie ein Schrank, kam auf ihn zu. »Wir brauchen dringend einen scharfen Wachhund«, polterte er. »Der Holzzaun war aufgebrochen. Und heute Nacht sind wieder fünf Keller …«

»Ja, ja«, unterbrach der alte Bayer und raschelte mit der Zeitung. »Ich weiß. Ich werde das schon erledigen. Aber jetzt will ich lesen.«

In der Schule wurde über nichts anderes als den Reichstagsbrand gesprochen. Dass der Himmel über Berlin blutrot geleuchtet hätte. Und dass die Kuppel des Reichtags ein einziges Flammenmeer gewesen wäre. Zuerst hätte es im Restaurant gebrannt. Dann im Sitzungssaal und an vielen Orten gleichzeitig. Fünfzehn Löschzüge wären vor Ort gewesen und hätten das Feuer bekämpft.

Der kleine Richard hatte sich auf einen Stuhl gestellt und verkündete mit kieksender Stimme die Neuigkeiten. »Um null Uhr fünfundzwanzig war das Feuer gelöscht.«

»Und? Wurde der Feuerteufel gefasst?«, fragte der schlaksige Friedrich.

»Eine gute Frage!« Richard plusterte seinen Oberkörper auf. Die Daumen hatte er wieder hinter die Gürtelschnalle mit dem Hakenkreuz gesteckt, obwohl seine rechte Hand immer noch verbunden war. »Der Staatsfeind ist Marinus van der Lubbe. Der war's. Ein … Kommunist!«

Das Wort spuckte er hasserfüllt aus.

»Nieder mit den Kommunisten«, rief der schlaksige Friedrich und ballte die Faust.

Der kleine Richard kniff die Augenbrauen zusammen. »Nieder mit den Staatsfeinden! Den jüdischen Kommunisten! ... Und den Juden! Das sind die wahren Feuerteufel.«

Elisa schaute zu Judith, die an einem Armband herumspielte, das sie mit der Strickliesl aus bunten Fäden geflochten hatte. Sie wirkte, als wäre sie in Trance, als wäre sie in eine andere Welt gereist.

Ein Feuerteufel, war das jemand, der den Reichstag anzündet oder jemand, der Feuer in die Herzen legt?, dachte Elisa. Der Feuer legt, mit Hass als Zündschnur, mit Wut als Benzin und mit Feindschaft als zündenden Funken? Nachdenklich schaute sie aus dem Fenster.

Bruno drehte sich zu Elisa und Judith um und flüsterte: »Mein Vater sagte, dieser van der Lubbe wäre geistig zurückgeblieben.«

Brunos Gesicht wirkte geschwollen, der Verband um seinem Unterarm zeigte blutige Flecken. Als er den fragenden Blick von Elisa sah, flüsterte er: »Ja, das war dieser Lutz mit seiner Schlägerbande. Gestern, auf dem Schulhof. Und ja, gestern Abend bei der Veranstaltung hab ich auch was abgekriegt. Und nein, es ist wirklich nicht schlimm. Ich konnte mich noch schnell verdrücken. Das heilt bald wieder ... Aber der Reichstagsbrand, der hat Folgen. Der passt den Nazis absolut in den Kram. Ich schwör's euch.«

»Und gestern Abend?«, sagte Elisa leise. »Deine Wahrsagereien mit dem Feuer ... woher wusstest du ...«

» ... aus einer Séance mit Hanussen, diesem Wahrsager ... jetzt wurde er erschossen aufgefunden ... in einem Wäldchen bei Berlin ... ich denke, wegen Geheimnisverrat.« Bruno stockte, als er bemerkte, dass Friedrich ihn beobachtete. »Später!«

»Van der Lubbe!« Judith schloss kurz die Augen. »Wie will ein Einzelner, ein geistig Behinderter, an verschiedenen Stellen im Reichstag Feuer legen ... Und das gleichzeitig!«

»Ich wette, die Nazis waren das selbst.« Bruno drehte sich mit dem Rücken zu Friedrich und flüsterte: »Jetzt können sie nämlich Gesetze erlassen, die sie wollen. Mit denen sie alles verbieten können, was ihnen nicht passt. Notstandsgesetze und ...«

Die Tür wurde aufgerissen. Lehrer Alois Mannskopf stolzierte in den Klassenraum. Das Hitlerbild an der Wand wirkte, als wäre der Führer lebendig geworden und würde mit seinem stechenden Blick Mannskopf verfolgen. Sofort sprangen alle auf. Gerade noch konnte Hannes zu seinem Platz laufen.

»Heil Hitler«, knarrte Mannskopf.

»Heil Hitler«, antwortete es, und Hände flogen hoch zum Gruß.

Mannskopf ließ seine kreisrunde Brille, die auf seine Halbglatze hochgeschoben war, auf die Nase rutschen und überprüfte, wer nicht die Hand erhoben hatte.

Als ersten hatte er Bruno im Blick. Der stand mit zusammengekniffenen Lippen da und hielt die Arme auf dem Rücken verschränkt.

»Heil Hitler!«, wiederholte Mannskopf mit erhobener Stimme und ging langsam auf Bruno zu.

Immer dieser Hitler-Gruß, dachte Elisa. Vom Schulunterricht bis zum Nachmittagseinkauf war dieser ›Deutsche Gruß‹ zu sagen. Die SA-Truppen und die ›Deutsche

Fahne‹ mussten so gegrüßt werden. Die Eltern hatten ihre Kinder mit dem ›Deutschen Gruß‹ ins Bett zu bringen und zu wecken. Aber Mutti weckte sie wie immer und gab ihr einen Kuss.

»Heil Hitler!«, donnerte Mannskopf Bruno entgegen.

Bruno brummte etwas, das nach dem ›Deutschen Gruß‹ klang. Mannskopf nickte knapp, kritzelte etwas in sein Notizheft und ging die Schulpulte entlang zur anderen Seite.

Bruno grinste. »Drei Liter! Drei Liter!«, wiederholte er leise, aber langsamer. Das war der Spruch von vielen, die sich gegen ein ›Heil Hitler‹ wehrten.

Die Dielen knarrten, als Mannskopf durch den Mittelgang auf Judith zusteuerte, die ihr buntes, geflochtenes Armband in den Händen drehte. Er hob angewidert die Oberlippe, schlug unter ihre Hand, und ihr Flechtarmband fiel auf den schmutzig nassen Boden. Mit einer schnellen Bewegung hob sie es auf, steckte es unter das Pult und legte gehorsam die Hände auf das Pult.

»Nicht mehr lange«, sagte Mannskopf und lachte abfällig.

Elisa duckte sich. Gleich würde der Blick des Lehrers auf sie treffen. Ob sie stark genug war, ihm standzuhalten? Sollte sie den Arm heben? Sie hatte doch keine andere Wahl. Sie musste sich beugen, sie war doch nur ein Mädchen. Ein deutsches Mädchen. Das hatte den Blick zu senken, das hatte zu gehorchen! Oder etwa nicht?

Schüsse hallten auf, gleich unten auf dem Schulhof. Sofort drängten alle an die Fenster. Drei SA-Leute rannten mit Pistolen hinter einem Mann her, der eine zerfetzte, rote Fahne hochhielt. Er hetzte geradewegs auf das Schulportal zu.

»Runter! Auf den Boden«, schrie Mannskopf. Er kniete sich auf die Dielen und wischte sich über seine Halbglatze. »Tür verrammeln!«

Es quietschte und knirschte, als Bruno, Hannes und Friedrich den schweren Lehrertisch gegen die Klassentür wuchteten. Dann klemmte der kleine Richard Lehrbücher unter die Türklinke. So konnte sie keinen Fingerbreit hinuntergedrückt werden.

»Auf den Boden!«, brüllte Mannskopf wieder.

Hannes drängte sich zu Elisa und drückte heimlich ihre Hand. »Wann hast du Zeit?«, flüsterte er.

»Weiß noch nicht. Heute muss ich arbeiten …«, antwortete sie.

»Arbeiten?«

»Ja, wegen … erzähl ich dir später«, flüsterte sie.

Von der Straße her war das gleichmäßige Aufstampfen von Stiefeln auf dem Kopfsteinpflaster zu hören, dann der Sprechchor: »Juden raus, Juden raus!«

Endlich wurde vom Direktor Entwarnung gegeben. Auf dem Schulhof wurde der Mann mit der zerrissenen roten Fahne abgeführt.

Elisa blickte zu Judith. Locken klebten an ihrer schweißnassen Stirn. Sie hatte die Schultern hochgezogen, als wartete sie nur darauf, geschlagen zu werden.

Judith deutete auf das bunte Armband aus Wollfäden, das sie mit der Strickliesl geflochten hatte, und das jetzt verschmutzt in ihrer Hand lag.

»Du kriegst ein Neues«, sagte sie leise. »Es soll an unsere Freundschaft erinnern. Und an die Welt mit ihren Farben, wie sie sein könnte. Sie ist doch so bunt mit all den verschiedenen Menschen …«

Judith starrte einfach geradeaus, denn Richard

beobachtete sie heimlich. Sie tastete nach der Hand der Freundin. Ihre Finger waren kalt und wirkten zerbrechlich. Ohne die Lippen zu bewegen, fuhr Judith leise fort: »Wer weiß schon, was passiert. Wer weiß das schon ...«

*

Elisa rannte. Überall waren Polizeitrupps unterwegs, Menschen wurden verhaftet und in offenen Lastwagen abtransportiert. Das gleichmäßige Aufstampfen von Stiefeln, das Aufheulen von Motoren und grelle Schreie dröhnten in ihren Ohren.

Zeitungsjungen schlidderten mit ihren Fahrrädern durch den Schneematsch, schwenkten den ›Völkischen Beobachter‹, rutschten an Gaffern vorbei auf Käufer zu, die ihnen das Blatt aus der Hand rissen. »Notverordnung ...« Ihre Stimmen überschlugen sich, während Lastwagen mit bewaffneten SA-Männern vorbeidonnerten. » ... zum Schutz von Volk und Staat«.

Mehr verstand Elisa nicht, aber es musste so eine Verordnung sein, die Bruno vorausgesehen hatte. Die Nationalsozialisten hatten sie tatsächlich über Nacht durchgepeitscht ...

Überall standen Menschen zusammen und flüsterten und tuschelten. Wieder hallten Schüsse auf. Sie duckte sich, warf schützend die Arme über den Kopf und rannte über die Straße auf die Bäckerei Bertram zu. Kaum, dass Helga sie vom Verkaufstresen aus bemerkte, lief sie zur Tür und drückte sie auf.

»Los, rein mit dir. Hier bist du sicher. Alles in Ordnung?«

Elisa nickte und rieb sich die kalten Hände. »Ja, alles

in Ordnung. Das ist schon was mit dem Reichstagsbrand, oder?«

»Der spielt den Nazis in die Hände. Was für ein Zufall! Es ist …« Helga schaute sich um, als das Glockenspiel an der Eingangstür klingelte und ein Käufer den Laden betrat. Sofort legte sie den Finger auf den Mund.

»Die Brote sind gleich fertig.« Helga zog Elisa in die Hinterstube mit den großen Backöfen. »Mit dem Schieber kannst du sie rausholen. Und bring sie bitte in die Backstube. Die Rosinenschnecken müssen noch mit Glasur bestrichen werden. Ich bin im Verkaufsraum, wenn du Fragen hast. Und: kein Wort über den Reichstagsbrand. Man weiß nie, wer zuhört.«

Nachdem Elisa die Krustenbrote und Brezeln zu Helga gebracht hatte, legte sie die abgekühlten Rosinenschnecken auf ein Tablett und bepinselte sie mit flüssiger Zuckerglasur. Ein köstlicher Geruch zog ihr in die Nase.

Sie horchte auf: was war das? War da nicht ein Wummern, ein Stoßen? Es klang nach dem gleichmäßigen Stampfen einer Maschine …

Elisa legte den Kopf an die Wand und lauschte. Das Geräusch aus dem Nebenraum hallte jetzt lauter an ihr Ohr. Sie drückte die Türklinke zum Nebenausgang hinunter, aber die Tür war verschlossen. In diesem Moment kam Helga mit einem verklebten Blech in die Backstube.

»Was ist das denn für ein Stampfen nebenan? Sind da Maschinen untergebracht?«, fragte Elisa neugierig.

Helga fasste sie an den Schultern. »Der Raum gehört uns nicht«, sagte sie leise, aber bestimmt. »Davon weißt du nichts, hörst du? Niemand darf davon wissen! Versprichst du mir das?«

In diesem Moment hörte das dumpfe Stampfen auf, und Elisa nickte.

»Schnell, das Gebäck!« Helga riss die beiden Back-öfen auf, dichter Rauch quoll heraus. Sie schnupperte. »Glück gehabt. Das war im letzten Moment.«

Nach zwei Stunden wusch Elisa ihre Finger, die vom Zuckerguss klebten, und Helga zählte ihr Münzen in die Hand.

»Ich danke dir sehr. Ich bin froh, dass du kommst.« Helga lächelte und drückte ihr ein Kuchenpäckchen in die Hand. »Bis zum nächsten Mal. Ich freue mich. Du kannst dir vorstellen, dass ich nicht jeden nehmen kann.« Über das stampfende Geräusch im Nebenraum verlor sie kein Wort mehr.

Draußen war es neblig. Elisa fröstelte und zog ihren Schal enger um den Hals. Da entdeckte sie jemanden, der mit einem Pappkarton aus dem Nebeneingang der Bäckerei stürzte und ihn auf seinem Fahrrad verstaute. Er trug eine Schiebermütze auf dem fuchsroten Haar. Das war doch Bruno, dachte sie. Beim letzten Mal hatte sie sich also nicht getäuscht. Was hatte er in der Bäckerei zu suchen?

»He, Bruno! Was machst du denn hier? Ich ...«, rief Elisa ihm zu. Aber er jagte mit seinem Rad schon davon. Warum wirkte er so gehetzt? Ihr war sogar, als wollte er von ihr nicht gesehen werden.

Wieder hallten Schüsse durch die Straßen. Elisa drückte sich an Hauswänden und Toreinfahrten der Rohrbachstraße entlang, immer weiter in Richtung Bä-ckerstraße. Von dort rannte sie an der Kohlehandlung Bayer, dem Milchladen und der Gemüsehandlung vorbei auf ihr Wohnhaus in der Bergerstraße zu, vor der eine riesige Hakenkreuzfahne wehte.

Leise öffnete und schloss sie die schwere Eingangstür, damit kein Geräusch im Treppenhaus widerhallen konnte.

Aber der schlaksige Friedrich lehnte schon am Treppengeländer und zog an seinen Fingern, bis sie knackten.

»Ei, ei, ei«, rief er Elisa mit zuckersüßer Stimme zu. »Wen haben wir denn da?«

»Was willst du von mir?« Elisa baute sich vor ihm auf und hielt das Kuchenpäckchen fest in den Händen.

»Was soll ich von dir wollen?« Friedrich tat so, als wäre er sehr betrübt. »Habe ich dir nicht geholfen, Geld zu verdienen, damit du deine Diebstähle zurückzahlen kannst?«

Elisa spürte Wut aufsteigen. In ihren Fingern kribbelte es. Sie hatte große Lust, das Kuchenpäckchen zusammenzudrücken und ihm an den Kopf zu werfen.

»Hat es denn Spaß gemacht in der Bäckerei?«, säuselte Friedrich.

Elisa atmete tief durch. Ganz ruhig! Sich nur nicht wieder überrumpeln lassen!

»Ja, es hat Spaß gemacht. Es gibt Schlimmeres, als Kuchenstückchen mit Zuckerglasur zu bestreichen.«

»Und Bruno? Hast du Bruno dort gesehen? Er arbeitet doch dort für die Bertrams … oder?«

Elisa starrte ihn an. Das steckte also hinter seiner Hilfsbereitschaft! In der Bäckerei wollte er herumschnüffeln. Er wollte Bruno ausspionieren, und dafür wollte er sie benutzen! Ob er etwas von den stampfenden Geräuschen ahnte? Ob er mehr darüber wissen wollte?

Jetzt ganz vorsichtig sein und sich nicht verplappern,

dachte Elisa, denn das konnte nicht alles sein, was er vorhatte. ›Eins nach dem anderen‹, hatte Friedrich gesagt. ›Schritt für Schritt‹ Was würde der nächste Schritt sein?

»Bruno? Keine Ahnung, was du meinst«, sagte sie. Gleichzeitig spürte sie, wie ihre Wangen vor Aufregung brannten.

Friedrich hielt den Kopf schief, grinste, schlenderte auf sie zu und streichelte ihr über die glühenden Wangen.

»Alles klar!«, sagte er. »Und tausend Dank auch für die Stückchen!« Er nahm ihr das Kuchenpäckchen aus den Händen und ging pfeifend auf die Hausmeisterwohnung zu.

*

Karlchen war ungewöhnlich still und lief durch die Wohnung. Vom Kinderzimmer in die Küche, dann ins Wohnzimmer, ins Schlafzimmer der Eltern und zurück.

»Mein Teddy, mein Teddy!«, jammerte er.

»Warte, bis Vati zurück ist. Der holt dir deinen Teddy zurück«, sagte Elisa. Sie saß in der Küche und schälte Kartoffeln. Mutti füllte Hering in eine Schüssel. Sie trug einen dunklen Faltenrock, den sie gestern gekauft hatte. Die Lippen hatte sie auch nicht rot nachgezogen.

»Man muss sich anpassen«, sagte sie leise, als Elisa sie fragend anschaute. »Nur nicht auffallen. «

»Was machen die denn da draußen?«, fragte Karlchen, als er wieder in die Küche kam und auf der Straße SA-Trupps vorbeimarschierten. »Warum laufen die da alle so rum?«

Elisa zögerte. »Die … spielen. Räuber und Gendarm.«

»So wie bei Emil und den Detektiven?«, fragte Karlchen.

Elisa nickte und ließ eine geschälte Kartoffel in den Kochtopf plumpsen.

»Dann will ich da auch mitmachen!«, rief Karlchen begeistert.

»Die Räuber sind bestimmt schneller als du. Da verlierst du. Und dann wirst du eingesperrt.«

»Ja, aber du wirst mich doch befreien! Nicht wahr, Lisa?«

Es wurde still in der Küche. Elisa schaute hilfesuchend zu ihrer Mutter, die besorgt zur Wohnungstür blickte.

»Nicht wahr Lisa?«, wiederholte Karlchen lauter.

Der Schlüssel wurde im Schloss gedreht, und Vati stand auf der Schwelle. Sein Anzug war zerknittert, die Brille mit dem zersprungenen Glas hing ihm auf der Nasenspitze. In der Hand hielt er eine Zeitung.

»Hast du auch Räuber und Gendarm gespielt?«, rief Karlchen, als er auf ihn zusprang.

»Ja …«, meinte er etwas verwirrt.

»Und? Hast du gewonnen?«

»Natürlich, ja. Und jetzt geht spielen!« Michael legte die Zeitung auf die Flurablage und winkte Charlotte hinter sich her ins Schlafzimmer.

Elisa versuchte im Flur ein paar Wortfetzen aufzufangen. Von Tausenden von Verhafteten war die Rede. Und von neuen Gesetzen. Dabei fiel ihr Blick auf die Zeitung, die im Flur abgelegt war. Darin war eine Rede Hitlers zum Reichstagsbrand abgedruckt:

»Es gibt kein Erbarmen, wer sich uns in den Weg stellt, wird niedergemacht … Jeder kommunistische Funktionär wird erschossen, wo er angetroffen wird.

Die kommunistischen Abgeordneten müssen noch in dieser Nacht aufgehängt werden. Alles ist festzusetzen, was mit den Kommunisten im Bunde steht. Auch gegen Sozialdemokraten ... gibt es jetzt keine Schonung mehr ...«

Elisa horchte auf Gesprächsfetzen, aber die Eltern sprachen zu leise. Vati war doch kein Kommunist. Und auch kein Sozialdemokrat. Er hatte nur eine eigene Meinung. Als sie Schritte hörte, die sich der Schlafzimmertür näherten, lief Elisa zurück zu den geschälten Kartoffeln im Kochtopf.

»Was ist eigentlich mit Paul Gessen«, fragte Elisa vorsichtig, als Mutti und Vati in die Küche kamen. Mit zitternden Fingern knüllte sie die Zeitung mit den Kartoffelschalen zusammen.

Vati starrte sie mit großen Augen an. Das rechte Lid wirkte hinter dem Riss im Brillenglas, als wäre es verrutscht. »Mach dir keine Sorgen, der kommt bestimmt bald frei.«

Stille. Mutti schaute zu Vati, dann zu Elisa und wieder zu Vati.

»Und ... Onkel Toni? Was ist mit Onkel Toni?«, fragte Elisa zögerlich.

Vati ging zum Küchenfenster und schaute hinaus. Draußen regnete es in Strömen. »Der ist noch verhaftet und wird verhört. Aber ich bin sicher, er wird heute noch entlassen. Oder morgen ...«

Verhört!, ging es Elisa durch den Kopf. Vielleicht wird er ja in der Klinger-Schule verhört, die jetzt Adolf-Hitler-Schule hieß. Sie spürte einen unwiderstehlichen Drang, sich dort umzusehen ... Vielleicht im Schutz der Dunkelheit, wenn die Fenster hell erleuchtet waren.

Im Flur war das Aufstampfen von Schuhen zu hören. Karlchen stapfte näher und sang dazu ein SA-Lied:

»Wir werden weiter marschieren, wenn alles in Scherben fällt.

Denn heute gehört uns Deutschland, und morgen die ganze Welt ...«

Mutti schrie auf, als er in der Küche erschien. Über den Kopf gestülpt trug er eine grünliche Gummimaske, die ihm entschieden zu groß war. Vorne sah sie aus wie eine Schweineschnauze, durch die geatmet werden konnte. »Was hast du denn da?« Mit einer heftigen Bewegung riss sie ihm die Maske vom Kopf.

»Lass das! Das ist meine Gasmaske«, schrie er empört. »Die hat Oma Knollennase mir geliehen. Zum Ausprobieren. Das ist Männersache. Da hast du mir gar nichts zu sagen!«

Elisa starrte Mutti erschrocken an. Die sackte in sich zusammen, als hätte sie einen Schlag in die Magengrube bekommen. Elisa fuhr ihren kleinen Bruder an. »Jetzt siehst du mal, was du angerichtet hast. Schäm dich!«

Karlchen schaute zu Vati, der Mutti in den Arm nahm und ihr einen Kuss auf die Stirn gab. Niemand sagte ein Wort.

Karlchen ging näher auf Vati zu und streichelte über seine Hände. »Nicht schreien«, bettelte er. »Bitte nicht schreien, Vati. Und wenn uns dann die ganze Welt gehört, dann schenk' ich dir eine Reise an den Waldsee in Langen. Mit den vielen Fischen, ja? Und das Marschieren ... das ist doch Männersache, oder?«

Vati nickte langsam. »Vielleicht ist ein Soldatenheer Männersache. Aber die Gasmasken, die sind auch für Frauen. Und jetzt Schluss damit!«

Zum Essen gab es Kartoffeln mit Hering, aber Karlchen mochte nichts. Fisch war für ihn ein Gräuel. Außerdem wartete er ungeduldig darauf, seinen Teddy wieder an sich drücken zu können, den er im Gasthaus bei der Prügelei liegengelassen hatte.

»Jetzt hol ich ihn zurück!«, sagte Vati nach dem Essen. Er lief los und kam kurz darauf mit dem Stoffbären in der Hand zurück. Sein Fell klebte vor Dreck, am Bauch war ein Riss. Holzwolle quoll heraus.

»Mein Teddy, mein Teddy!« Karlchen starrte ihn mit Tränen in den Augen an.

»Das ist nicht schlimm, den kriegen wir wieder hin.« Mutti seufzte und fuhr ihm durch das Lockenhaar.

Dann flickte sie den Stoffbären, Elisa wusch das Geschirr, und Vati las weiter aus Erich Kästners Roman vor. Dass Emil bestohlen wurde und mit seiner Detektiv-Bande einen Nachrichtendienst organisierte, um den Dieb zu verfolgen.

Nachrichtendienst? Elisa stierte auf eine Schaumblase im Waschbecken, als lägen dort Antworten verborgen. Ob dieser Friedrich etwa auch einen Nachrichtendienst oder sogar einen Geheimdienst aufbaute? Er sammelte doch jede Information, um sie zu gegebener Zeit für sich ausschlachten zu können. Das Mitschreiben bei der Kabarettaufführung im Landgasthof, die Erpressung mit den zwanzig Reichsmark, das Aushorchen, was den Osthafen betrifft, Bruno und die Bäckerei Bertram … Die Puzzleteilchen passten zusammen. Und jetzt wollte er mit ihrer Hilfe Bruno ausspionieren, um mehr über heimliche Aktivitäten in der Bäckerei zu erfahren.

Elisa hasste diesen Friedrich, wie er überheblich grinste, die Finger verrenkte und daran zog, bis sie knackten.

Die Schaumblase im Waschbecken zerplatzte, und Elisa blickte hoch.

Der Teddy war geflickt und gewaschen, und Vati legte ihn zum Trocknen an den Kachelofen.

»Wir werden weitermarschieren …«, sang Karlchen und stampfte in den Flur.

Mutti wollte ihn zurückrufen, aber Vati hielt sie zurück. »Lass ihn! Wir müssen aufpassen. Karlchen könnte sich verplappern und uns anschwärzen.«

Mutti saß zusammengesunken am Küchentisch. Vor ihr lag das Nähzeug, das sie zurück in den Blechkasten räumte. »Was für Zeiten!«, sagte sie und lachte. Sie lachte, bis ihr Tränen über die Wangen liefen. Dann brach sie in einem Weinkrampf zusammen und klammerte sich an Vatis Arme. »Was für Zeiten!«

Und Onkel Toni? Was war mit Onkel Toni?, dachte Elisa. Und Bruno? Ob Bruno wusste, wo er zu finden war?

»Darf ich noch einmal raus?«, fragte sie vorsichtig. »Ich will zu Judith.«

Mutti nickte und putzte sich die Nase. »Aber sei vorsichtig. Draußen …«

»Ich weiß!«

»Und komm zurück bevor es dunkel wird.«

Elisa warf den Wintermantel über die Schultern, schlüpfte in die Stiefel und zog die Eingangstür leise hinter sich ins Schloss. Auf Zehenspitzen schlich sie die Treppenstufen hinunter, um jegliches Geräusch zu vermeiden. Sie horchte, wieder war da dieses verräterische Knacken.

Tatsächlich stand Friedrich im Erdgeschoss am Treppengeländer. Er sagte kein Wort.

»Ist was?«, fragte Elisa herausfordernd.

Er spielte an einem neuen Taschenmesser herum, schaute Elisa mit halb geschlossenen Augen hinterher und grinste. Sie setzte wie in Trance ihre Füße voreinander. Die Schritte kamen ihr unwirklich vor, als würden sie von außen gesteuert.

Achtung, nicht stolpern, dachte sie, nicht unter seinem Blick!

Als die schwere Haustür hinter ihr ins Schloss gefallen war, glaubte sie noch immer, seinen Blick im Rücken zu spüren. Sie atmete tief durch und rannte. Sie rannte wie gejagt. War er hinter ihr? Wurde sie verfolgt? Fast bei jedem dritten Schritt drehte sie sich um. Aber Friedrich war träge, dachte sie, er würde ihr nicht hinterherrennen. Und wenn doch?

Elisa rannte die Friedberger Anlange entlang, versteckte sich kurz in Hauseingängen und blickte zurück. Dann drängte sie sich zwischen anderen Passanten hinein in die Straßenbahn.

Die Wagen ruckelten in den Gleisen, und sie reckte den Hals, bis die Glocke bimmelte und die Bahn an der nächsten Station hielt. Sie sprang die Eisenstufen hinunter auf den Gehsteig, rannte weiter und erreichte endlich das Gelände im Osthafen mit seinem Stampfen und Quietschen der Eisenbahnwaggons. Die Luft war gesättigt vom Geruch nach Schmieröl und Kohlendampf, der in dunklen Wolken aus den Lokomotiven quoll.

Überall lungerten zerlumpte Gestalten herum, die auf einen Lastwagen mit offener Ladefläche und Kohlefracht hofften.

Als Elisa an dem Abstellbahnhof vorbeikam, zögerte sie. Der abgestellte Güterwagen stand noch immer auf dem Gleis, das in eine Sackgasse führte. Das war dieser fensterlose Waggon, der ihr neulich schon bei der Flucht mit Bruno vor den SA-Leuten aufgefallen war.

Durch einen Türspalt sickerte Licht. Sie schlich näher, horchte und versuchte durch den Spalt etwas zu erkennen. In dem Waggon standen ein alter Sessel, ein Sofa und Getränkekisten. Auf einer Kiste flackerte eine Kerze. Mehr konnte sie nicht erkennen.

Jemand lief erregt hin und her, die kräftigen Schritte kamen näher. Jetzt entdeckte sie Friedrich. Friedrich? Der stand doch eben noch im Hausflur. Wie hatte er es geschafft, vor ihr im Osthafen zu sein?

Elisa drückte sich an die Waggonseite, um nicht gesehen zu werden und schob sich weiter. Auf der Rückseite entdeckte sie ein klappriges Fahrrad, das am Waggon lehnte. Das war es also, so konnte Friedrich schnell in den Osthafen gelangen. Wieso hatte sie nicht an das alte Fahrrad gedacht, das im Keller vor sich hin rostete?

Aufgewühlt lief sie über Schienen, an Kieshalden und Speichern vorbei zu Brunos Zentrale, legte ihr Ohr an die Stahltür und lauschte. Hier waren wieder diese sirrenden und verzerrten Töne zu hören, die in Sekundenschnelle die Höhe wechselten. Jetzt hörte sie eine plärrende Stimme. Was sagte sie? Ging es da um Kampf und Krieg und Führer?

Elisa klopfte dreimal gegen die Eisentür und horchte, aber Bruno schien sie nicht zu hören. Dann lief sie zur Seitenwand und schlug mit der Faust dagegen. Das Sirren erstarb, und Bruno öffnete.

»Ach, du bist es«, brummte er verärgert. Sein rotes Haar stand ab, als hätte er bis eben geschlafen. Er zerrte sie in den Lagerraum und schloss sofort wieder die Tür.

»Was ist los? Was machst du hier? Ich hatte doch verboten, hierher zu kommen. Ist dir jemand gefolgt?«

Elisa verdrehte die Augen. »Natürlich nicht. Ich bin doch nicht blöd. Was denkst du von mir?«

»Also! Was willst du?« Er blinzelte sie an. Sein Augenlid war noch geschwollen, die linke Gesichtsseite verfärbte sich allmählich violett.

»Es ist wegen Onkel Toni …« Elisa war außer Atem und schnappte nach Luft. »Ich habe Angst um ihn. Ich weiß nicht, wo er steckt. Seit der Kabarett-Veranstaltung ist er verschwunden. Weißt du da was?«

Bruno kratzte sich am Hals. »Im Moment nicht. Aber …«, er zögerte kurz. » … aber wir treffen uns heute.«

»Wer trifft sich?«

»Das kann ich dir nicht sagen! Ich melde mich, sobald ich mehr weiß. Und jetzt, Elisa, bitte geh, ich habe zu tun.«

Sie konnte einen kurzen Blick durch den geöffneten Vorhang werfen. Im Nebenraum entdeckte sie auf dem Tisch ein Holzgehäuse. Es sah aus wie ein Radio. Elisa nickte. Natürlich, ein Radio! Die sirrenden Geräusche, die verzerrte Sprache …

Bruno bastelte ein Radio? Aber warum? Die wird es bald überall zu kaufen geben, so hieß es doch. Damit jeder Bürger die Reden von Hitler und Göbbels verfolgen konnte. Daneben stand die halbe Kupferkugel mit den vielen Löchern.

»Die Geräusche da kann man übrigens draußen hören«, flüsterte Elisa, bevor er die Tür öffnen konnte. »Das Pfeifen und so.«

Bruno schaute sie überrascht an.

»Wie wär's mit ›Danke‹?«, fragte sie.

»Du hast recht: Danke!« Er wirkte betroffen. »Das hätte uns den Kopf kosten können.«

Dann piekte sie Bruno mit dem Zeigefinger gegen die Brust. »Und Friedrich spioniert dich aus. Wegen der Bäckerei … Das ist doch jetzt ein dickes ›Danke‹ wert.«

Bruno verzog keine Miene, nur seine Brust hob und senkte sich stärker als zuvor. Elisa war, als wäre er blass geworden.

»Und du weißt, dass Friedrich in einem alten Waggon rumlungert, der auf der Abstellschiene steht?«

Bruno packte sie an den Schultern. »Ja, ich weiß. Und jetzt hör auf, hier herumzuspionieren!«

Dann drehte er sich hastig zur Tür, beobachtete durch das Guckloch die Umgebung und raunte ihr zu: »Bitte, komm nicht wieder hierher! Das hier ist zu gefährlich. Ich schwöre dir, ich finde heraus, wo Toni ist.«

Als Elisa den Lagerraum verließ, zog sie ihre Wollmütze tief in die Stirn und ging mit gebeugten Schultern, als wollte sie sich in ihrem Wintermantel verstecken.

Weit hinten entdeckte sie jemanden, den sie kannte. Er hatte blondes Haar und blasse Haut. Lutz!

Elisa grinste. Drehen wir den Spieß doch einfach mal um, dachte sie. Jetzt verfolge ich dich!

Geduckt schlich sie ihm im Schutz von Lastwagen und aufgeworfenen Kiesbergen hinterher, bis er vor dem abgestellten Güterwagen stehen blieb, die Waggontür zur Seite schob, die Eisenstufen hochkletterte und die Tür hinter sich zuzog.

Nur kurze Zeit später lief jemand auf den Waggon zu. Neben ihm stolperte ein anderer über den Schotter, der kleiner war und ein abgeschabtes Köfferchen in der Hand hielt.

Das musste Richard sein. Und der Andere? Den erkannte sie nicht. Ob der Güterwagen ihr geheimer Treffpunkt war?

Scharniere quietschten, die Schiebetür des Waggons wurde aufgeschoben, und die beiden kletterten hoch in den Innenraum. Von innen flackerten Lichter von dicken Kerzenstumpen auf. Dann wurde die Schiebetür mit Wucht wieder zugeschlagen.

Elisa blieb hinter einem Bagger hocken und wartete. Sie dachte an den Kabarett-Abend im Löwengasthof, als Lutz, Friedrich und Richard mit Notizblöcken in den Händen zusammengestanden hatten. Vielleicht wurden ja in dem Waggon Notizen, Vermerke und Nachrichten ausgewertet, Pläne geschmiedet und Erpressungen ausgeheckt.

Es nieselte. Allmählich wurden ihre Gelenke steif, die Füße fingen an zu kribbeln, und die Strümpfe wurden klamm.

Elisa streckte sich und lief geduckt auf den Waggon zu. Sie horchte, dort blieb alles still. Von irgendwoher hallten die Glockenschläge eines Kirchturms zu ihr herüber. Sie zählte die Schläge. Nicht mehr lange, dann war es fünf Uhr. Sie musste dringend nach Hause.

Als Elisa an der Adolf-Hitler-Schule, der alten Klinger-Schule, vorbeikam, wurde es schon dunkel. Es nieselte inzwischen stärker, und das Licht der Gaslaternen spiegelte sich in Wasserpfützen.

Da wurde sie von einem Gedanken gepackt: Wenn sie jetzt versuchte, einen Blick durch die hell erleuchteten Fenster des Gebäudes zu werfen, nur einen kleinen Blick, dann könnte sie vielleicht durch Zufall Onkel Toni beim Verhör entdecken.

Sie schaute sich um. An der Eingangstür waren keine Wachen zu sehen. Vorsichtig drückte sie die Eisenklinke von dem geschmiedeten Tor hinunter und schlich ins Innere der ehemaligen Schulanlage. Sie zwängte sich durch kahle Büsche und wich Kieswegen aus, um knirschende Geräusche zu vermeiden.

Geduckt schlich sie auf ein erleuchtetes Fenster zu, stellte sich auf Zehenspitzen und schaute hinein. Sie sah zwei Männer in SA-Uniformen. Einer saß an einem Schreibtisch, der andere schlug mit einem Gummiknüppel auf einen Mann mit nacktem Oberkörper ein. Der blutete und sackte in sich zusammen. Neben dem SA-Mann am Schreibtisch saß ein Schäferhund, der plötzlich zu ihrem Fenster schaute, als hätte er Witterung aufgenommen. Er schlug an, knurrte, winselte und bellte.

Elisa wollte fliehen, aber die Eingangstür des Gebäudes wurde aufgerissen und zwei Männer stürzten heraus. Gleichzeitig wurde sie mit festem Griff am Handgelenk gepackt und weggezerrt.

»Los, hier entlang«, flüsterte eine Stimme.

Der Fremde hastete mit Elisa auf die Rückseite des Gebäudes zu. Kleine Äste knackten unter ihren Schritten, Steinchen knirschten.

Von der Frontseite her waren Männerstimmen zu hören. »Sollen wir den Hund freilassen?«

Der Lichtkegel einer Taschenlampe flackerte durch das kahle Gebüsch, wanderte über Kieswege auf das Eingangstor zu. Elisa hörte das Hecheln des Schäferhundes. Sie wagte kaum zu atmen, als sie sich mit dem Fremden an die kalte Backsteinmauer drückte und wartete. Wer verbarg sich nur unter der Kapuze, die tief ins Gesicht gezogen war?

Die Seelenleserin

»Da ist niemand. Wahrscheinlich war es wiedermal nur eine Katze. Wir brauchen einen Hund, der schärfer dressiert ist. Der hier funktioniert nicht. Zerberus, komm!« Der zweite SA-Mann gähnte, ging mit dem Schäferhund zurück ins Haus und rief seinem Kameraden zu: »Mach die Tür zu. Es ist saukalt.«

Die Eingangtür schlug zu, dann war es still.

»Die Luft ist rein, komm mit«, flüsterte der Fremde und lief geduckt los.

Elisa hastete ihm leise hinterher. Hinter den hohen Eichen war im Zaun ein schmales Törchen eingelassen. Es war verrostet und musste langsam aufgedrückt werden, damit das Quietschen sie nicht verriet. Eigentlich war es mit Stacheldraht festgebunden, aber der Draht war aufgeschnitten.

Sie zwängten sich lautlos durch die Lücke, hetzten auf die andere Straßenseite und drückten sich in einen Hauseingang.

»Ich brauche deine Hilfe«, sagte der Fremde, und Elisa erkannte Sylvia von Hütting.

»Sylvia? Wie … hast du mich entdeckt?«, stotterte Elisa.

»Das tut nichts zur Sache.« Ihr Atem ging schnell. Sie hustete. »Ich bitte dich um Hilfe.« Sie zog aus ihrer Manteltasche ein goldenes Armband und drückte es Elisa in die Hand. »Ich muss fort, so schnell wie möglich. Und dies gib bitte Toni. Er kann es gut gebrauchen. Sag ihm, wir treffen uns wie verabredet. Ich vertraue dir. Du magst ihn.«

»Aber …«

»Und zu niemandem ein Wort! Versprichst du mir das?«

Elisa nickte verwirrt. »Ja, aber ich weiß nicht, … wo Onkel Toni ist.«

Die letzten Worte hatte Sylvia nicht mehr gehört, denn sie lief schon den Bürgersteig entlang. Diesmal trug sie keine hohen Stöckelschuhe, sondern einfache Laufschuhe. Auf dem Rücken hing ein prall gefüllter Rucksack. Noch war sie im gelblichen Licht der Gaslaternen zu erkennen, aber schon bald war sie in eine Nebenstraße eingebogen und verschwunden.

Elisa schaute auf das schwere Goldarmband, das in ihrer Hand lag und im Licht der Straßenlaterne glänzte. Wind fegte ihr ins Gesicht. Sie fröstelte, steckte das Geschmeide in die Manteltasche und lief weiter nach Hause.

Das Treppenhaus lag ruhig. Sie mochte das Deckenlicht nicht anschalten. Die Gaslaterne, die vor dem Haus stand, verbreitete genügend Helligkeit, die durch die Oberlichter der Eingangstür fiel. Sie horchte. Waren da schleichende Schritte? War da das Knacken von Gelenkknochen?

Elisa jagte auf Zehenspitzen die Treppe hoch, steckte den Schlüssel ins Schloss und riss die Wohnungstür auf.

»Wo warst du so lange?«, fragte Mutti und schaute sie prüfend an. »Verdammt noch mal, wo warst du? Ich habe mir Sorgen gemacht!«

»Ich war … bei Judith.« Elisa schämte sich, dass sie wieder gelogen hatte, dass eine Lüge die nächste nach sich zog. Später würde sie alles aufklären. Dann, wenn Onkel Toni wieder aufgetaucht war. Sie formte in der Manteltasche drei Finger zum Schwur.

»So? Bei Judith?« Mutti hielt den Kopf schief. »Judith war am späten Nachmittag hier und hat dich gesucht.«

Elisas Wangen brannten. »Ja«, stotterte sie. »Wir haben uns verfehlt.«

Sie zog die Mütze vom Kopf und zupfte die Haarfransen zurecht. Der Schorf von der Wunde bröselte allmählich ab. Rosa Haut kam zum Vorschein.

»Und was ist mit der Wunde da an deiner Stirn?« Mutti wirkte traurig, sie ahnte etwas von den Lügen.

»Ich bin gefallen …« Sie bückte sich verlegen, zog ihre Schuhe aus und wollte in ihr Zimmer laufen.

»Willst du nicht deinen Mantel ausziehen?«

»Nein, ja … Ich muss nur noch schnell aufs Klo...« Sie lief ins Badezimmer und horchte, bis das Geräusch von Muttis Schritten zur Küche hin leiser wurde. Dann schlich sie in ihr Zimmer, zog das Goldarmband aus der Manteltasche und schob es unter ihre Matratze.

Auf ihrem Bett lag ein ungeöffneter Brief, der an sie adressiert war, aber keinen Absender hatte. Elisa riss ihn auf. War er von Hannes? In dicken Buchstaben stand da geschrieben: WAS MACHT BRUNO IN DER BÄCKEREI BERTRAM? DIE ZEIT LÄUFT. ICH WARNE DICH.

Elisa schloss die Augen, um ihre Tränen zurückzuhalten. Dann steckte sie den Brief hinter die oberste Buchreihe im Regal und ging in den Flur, um den Mantel aufzuhängen. Ob sie sich nicht doch ihren Eltern anvertrauen sollte? Geschirr klapperte, und es roch nach Kohl.

*

Früh am Samstagmorgen packten die Brendels ein paar Sachen zusammen, Waschzeug, Wäsche, Strickpullover und Hosen. Karlchen und Elisa sollten wegen der Reichstagswahlen am nächsten Sonntag bei den Großeltern bleiben. Wer wusste schon, ob es nicht zu Gewaltausbrüchen kommen würde, zu Straßenschlachten oder gewalttätigen Aufständen. Oder ob Hitler mit seiner SA nicht doch mit Schusswaffen die Macht übernehmen würde, wie er es 1923 schon einmal versucht hatte.

»Es wird keinen Aufstand geben«, hatte Bruno neulich gesagt. »Hitler hat gelernt. Er muss das Volk hinter sich kriegen. Mit welchen Lügen auch immer. Das Volk muss ihm glauben, ihm vertrauen, ihn als gottähnlichen Führer bejubeln. Nur dann kann er machen, was er will.«

Elisa dachte an Judith. Und an ihr kleines Brüderchen. Ob Hitler wirklich alle Juden vernichten wollte? Bestimmt hatte Judith das falsch verstanden. Ganz bestimmt.

Karlchen hängte sich einen Beutel mit Holztierchen um die Schulter, die der Großvater geschnitzt und bunt bemalt hatte. »Der kommt auch mit!«, sagte er, drückte den Teddy an sich und setzte die Batschkapp, seine Schlägermütze auf, die Onkel Toni ihm geschenkt hatte.

»Schnell! Beeilt euch. Es ist Zeit.« Vati wischte sich

über die schweißnasse Stirn. Mutti verhielt sich, als hätte sie hohes Fieber, so, als wäre sie unter einer Glasglocke gefangen. Elisa gehorchte und stellte keine Fragen.

Am Treppenaufgang im Flur stand Hauswart Borkmann. Mit der linken Hand stützte er sich auf seinen Krückstock. Die rechte Hand flog hoch. »Sieg Heil!«

»Ah, Herr Borkmann.« Vati versuchte zu lächeln. »Ich wünsche Ihnen einen schönen Tag.«

»Sieg Heil!«, wiederholte der Hauswart, und seine Stimme kippte. Auf der Oberlippe Borkmanns bildeten sich kleine Schweißperlen. Vati drückte überhastet die schwere Haustür auf und scheuchte seine Familie auf die Straße.

Dicht am Bürgersteig stand ein schwarzer Wagen mit wuchtigen Rädern, einer großen Kühlerhaube und blitzblanker Karosserie.

»Warum fahren wir denn mit einem Auto?«, fragte Elisa. »Sonst geht es doch auch immer mit der Straßenbahn.«

»Der Wagen ist ... von einem Freund ...«, antwortete Mutti. Sie zögerte. »Es macht doch Spaß im Auto, oder?«

Karl kroch durch die hintere Wagentür auf die Lederrückbank. Elisa setzte sich mit ihrem Köfferchen, den Tüten und Beuteln neben ihn, wie Mutti es wollte. Aber warum wurden ihre Sachen nicht im Kofferraum verstaut? Vati hatte ihre Frage vorhin einfach überhört. Der Kofferraum war doch groß genug, da hätte sogar der dicke Wilhelm aus dem Dachgeschoss drin Platz.

Vati zündete den Motor, es knatterte und brummte. Ein kleiner Ruck, und es ging los. Auf dem Bürgersteig stand Friedrich, der ihnen mit Händen in den Hosentaschen hinterherschaute.

Sie fuhren vorbei an Häuserfassaden mit Steinfratzen,

den Gaslaternen und Pferdekarren. Oft hockte ein Kriegsversehrter vor einer Hauswand, der die Bettelmütze vor sich auf dem Boden und die Krückstöcke neben sich liegen hatte.

Woanders drängelten sich Menschentrauben vor Schaufensterauslagen. Da, die große Kinoreklame, dort Caféhausstühle mit Menschen, die ihre Gesichter der ersten Frühlingssonne entgegenstreckten. Modisch gekleidete Damen in Pelzmänteln und mit Kompotthüten stöckelten über die Bürgersteige. Die Eisenräder der Straßenbahnen quietschten in den Gleisen. Das Auto holperte über das Kopfsteinpflaster.

Vor der ›Reichsanstalt für Arbeitsvermittlung‹ standen Männer dicht gedrängt in langer Reihe. Sie waren zum Warten verurteilt. Mit hängenden Köpfen standen sie da. Oder mit geballter Faust. Einige rauchten Zigaretten, andere steckten Kautabak in den Mund.

Dahinten, das war doch Bruno! Elisa drehte den Kopf. Da, bei den Arbeitslosen. Er verteilte Flugblätter, sprang auf sein Fahrrad und stürmte davon. Flugblätter? Das Verteilen von Flugblättern war doch strengstens verboten. So stand es in der Notverordnung.

An einer Litfaßsäule klebte ein neues Plakat. Darauf war Adolf Hitler mit seinem Oberlippenbart zu sehen, wie er mit durchdringendem Blick in die Ferne schaute. Auf dem Plakat stand: ›Ein Volk, ein Reich, ein Führer‹. Elisa betrachtete nachdenklich die Aufschrift. Der Führer stand also über allem. Und wenn jemand eine andere Meinung hatte als der Führer? Was dann?

Sie überholten gerade einen Lastwagen. Auf der Pritsche standen Personen eng zusammengezwängt. Zwei SA-Männer bewachten sie mit Gewehren.

Überall flatterten aus Fenstern und an Stangen Hakenkreuzfahnen. Sie hingen meterlang von hohen Gebäuden, von Stadtmauern und Fahnenmasten. Ein Meer aus rotem Stoff mit weißem Kreis und Hakenkreuz in der Mitte. Aber auch andere Fahnen waren zu sehen, die der Sozialdemokraten, des Zentrums …

Aus geöffneten Fenstern hallte kratziger Gesang von Plattenspielern, von woanders schallten leidenschaftliche Reden aus Lautsprecherboxen, die auf Plätzen und an Straßen an hohen Stangen angebracht waren. Litfaßsäulen und Bretterwände waren mit Wahlkampfplakaten zugeklebt.

Warum fuhren sie nur in so einem teuren Automobil?, ging es Elisa wieder durch den Kopf. Es gab nicht viele davon in Frankfurt. Das Auto wäre von einem Freund, hatte Mutti gesagt. Er hätte es ihnen geliehen, einfach so.

Einfach so?

Elisa schüttelte den Kopf. Was sollten ihre Gedanken! Sie waren keine Kommunisten oder Sozialdemokraten, die verhaftet werden konnten. Onkel Toni war das auch nicht. Bestimmt würde er bald wieder vor der Wohnungstür stehen und klingeln. Alles würde sich aufklären, auch das mit dem goldenen Armband. Und warum sollte ein Freund ihnen nicht einfach so ein Auto leihen? Musste sie immer etwas hinter den Dingen wittern?

*

Das Automobil stotterte, Vati hatte keine große Erfahrung mit Autos. Er fuhr sehr langsam, hupte oft und bremste sehr vorsichtig.

Die Großeltern wohnten in der Friedrich-Ebert-Siedlung. Das war eine Arbeitersiedlung ganz in der Nähe der Adler-Werke, wo in riesigen Werkhallen Autos montiert wurden und der Großvater arbeitete.

»Opa Josef baut einen Adler Trumpf. Mit Frontantrieb!« Karlchen wusste nicht, was das bedeutete, aber er liebte das Wort. Frontantrieb klang nach Vorwärtspreschen und Abenteuer. Über Grenzen hinweg. Ohne Verbote. Frontantrieb! Den baute sein Großvater, und darauf war er mächtig stolz.

Bei jedem Besuch durfte er einmal im Motorrad-Beiwagen mit Opa Josef durch die Stadt fahren. Er hatte sogar eine eigene Hupe am Lenkrad. Das Gefährt hatte der Großvater von Josua Berlitz bekommen, einem Juden, der für einige Zeit in die Schweiz gegangen war.

Auf der Fahrt trug Karlchen dann genauso eine Lederkappe wie der Großvater, und der hatte ihm sogar eine Motorradbrille besorgt.

Manchmal ging es durch die Stadt, über Landstraßen hinaus in Taunusdörfer.

»Schneller«, rief Karlchen dann und hielt seinen Stoffbären fest an sich gedrückt. »Schneller.«

Dann fuhren sie an Feldern und Hügeln vorbei den Feldberg hoch. Karlchen legte jedes Mal den Kopf in den Nacken, und die Tannenäste jagten über ihm hinweg, als wollten sie Reißaus nehmen.

»Die fliegen so schnell, da kommt das Gehirn gar nicht mit«, sagte Karlchen dann. »Das macht der Frontantrieb.«

Im Taunus trafen sie sich oft mit Freunden von Großvater. Jedes Mal woanders. In Waldlichtungen, oben auf dem Feldberg oder am Grünwiesenweiher. Dort packten sie Brote aus. Und saftige Äpfel. Die Kinder sollten sich verstecken und Räuber und Gendarm spielen. Karlchen hatte keine Angst vor dem dunklen Wald, wenn er schnell genug wieder herausfinden konnte.

Großvater Josef tuschelte oft mit den anderen. Sie deuteten auf Landkarten, tauschten Zettel und Blätterstapel.

Das wären Flugblätter, hatte Karlchen aufgeschnappt. Bestimmt waren sie dazu da, Papierflieger zu falten. Dann hatte er sie gefaltet und aus Opa Josefs Küchenfenster in den Hof fliegen lassen. Sofort war Großvater die Treppe hinuntergerannt und hatte auch das letzte Flugblatt wieder eingesammelt.

Das dunkle Automobil stotterte, noch ein kurzes Ruckeln, dann hielt Vati vor einem Arbeiterhaus. Im ersten Stock stand der Großvater am geöffneten Fenster, rauchte Pfeife und winkte.

Ein Fußweg führte zwischen zwei Häuserfronten hindurch zum Hinterhof mit den Eingangstüren und dem Holzzaun, der die Gemüsegärten und Lauben der Arbeiterfamilien abtrennte.

»Opa, Opa, Opa!« Karlchen juchzte, als der Großvater sie begrüßte. »Fahren wir Motorrad? Darf ich hupen?«

»Ja, mein Junge. Aber erst morgen, morgen fahren wir.«

Das Reihenhaus in der Arbeitersiedlung war längst nicht so vornehm wie das Wohnhaus von Elisa. Dort gab es Marmorfliesen und ein hohes Treppenhaus, in dem Worte nachhallten. Hier war alles niedrig gebaut und aus Beton. Trotzdem liebte Elisa die Tage mit den Großeltern, da war das Haus nicht so wichtig.

Elisa schnupperte. Schon im Hof roch es nach frisch

gebackenem Napfkuchen. Hoffentlich waren da Rosinen drin! Elisa mochte es, die süßlichen Früchte aus dem Kuchen zu pulen. Im warmen Teig blieben sie weich, und ihr Geschmack überzog die Zunge mit köstlicher Süße. Dann duftete es nach Sommer.

Sie hob den Blick zum Fenster im Erdgeschoss. Dahinter wohnte die Schwester von Oma Elsbeth, die Karola. Sie winkte Elisa hinter verschlossener Scheibe zu, damit beim Öffnen des Fensters keine kostbare Ofenwärme verloren ging.

Ihr Ehemann Ernst war fast taub. Eine Granate war im letzten Krieg neben ihm explodiert und hatte sein Trommelfell zerfetzt.

Ob so ein Krachen auch das Gehirn zerstören kann?, dachte Elisa oft. Onkel Ernst war ihr nämlich unheimlich, die Augenlider hielt er oft halb geschlossen. Er sah verschlagen aus, hatte Fett angesetzt, und mit den dunklen Bartstoppeln wirkte er immer ungewaschen. Das Essen stopfte er in sich hinein, als könnte er so auch Erinnerungen vertilgen.

»Du musst das verstehen«, hatte ihr die Großmutter zugeflüstert. »Er hat zu viel gesehen. Zu viel Leid, zu viele Tote. Das hat er nicht verdaut. Und dann das Gas von den Bomben. Noch immer riecht er überall Gas.«

Bei Karola lebte auch noch die Urgroßmutter. Sie war sehr dankbar, weil sie nicht nur geduldet wurde. Sie half, wo es ihr möglich war: beim Kartoffeln schälen, Fäden von den Bohnen ziehen, Johannisbeeren mit den Stielen zu Saft kochen, weil darin so viel Geschmack steckte, Gurken einlegen. Das alles wuchs im Schrebergarten, draußen vor der Tür.

Karlchen jagte die Treppe hoch zur Oma Elsbeth, die im Flur schon wartete. Opa Josef lachte, aber seine Augen blickten ernst. Er war ein drahtiger Mann, und seine Bartstoppeln kratzten bei der Umarmung, auch wenn er frisch rasiert war. Oma Elsbeth nahm die Kinder in die Arme und wiegte sie. Aber Karlchen mochte das nicht.

»Ich bin ein deutscher Junge«, rief er empört. »Der ist kein Weichling. Das sagt Oma Knollennase auch immer.« Er sprang in die gute Stube und schüttete seine Holztiere aus. Den Esel, die Schafe, die Kühe, den Tiger und den kleinen Elefanten.

Elisa blieb ganz nah bei Oma Elsbeth. Omas Blick drang tief in sie ein, als wäre sie eine Seelenleserin.

»Ist alles in Ordnung, Kind?«, fragte sie leise.

Elisa schmiegte sich an sie. »Ich weiß nicht ...«

»Du weißt nicht?«

»Mutti ist streng ...«

»Ich weiß Kind, ich weiß.«

»Und dann ... sind da noch andere Sachen ...«

»Später Kind, später. Erzähl alles. Wenn du magst.«

Großmutter wiegte sie, und Elisa hielt still. Die Oma roch nach Veilchen. Ihre Haare waren frisch gewellt und mit Haarspangen aus Blech in Form gebracht.

»Wo ist er?« fragte Opa Josef. »Jetzt? Oder wenn es dunkel ist?«

»Wer ist wo?«, rief Karlchen. »Lieber jetzt. Was machen wir jetzt?«

Elisa sah den vorwurfsvollen Blick der Eltern, der Großvater schwieg und presste die Hand vor den Mund.

»Kommt mit zu den Hühnern«, sagte Oma Elsbeth. »Wir schauen mal, ob die Eier schon ausgebrütet sind.«

Elisa und Karlchen liefen hinter ihr her die Treppe

hinunter in den Hof. Ein Holzzaun trennte den Hof vom Garten, der in Parzellen eingeteilt war. Für jede Familie gab es eine. Dort wurden auch Salat, Möhren oder Radieschen gesät. Opa Josef hatte in seiner Parzelle sogar eine Laube gebaut mit einem Gestell für Kletterbohnen. Auf der linken Seite, wo der Bretterzaun endete, war der Hühnerstall.

Oma Elsbeth öffnete das Vorhängeschloss, Karlchen schob den Holzriegel hoch und drückte die Tür auf. Es gackerte und flatterte. Federn flogen durch die Luft.

Am Morgen hatte Opa Josef noch ein Huhn geschlachtet. Dort auf dem Holzklotz hatte er ihm den Kopf abgeschlagen. Das Beil, das er vorher geschärft hatte, lehnte noch an der Bretterwand.

»Stellt euch nur vor, es ist ohne Kopf bis zum Fensterbrett hoch geflattert«, sagte die Großmutter und streute Sägespäne über die Blutspuren. »Aber das sind nur die Nerven. Da spürt es nichts mehr.«

»Ob es schon Küken gibt?« Karlchen reckte sich zu den Hühnern, die auf ihren Nestern hockten. »Aber so sehe ich nichts. Wenn die ihren Hintern draufhaben ...«

Die Hühner streckten die Hälse, plusterten sich auf und pickten mit den Schnäbeln nach Karlchen. Großmutter klatschte laut in die Hände, und sie flatterten hoch, gackerten und schlugen mit den Flügeln.

Schnell nachsehen! Aber da gab es keine gelben Küken, die Eier lagen unberührt. Nicht der kleinste Riss durchzog ihre Schalen.

»Faule Viecher!«, knurrte Karlchen.

Dann streute er Körner auf den Boden und streckte ein Stöckchen vor, damit ein Huhn darüber springen konnte. Aber es sprang nicht, es wollte einfach nicht springen, obwohl Karlchen den Stock ganz niedrig hielt. Es lief außen herum, um die Körner aufzupicken.

»Hühner sind dumm«, rief er. »Die lassen sich nicht dressieren.«

»Genauso wie du«, sagte Elisa. »Oder tust du immer, was man dir sagt?«

Karlchen überlegte. »Gar nicht so dumm, so ein Huhn.«

»Aber ein Huhn kann nicht anders, du kannst.« Großmutter wurde ernst und fügte leise hinzu: »So, wie die anderen Menschen auch.«

Oma Elsbeth stellte sich vor das niedrige Stallfenster und verdeckte es mit dem Oberkörper. Draußen schlug jemand den Kofferraum eines Autos zu. Das klang dunkler als das Zuschlagen von Autotüren. Ein Raunen war vor dem Hühnerstall zu hören. Ein Aufstöhnen.

»Er ist betrunken«, hörte Elisa Vatis leise Stimme. Jemand antwortete, aber sie verstand nur ein paar Wortfetzen, ›früher Morgen‹ und ›arbeitslos‹ und ›junger Kerl‹. Und Vati lachte.

»Wer ist da? Vati?« Karlchen rannte zur Stalltür. Seine Schuhe wirbelten Staub hoch, die Schritte drückten sich ins Sägemehl.

»Du bleibst hier!« Großmutters Stimme klang ungewöhnlich streng. Sie packte ihn am Oberarm. »Das ist nichts für dich. Nimm dein Stöckchen und schau nach den Hühnern.«

»Eine Überraschung?« Karlchen strahlte.

Oma Elsbeth schaute zu Boden, ihr Gesicht wirkte grau »Ja, eine Überraschung.«

Am Nachmittag fuhren die Eltern zurück, Karlchen und Elisa sollten bis übers Wochenende bleiben. Vati ließ den Motor an, der Wagen tuckerte gleichmäßig, eine dunkle Wolke qualmte aus dem Auspuff. Es roch nach verbranntem Öl. Die Mutter winkte hinter der Fensterscheibe, es sah aus wie das Streicheln von Luft.

»Vati?«, rief Karlchen. »Vati!«

Elisa betrachtete den glänzenden Deckel vom Kofferraum. Der war so groß, dass sich ein Mensch darin verstecken konnte. Ob das der Deckel gewesen war, der zugeschlagen wurde, als Großmutter das kleine Fenster des Hühnerstalls verdeckt hatte? Sie wich einen Schritt zurück, als sie auf dem Bürgersteig Blutflecken entdeckte.

Vati gab Gas. Der Motor heulte auf. Er fuhr langsam los, ohne noch einmal zurückzuschauen. Die Mutter wischte sich über die Wangen, sie weinte.

In der Küche dampfte auf dem Küchenherd die Suppe mit dem geschlachteten Huhn. Oma Elsbeth öffnete die Herdklappe des Ofens und legte ein paar Holzstücke nach. Kohlen hatten sie nicht, die waren zu teuer.

»Die Kohlen-Diebe«, brummte Opa Josef. »Die hamstern in irgendwelchen Lagerhallen und Schuppen Kohle, um sie überteuert weiterzuverkaufen.«

»Kann man die nicht auffliegen lassen?«, fragte Elisa.

»Da ist Mord an der Tagesordnung«, sagte Opa Josef und legte Löffel auf den Küchentisch. »Mit Messern, Stöcken und Pistolen. Ein Menschenleben zählt da nicht. Es geht nur um's Geld. Die wissen haargenau, wie ...«

»Josef, bitte!«, ging Oma Elsbeth dazwischen. »Die Kinder ...«

Er nickte schuldbewusst und schlug sich gegen die Stirn.

Das Feuer knisterte, Flammen schlugen hoch. Die Brühe blubberte und warf kleine Blasen. Getrocknete Kräuter tanzten mit. Am Rand des Kochtopfs schwammen der lange Hals, die Nieren und das Herz. Die Hühnerbeine streckten sich starr aus der Brühe hoch. Abgebrochene Reste von Federn steckten noch in der Haut.

Später durfte Elisa das Hühnerherz mit einem Messer genau in der Mitte durchschneiden. Die Hälften schwammen dann in der Brühe von Karlchens und Elisas Teller. Das Fleisch war dunkel und von dünnen Adern durchzogen.

»Kann ein Huhn eigentlich fühlen?«, fragte Karlchen.

Elisa verdrehte die Augen. Jetzt ging das Geplapper schon wieder los! Sie war dankbar, dass die Großeltern sich jetzt mehr um Karlchen kümmerten.

»Fühlen?«, wiederholte Oma Elsbeth. »Jedes Geschöpf fühlt Schmerzen.«

»Ich meine aber Trauer oder Freude …«, sagte Karlchen und lutschte an dem halben Hühnerherz.

»Nein, das fühlt so ein Huhn nicht. Es fühlt nur Schmerzen im Körper.«

»Warum läuft es dann weg, wenn es Angst hat?«

Opa Josef räusperte sich. »Das ist nur ein Reflex.«

»Was ist ein Reflex?«

»Jetzt sei ruhig und iss.«

Früh am Morgen fuhr Opa Josef mit dem Fahrrad zu den Adler-Werken. Das Motorrad blieb im Schuppen, Benzin war viel zu teuer. Den Henkelmann klemmte er auf den Gepäckträger. Das war ein Gefäß mit ineinandergesteckten Blechbehältern, die heute mit Kartoffeln, Wurzelgemüse und etwas Fleisch vom Hühnchen gefüllt waren. Die konnten mittags in heißem Wasser erhitzt werden, wenn die meisten nur Brote auswickelten. Dann hatte Großvater ein warmes Essen.

Oma Elsbeth stand schon früh im Garten, gleich neben der Laube, wo die Kletterbohnen an Latten hochgebunden werden konnten. Die Laube war blickdicht, der Fensterladen zugeklappt und die Tür mit einem Vorhängeschloss verriegelt.

Oma Elsbeth trug Holzschuhe, die der Opa geschnitzt hatte. Die hatte sie mit Zeitungsseiten ausgelegt, das hielt die Wärme fest. Sie bewegte sich zwischen gesäten Möhren und Salatköpfen, rupfte erstes Unkraut, begoss die nasse Erde und hatte die Laube immer im Blick.

Manchmal schickte sie die Kinder hoch in die Wohnung, um Salbe zu holen. Oder ein Messerchen. Das war ein Suchspiel besonderer Art. Das Töpfchen mit Salbe fanden sie versteckt in einer Schublade, das Messerchen lag hinter dem Kohlenofen.

Dann bat Oma Elsbeth, getrocknete Tabakblätter vom Dachboden zu holen und sehr klein zu schneiden. Als Überraschung für den Großvater. Für seine Pfeife.

Opa Josef hatte kleine Tabakpflanzen in Lorsch gegen ein Huhn getauscht. Die Pflanzen baute er jetzt selbst an und trocknete sie auf dem Dachboden. Wie Fledermäuse hingen sie an einer Leine.

»Ich komme da nicht dran.« Elisa streckte sich, um ein paar Blätter von der Leine zu pflücken. »Ich brauche mal die Kiste da drüben. Da kann ich draufklettern.«

Aber Karlchen hatte den Kistendeckel schon hochgeklappt und kramte darin herum. Da waren Stoffe drin und Puppenarme, Bäuche und Hände. Einige waren erst halb geschnitzt oder abgeschmirgelt oder hatten Löcher in den Gelenken für die Fäden. Und dann gab es Farbtöpfe. An einem der Töpfe klebte am Blech eine Tropflinie aus Farbe. Ganz in schwarz. Und da: ein zersplitterter Teufelskopf.

Ein Teufelskopf? Ganz in schwarz? Die Teufelsmarionette? Dann steckte Opa Josef hinter den Schnitzereien der Holzpuppen! In Elisas Kopf tanzten Bilder von der Aufführung vorbei: Das Gasthaus. Die Bühne. Der grinsende Teufel. Die Schlägerei. Onkel Toni …

»Ich bin gleich wieder zurück«, rief sie. »Warte hier.«

Elisa kletterte die Leiter vom Dachboden hinunter, rannte durch das Treppenhaus zum Hof, zum Gärtchen, zur Laube. Die Tür war nur angelehnt. Ihr Herz pochte. Wieder tauchten Bilder aus der Vergangenheit auf, Bilder von der grinsenden Teufelspuppe mit dem Oberlippenbart. Von Stiefelschritten, die auf Pflastersteine knallten. Von dem mit den buschigen Augenbrauen, der zuschlug, einfach nur zuschlug. Von dem zerschnittenen Hühnerherz …

Sie schob vorsichtig die Tür auf. In der Laube lag Onkel Toni, Muttis junger Bruder, der Sohn von Oma Elsbeth auf einer Pritsche. Er hatte einen Verband um den Kopf gewickelt, der blutdurchtränkt war. Auf seiner Stirn glänzten Schweißperlen. Die Augen hielt er geschlossen. Seine Wimpern zuckten. Sie schimmerten im Graudunklen der Laube.

»Kind, was machst du hier?« Oma Elsbeth fasste sie an den Armen, viel fester als sonst und schüttelte sie. »Du hast nichts gesehen, hörst du? Das darf niemand wissen. Das ist gefährlich! Verstehst du das?«

Die Augen von Oma Elsbeth waren weit geöffnet. Elisa war still. Sie spürte jeden einzelnen Finger, der sich um ihre Oberarme krallte. Onkel Toni lag da, regungslos. Mit fiebrigem Gesicht. Und keuchendem Atem.

»Er ist gefallen. Verstehst du? Er ist gefallen!« Die Stimme von Oma Elsbeth war beschwörend. »Er war betrunken und ist nur gefallen!«

Elisa schloss kurz die Augen. Es war wie ein Nicken. Dann wandte sie sich um, ging zur Tür und zog sie langsam hinter sich zu. Ohne Ruck. Ganz vorsichtig. Da war nur ein Quietschen, aber das Geräusch war leise. Nur ein sanftes Reiben in den rostigen Scharnieren war zu hören.

Elisa setzte sich auf einen Holzstumpf. Wolken zogen über den Himmel. Zogen sie wirklich? Der Wind roch nach Holunderblüten. Roch er wirklich nach Blüten?

Raben mit schwarzschillerndem Gefieder kreisten über ihr, flogen tiefer und landeten in den Beeten. Ihre dunklen Augen glotzten sie an. Ruckartig drehten sie die Köpfe. Als ihre Schnäbel die Saat aus der Erde hacken wollten, sprang Elisa auf.

»Weg, ihr da!« Sie schrie, fuchtelte mit den Armen und warf Steine. Tränen liefen ihr über die Wangen. »Verschwindet, ihr Aasgeier!«

Elisa half Oma Elsbeth in den Beeten, pflanzte Samen, rupfte erstes Unkraut, goss die Erde und lenkte Karlchen ab, wenn die Großmutter sie anschaute. Dann wusste Elisa, Oma wollte zu Onkel Toni in die Laube. Diese Gespräche waren ganz still: Ein Kopfnicken, ein Blick, das Senken der Augenlider. Sonst war es wie immer.

»Halt, wartet«, rief die Großmutter, als Elisa mit Karlchen zum Wäldchen wollte. Die Oma stand am

Fenster zum Hof, dem Zuckerfenster, und warf Elisa ein Zeitungspäckchen zu. Als sie es aufwickelte, lagen darin aufgeklappte Brotscheiben mit kostbarer Butter und Zuckerstreuseln. Beim Hineinbeißen knackte es zwischen den Zähnen und schmeckte köstlich süß.

»Unser Proviant!« Karlchen strahlte.

Dann liefen sie zum Eichenwäldchen, wo sie mit Opa Josef im Frühjahr Maikäfer von den Bäumen schüttelten. Die kamen dann in einen Holzkasten, der nach Tabak roch. Wenn die Käfer zwischen zerrupftem Eichenlaub herumkrabbelten, die Schornsteinfeger, Bäcker und Kaiser, wie sie genannt wurden, juckte es Elisa am ganzen Körper. Und sie dachte an Max und Moritz, die ihrem Onkel Fritz die Krabbelkäfer ins Bett gesteckt hatten, und die mit mächtigem Gebrumm losflogen, bevor der Onkel sie mit seinem Pantoffel erschlagen konnte.

»Maikäfer flieg …«, sang Elisa. Sie sang es für Karlchen. In Gedanken war sie bei Onkel Toni. Sie atmete mit ihm, keuchte mit ihm, rang mit ihm nach Luft. » … der Vater ist im Krieg …« Sie stockte. So hieß es doch im Lied. Sie hustete.

»Sing weiter«, rief Karlchen. Er schob abgerupfte Blätter auf ein dünnes Stöckchen und wollte es fliegen lassen. Aber es fiel immer wieder zu Boden. Dann streckte er das Stöckchen vor und zielte auf einen Spatz, der zwischen Blättern herumhüpfte. »Peng, peng, peng!« Der Spatz flatterte davon. »Sing weiter.«

»Geht nicht. Ich habe mich verschluckt.« Elisa hustete noch ein paarmal und wischte sich über die Augen. Sie wollte das Lied nicht singen.

»Dann mach ich's eben allein! … Maikäfer flieg«, sang Karlchen ganz laut. »Der Vater ist im Krieg, die Mutter ist in Pommernland, Pommernland ist abgebrannt, Mai-käfer flieg!«

Nicht vom Krieg singen! Nur nicht vom Krieg! Elisa wollte so schnell wie möglich zurück. »Komm, fang mich. Wetten? Ich bin schneller als du«, rief sie und rannte los.

Ich bin am Ort das größte Schwein

Abends blickte Elisa fragend zu Oma Elsbeth. Die senkte kurz die Lider. Die Falten an Großmutters Stirn waren weicher geworden, die Gesichtszüge entspannt. Dann holte sie aus der schmalen Vorratskammer in der Küche eine der kostbaren Würste. Sie wurde in kleine Stücke geschnitten und zur Feier des Tages gegessen.

»Lasst es euch schmecken.«

»Hm, selbstgemachte Würste …«

Die schmale Kellertreppe führte in den Waschraum mit Bottich und Trögen, wo der Großvater vor längerer Zeit ein Schwein geschlachtet hatte, obwohl es verboten war. Er hatte sogar die Kellerfenster abgedichtet. Niemand sollte das Quieken beim Abschlachten hören. Wurstsuppe wurde hier gerührt und durchgedrehtes Fleisch für Leber- und Blutwürste in Därme gedrückt, für Würste, die beim Metzger viel zu teuer waren.

»Was feiern wir denn?«, fragte Karlchen, als er ein Wurststück in den Mund stopfte.

»Wir feiern, dass wir uns haben«, sagte Oma Elsbeth und lachte.

Der Großvater nickte zufrieden, stopfte zerhackte Tabakblätter in die Pfeife, und Karlchen durfte sie mit einem Span anzünden. Dann spielten die beiden mit den bunten Holztierchen und ließen sie über Stöckchen springen.

»Das macht viel mehr Spaß als mit den Hühnern. Die sind einfach zu doof und kapieren das nicht.«

Elisa kroch unter die Arme von Oma Elsbeth. Die hielt sie ganz fest und wiegte sie wie ein kleines Kind. Und alles roch nach Veilchen.

»Alles gut?«, fragte die Großmutter.

Elisa nickte. Sie fühlte sich geborgen wie lange nicht und dachte an Hannes, den blonden Hannes, der manchmal nach Kamille roch. Sie sehnte sich so sehr nach ihm und griff nach dem goldenen Amulett mit seinem Zettelchen. Den schlaksigen Friedrich hatte sie einfach weggeschoben, als würde es ihn nicht geben. Aber als im Ofen ein Holzstück knackte, zuckte sie zusammen. Es klang wie das Knacken von Fingergelenken.

Als Elisa ganz früh am nächsten Morgen zur Laube schlich und vorsichtig die Tür aufdrückte, war die Pritsche leer. Nur ein paar blutbefleckte Leinentücher lagen am Boden. Sie stopfte die Tücher unter ihre Jacke und rannte zurück über den Hof und die Treppe hoch in die Wohnung. Großmutter nickte, als Elisa die Leinenfetzen mit den Blutspuren in den brennenden Ofen warf.

»Wann kommen sie denn?«, fragte Karlchen.

»Jeden Moment«, antwortete die Großmutter. »Pack schon mal deine Holztierchen ein.«

»Ich will aber noch bleiben«, schimpfte Karlchen. »Bis die Hühnerkinder geschlüpft sind.«

Großmutter lachte und stellte einen Teller mit selbstgebackenen Keksen auf den Tisch, dazwischen steckte ein Holzküken, das sonnengelb angemalt war.

»Ein Gruß von Opa Josef«, sagte sie und öffnete das Fenster. »Er freut sich schon aufs nächste Mal.«

Das nächste Mal ... Elisa stellte sich zur Großmutter und schmiegte sich an sie. Arm in Arm blickten die beiden hinaus zu den Parzellen mit dem Gemüse und zu der Hütte, die der Opa gebaut hatte. Alles lag friedlich. Das nächste Mal ... was die Zeit bis dahin wohl mit sich bringen würde?

*

Am Nachmittag saß Elisa mit den Eltern in ihrem Wohnzimmer. Karlchen spielte mit dem gelben Holzküken. Auf dem Tisch standen Gläser mit Saft. Der Volksempfänger knackte, das Lied ›Mein Gorilla hat 'ne Villa im Zoo‹ scheppterte durch die Lautsprecher. Dann folgte das Lied: ›Adolf Hitlers Lieblingsblume ist das schlichte Edelweiß‹. Es knarzte und knackte, und sie dachte an die Geräusche, die aus Brunos Zentrale im Osthafen kamen. Die Reichstagswahl war vorbei, aber die Stimmzettel waren noch nicht ausgezählt.

Mutti und sie stopften Löcher in Hosen, Jacken und Strümpfen. Karlchen spielte mit seinen geschnitzten Holztierchen, und Vater klappte das Buch mit dem gelben Umschlag auf. Es war Erich Kästners ›Emil und die Detektive‹.

»Wo waren wir stehen geblieben?«, fragte Vati.

»Da, wo Emil Tischbein ganz viele Freunde bekommt«, sagte Karlchen. »Und die jagen alle zusammen den Verbrecher.«

»Ah, richtig.«

Und er las, wie die Freunde eine Kriegskasse anlegten und mit der ›Parole Emil‹ einen Nachrichtendienst organisierten, um den Dieb quer durch Berlin zu verfolgen.

»Die sind ganz schön mutig«, sagte Karlchen und ließ eine Holzkuh über den Elefanten springen.

Das rechte Glas von Vatis Brille war immer noch zerbrochen. Ob er die Welt zerrissen sieht?, überlegte Elisa.

»Wenn man zusammenhält, kann man so einiges erreichen«, sagte Vati.

Auf dem Tisch lag der ›Völkische Beobachter‹, das Kampfblatt der NSDAP. Eine Überschrift fiel Elisa ins Auge: ›Zerschmettert die Sozialdemokratie‹. Mit einem Wisch fegte Vati das Blatt zu Boden, und Mutti seufzte.

Es klingelte an der Haustür. Karlchen rannte los und riss die Tür auf.

»Lisa, du kriegst Besuch«, rief er mit schriller Stimme. »Da ist einer aus dem Tunnel im Keller. Der von der Flucht. Der dich küssen wollte …«

Verunsichert sprang Elisa auf und lief in den Flur. Das Deckenlicht war ausgeschaltet, es war düster, und es roch ein wenig nach Kamille. Im Gegenlicht zum Treppenhaus war eine Person zu sehen. Hannes? War das etwa Hannes? Elisa schoss das Blut in die Wangen.

»Ich … ich habe nichts von dir gehört«, stotterte er verlegen. »Du warst nicht in der Schule. Ist alles in Ordnung?«

»Ja, ich habe …«

»Hannes Winkler«, unterbrach er, als Mutti aus der Küche kam und drehte verlegen die Mütze in den Händen. »Kann Elisa für ein Stündchen mit nach draußen kommen?«

»So, Hannes Winkler«, wiederholte Mutti, knipste das Flurlicht an und musterte ihn neugierig.

»Ja, gnädige Frau.« Er senkte den Blick und drehte die Mütze, als wollte er sich daran festhalten. Die Hände waren sauber geschrubbt, nicht der kleinste Dreckrand haftete unter seinen Fingernägeln. »Nur für ein Stündchen.«

»Bist du ein Klassenkamerad?«, fragte Mutti.

Er nickte. Die blonde Haarsträhne fiel ihm ins Gesicht. Er stand immer noch auf der Fußmatte und wischte seine Schuhe ab.

»Also gut.« Mutti lächelte, als sie Elisas rot erhitzte Wangen sah. »Aber wirklich nur für ein Stündchen. Und seid zurück, bevor es dunkel wird.«

»Aber natürlich, gnädige Frau. Ich verspreche es!«

Elisa ärgerte sich, dass wieder Entscheidungen über ihren Kopf hinweg getroffen wurden. »Warum fragt mich eigentlich keiner?«

»Wir können uns ja auch erst morgen treffen. In der Schule ...«, sagte Hannes mit unschuldigem Blick.

»Ach, nun geh schon.« Elisa zog den Mantel an und schob Hannes auf den Flur. »Und leise! Wegen Friedrich. Der schnüffelt hier überall herum.«

»Ja, ich weiß. Ganz der Vater« flüsterte Hannes. »Hast du Probleme mit ihm?«

»Ich? Ich mit dem doch nicht!« Leise fügte sie hinzu: »Nur manchmal ...«

»Ach, vergiss ihn!« Hannes fuhr ihr über die Wange, als wollte er sie trösten, und sie ließ es zu.

Von Friedrich war nichts zu sehen, auch draußen auf dem Bürgersteig nicht. Sie tastete nach der Hand von Hannes, schob ihre Finger zwischen seine, als suchte sie

Schutz in einer Höhle, und er hielt sie ganz fest. Hand in Hand liefen sie über die Straße in den Bethmannpark.

»Schau mal, die vielen Schneeglöckchen und Primeln. Bald ist Frühling«, sagte sie und betrachtete seine Lippen. Ob er sie heute küssen würde?

Er nickte und drückte ihre Hand. »Ja, dann machen die Geländekämpfe im Wald viel mehr Spaß.«

Geländekämpfe? Elisa seufzte und lehnte ihren Kopf an seine Schulter. Ach, das wird schon noch, dachte sie, und der ganze Park fing an zu schweben.

*

Morgens hatte Elisa keine Schwierigkeit mehr, aus dem Bett zu finden. Sobald die Träume sie losließen, saß sie senkrecht im Bett und stürmte ins Badezimmer. Hannes! Die Welt bestand nur noch aus Hannes. Keine Minute mit ihm wollte sie verpassen. Was für einen weichen Mund er hatte! Wieder und wieder atmete sie den Moment ein, als sich ihre Lippen berührten. Den Moment, der sie schwindelig machte ... Elisa schüttelte den Kopf und lachte. Wie verliebt sie war, verrückt verliebt.

Auf dem Schulweg drängten sich Menschen um Zeitungsjungen, die den ›Völkischen Beobachter‹ verkauften. »Keine absolute Mehrheit für die NSDAP in Frankfurt!«, schrien sie und brüllten: »Ergebnisse der Reichstagswahlen!«

Als Elisa an der Kohlehandlung Bayer vorbeikam, stand der alte Bayer mit Polizisten zusammen. Hinter ihm warteten Kohleträger mit leeren Kiepen auf dem Rücken. Das Holztor war ausgehebelt und zerborsten. Der Wachhund lag regungslos im Hof, die Beine hatte er von sich gestreckt. Das Maul war seltsam verdreht, ein blutiges Rinnsal sickerte zu Boden.

Wieder ein Kohlediebstahl? Und das in einer Kohlehandlung? Kohle ließ sich jetzt erstklassig verkaufen, die Vorratskeller waren leer. Elisa streckte sich, ging auf die Menschengruppe zu und versuchte, etwas von den Gesprächsbrocken aufzuschnappen.

»Weiter, Mädchen«, blaffte ein Ordnungspolizist sie an. »Du hast hier nichts zu suchen.«

Sie nickte, sie wollte ja auch zu Hannes. Hannes. Hannes …

In der Schule hängte Elisa ihren Mantel in Eile an einen der Flurhaken und öffnete die Tür zum Klassenzimmer. Bruno hockte auf der Fensterbank und las in der ›Frankfurter Zeitung‹. Sein Gesicht war hochrot angelaufen. Andere standen in Grüppchen, tuschelten oder lachten. Hannes stand mit Marianne unter dem Führerbild und kam gleich auf Elisa zu, als er sie entdeckte.

»Geht's dir gut?«, fragte er leise, schaute sich um, ob jemand ihn beobachtete und streichelte über Elisas Hand.

»Gut? Mehr als das!« Elisa rieb kurz ihre Wange an seiner Schulter. »Weit mehr …«

Die Klassenzimmertür wurde aufgerissen, und der kleine Richard stürmte herein. »Achtung! Stillgestanden.«

Sofort liefen alle zu ihren Plätzen. Judith saß mit gesenktem Kopf an ihrem Pult. Ihre blonden Haare waren streng zu kleinen Zöpfen geflochten, trotzdem kräuselten sich Locken heraus. Sie hatte mit einem Messerchen ein kleines Herz in ihr Pult geritzt und schrieb mit Feder und Tinte E&J hinein. Elisa und Judith …

Lehrer Mannskopf donnerte in die Klasse.

»Sieg Heil«, rief er.

»Sieg Heil«, rief es zurück.

»Zuerst ein paar mathematische Formeln. Prägt sie euch gut ein!« Er stellte sich an die Wandtafel und schrieb Zahlenreihen untereinander. Wieder quietschte es, als Mannskopf die Kreide zu fest aufdrückte. Das Quietschen würde der Disziplin und Ertüchtigung dienen, hatte er schon öfters verkündet. Und der Fähigkeit, sich durch nichts aus der Ruhe bringen zu lassen.

Der schlaksige Friedrich und Richard schnippten Papierkügelchen nach Judith. Sie wirkte heute besonders klein und zerbrechlich, und ihre Augen waren rotgeweint.

»Was ist?«, flüsterte Elisa, ohne ihre Lippen zu bewegen.

»Sie haben Vater verhaftet«, antwortete sie leise. »Weggebracht.«

»Weil er … Jude ist?«

Judith senkte den Kopf und flüsterte: »Und weil er bei den Sozialdemokraten mitarbeitet. Viele werden verhaftet. So viele.«

Lehrer Mannskopf schrieb und schrieb, mathematische Formeln, Lehrsätze, Unmengen von Zahlen.

»Weißt du, … wohin sie ihn gebracht haben?«

Judith fuhr mit dem Zeigefinger über das eingeschnitzte Herz auf dem Pult. »Mutter sagt, die Gefängnisse in der Hammelsgasse, in der Klapperfeldstraße und in Preungesheim sind längst überfüllt. Sie kommen in wilde Konzentrationslager.«

»Warum ›wild‹?«, fragte Elisa.

»Die sind mal hier und mal dort.«

Elisa griff nach Judiths Hand und hielt sie ganz fest. Ob Paul Gessen auch in so einem Konzentrationslager war? Vati hatte nie darüber geredet.

Sie schaute zur Tafel. Da standen Zahlen, dicht untereinander. Nichts als Zahlen. Es war, als würde Alois Mannskopf sie verwalten. Wenn jede Zahl ein Mensch wäre ...

»Sie kommen ins Fechenheimer Gaswerk, in die Klinger-Schule ...«

Elisa horchte auf. In die Klinger-Schule? Die neue Adolf-Hitler-Schule? Dorthin, wo sie beobachtet hatte, wie ein Gefangener mit Gummiknüppeln zusammengeschlagen wurde?

Die Kreide quietschte, leises Aufstöhnen war zu hören. Und sofort wurde es wieder still. Niemand wollte sich vorwerfen lassen, keine Disziplin zu haben. Marianne hielt sich die Ohren zu, aber sie saß aufrecht.

Der blonde Hannes vor Elisa senkte den Kopf, als wollte er mit alledem nichts zu tun haben. Sie beugte sich vor und atmete tief ein. Ob er spürte, dass sie so dicht beieinander waren?

Bruno hatte die Arme über der Brust verschränkt und rührte sich nicht. »Die Nazis werden mich nie aus der Ruhe bringen. Niemals!«, sagte er wie zu sich selbst.

Friedrich und Richard rissen Papierstreifen aus einem Heft, rollten sie zu Kügelchen, tunkten sie ins Tintenfass und warfen damit nach Judith.

»Bestimmt kommt dein Vater bald wieder frei«, flüsterte Elisa. Die Hand der Freundin fühlte sich kalt an und verschwitzt. »Ganz bestimmt.«

»Wer die Folterungen überlebt, kommt ins Konzentrationslager Osthofen.« Judiths Lippen waren blass.

Papierkügelchen trafen sie ins Gesicht. Zurück blieben kleine, blaue Tintenflecke auf der Haut.

Alois Mannskopf drehte sich ruckartig um, das Kreidestückchen hielt er noch in der Hand. » … und wie lange braucht demnach ein Bomber von der französischen Grenze zu deiner Heimatstadt Frankfurt, und wie groß ist der Bereich, den er voll bestückt in deinem Stadtzentrum zerstören kann?«

Regungslos ließ er seinen Blick schweifen und musterte Gesichter, Schreibpulte und Bücher. Er schnaufte, und wieder zitterten seine Nasenhärchen. Dann sah es aus, als wollten sie mit seinem neuen Oberlippenbart zusammenwachsen.

Sein Blick blieb an Judith hängen, langsam kam er ein paar Schritte näher. Judith löste ihre Hand aus Elisas und legte sie auf das Schreibpult.

Mannskopf sah sie regungslos an. Noch nicht einmal seine Wimpern zuckten. Dann zog er langsam den rechten Mundwinkel hoch. »Das wird sowieso bald ein Ende haben, sehr bald sogar.«

Er warf den Kopf in den Nacken, drehte sich zackig um und ging zurück zur Wandtafel.

»Hast du Zeit, nach der Schule?«, fragte Elisa, ohne die Lippen zu bewegen.

»Geht nicht, mein Bruder«, antwortete Judith sehr leise.

»Später an der Wasserpumpe?«

Judith nickte und legte vier Finger auf ihr Pult. Vier Uhr.

∗

Es war wärmer geworden. Grüne Triebe zeigten sich an Büschen und Bäumen, und der Main trug wegen der Schneeschmelze Hochwasser mit sich.

Im Bethmannpark roch es nach Walderde und frischen Gräsern. Bald würde das graue Matschwetter vorbei sein.

Elisa lief durch den Park, vorbei an Esche, Rosskastanie und Stieleiche immer weiter auf das steinerne Becken mit der Wasserpumpe zu. Der Treffpunkt lag nicht weit von Klaras Büdchen mit den Süßigkeiten entfernt.

Karlchen rannte neben ihr her. Er hielt ein Schiffchen in der Hand, das er sich aus Baumrinde gebastelt hatte. In die Mitte hatte er ein Stöckchen als Mast gebohrt und daran einen Fetzen Zeitungspapier geklebt.

»Heute kommt ein kräftiger Sturm auf.« Er lachte und ließ die Finger der anderen Hand hoch und runter tanzen. »Der saust ins Wasser und peitscht Wellen hoch.«

»Ja, lass das Schiffchen im Sturm tanzen«, sagte Elisa, und als Karlchen zum Wasserbecken hüpfte, fügte sie leise hinzu: »Dann habe ich wenigstens meine Ruhe!«

Schon von weitem entdeckte sie Judith, die zusammengesunken auf der grünen Bank bei der Pumpe saß.

»Und …«, fragte sie vorsichtig, als sie sich zu ihr setzte. »Hast du was von deinem Vater …«

»Nein.« Judith schüttelte den blonden Lockenkopf. »Nichts.«

Karlchen stürzte sich auf das Wasserbecken, griff nach dem Pumpenschwengel und presste ihn mit aller Kraft rauf und runter. Rauf und runter. Wasser prasselte ins Becken.

»Hier …« Judith drückte Elisa einen zusammengefalteten Zettel in die Hand. »Die Adresse …«

»Was für eine Adresse?«

»Da gibt es ein Haus, da kommen jüdische Kinder hin.« Judiths Stimme war ganz leise. »Wenn die Eltern ins Ausland gehen. Oder wenn ... keine Eltern mehr da sind ... nur für alle Fälle. Damit du weißt, wo ich sein könnte.«

Elisa faltete den Zettel auseinander: ›Kinderhaus Hans-Thoma-Str. 24‹ stand da in feinen Buchstaben.

»Viele Juden verlassen das Land.« Judith schaute zu Boden. »Sie gehen in die Schweiz. In die Niederlande. Oder sie fahren mit dem Schiff in ein Land, wo es eine Zukunft gibt.«

Karlchen ließ sein Schiffchen in das Becken gleiten. Es schaukelte und tanzte auf den Wellen. Er platschte mit beiden Handflächen ins Wasser, bis Wellen gegen den Beckenrand klatschten. Das Boot aus Baumrinde kippte und wankte kopfüber hin und her.

»Aber deine Mutter, was ist mit deiner Mutter?«, fragte Elisa leise.

Judiths Augen waren tränennass. »Sie sucht Vater ...« Dann schaute sie hoch zum Firmament. Der Himmel war heute gläsern blau, zerrupfte Wolken schoben sich langsam über das Firmament.

Karlchen juchzte, griff nach dem umgekippten Schiffchen, schüttelte die Tropfen ab und setzte es zurück ins Becken. Wieder schlug er mit der Faust ins Wasser, und Wellen peitschten hoch.

Auf dem Waldweg schlenderte Frau von Ahrensburg näher, die Nachbarin aus dem zweiten Stock. Sie hielt ihren Pudel an der Leine. Der zog und kam schnuppernd näher.

Nicht jetzt!, bettelte Elisa. Bitte nicht jetzt. Ich will

nicht angesprochen werden, ich will kein Hundegebell, ich will keine Antwort geben.

Sie senkte den Kopf und tat, als würde sie die ältere Dame nicht bemerken. Elisa und Judith hockten eng beieinander und hielten sich an den Händen. Sie spürten nicht mehr, welche Finger wem gehörten. Sie waren ganz eins.

Dann legte Elisa behutsam den Arm um ihre Freundin und zog sie an sich. Judiths Kopf sank auf ihre Schulter. Ein Zucken und lautloses Aufbäumen durchlief ihren Körper. Sie weinte.

Spatzen hüpften vor der Bank hin und her und flatterten aufgeregt hoch, als Frau von Ahrensburg mit dem Pudel vorbeispazierte. Sie hatte verstanden.

Wenn ihr eigener Vater verhaftet würde, wenn ihre Mutter ihn in Lagern suchen würde, dachte Elisa. Wenn sie in ein Heim käme oder übers Meer ins Ausland fliehen müsste, allein, ohne die Eltern ...

Karlchen fischte sein gekentertes Borkenschiff aus dem Wasser, setzte es zurück ins Becken und ließ Wellen hochspritzen.

»Deine Mutter wird ihn finden«, sagte Elisa leise. Ihre Stimme klang unsicher. »Ganz bestimmt.«

»Hallo, da seid ihr ja!« Das war die Stimme von Hannes. Elisa blickte hoch und sah ihn mit Marianne und dem kleinen Richard auf dem Weg, der durch den Bethmannpark führte. Judith reckte sich und wischte sich über die Augen.

»Na, alles klar?« Der blonde Hannes strahlte. Sein Haar war frisch geschnitten, ordentlich gescheitelt und im Nacken ausrasiert, fast bis zu den Schläfen hoch. Nur eine blonde Haarsträhne fiel ihm in die Stirn. Das sah verwegen aus, und Elisa mochte es.

Karlchen hielt sein nasses Boot in der Hand. »He ihr, guckt mal hier!«, rief er. Vorsichtig ließ er es ins Wasserbecken gleiten. »Mein Schiffchen ... Es schwimmt!« Er klatschte vor Freude in die Hände und pustete dagegen. Mit den nassen Fingern fuhr er sich durch die dunklen Locken. Sie wurden feucht und kräuselten sich noch mehr.

»Willst du auch mal mit einem Schiff fahren?«, fragte Judith ihre Freundin. »Mit einem ganz großen? Weg von Deutschland?«

»Ich weiß nicht ...« Elisa zögerte und schaute nachdenklich zu Hannes. »Einfach weg, so übers Meer?«

Karlchen klatschte wieder in die Hände. »Ja! Und ich komme mit. Weit übers Meer fahren. Dann siehst du nichts als Himmel und Wasser.«

»Und fliegende Fische«, sagte Marianne.

»Fische, die fliegen! Du spinnst doch!«

»Die gibt's. Hat der Lehrer im Unterricht gesagt.«

Karlchen pustete kräftiger gegen sein Schiff. Wellen schwappten über die Ränder, Wasser floss hinein und drückte es nach unten. Es sank. »Wie tief ist denn so ein Meer, wenn man mit dem Schiff drüber fährt?«, fragte Elisa.

»Ist doch egal«, antwortete Karlchen. »Wenn das Schiff sinkt, ertrinkst du ja gleich unter Wasser. Dann bist du tot. Dann ist es egal, wie tief das Meer ist.«

»Ja, dann ist es egal«, sagte Judith leise. Wieder glänzten ihre Augen. »Wollen wir fangen spielen?«, rief sie, um sich abzulenken.

»Ja, und Karlchen ist der ›Schwarze Mann‹!«

»Der ›Schwarze Mann‹?«, rief Karlchen empört. »Immer muss ich der ›Schwarze Mann‹ sein!«

»Aber wir brauchen jemanden, vor dem wir Angst haben!«, rief Hannes. »Wetten? Du kriegst uns nicht.«

»Und ob!«, schrie Karlchen noch lauter. »Ich kriege euch!«

Alle stellten sich nebeneinander, zum Wegrennen bereit, zehn Schritte vor Karlchen. Elisa stand ganz nah bei Hannes. Wie zufällig berührten sich ihre Hände. Judith stand auf der anderen Seite neben Elisa, weit weg vom kleinen Richard.

Karlchen kniff die Augenbrauen zusammen, wie Vater, wenn er erregt war, und krakeelte: »Wer hat Angst vorm schwarzen Mann?«

»Niemand!«, antwortete es im Chor.

»Und wenn er aber kommt, und wenn er aber kommt?«

»Dann laufen wir …«

Elisa, Hannes und die anderen rannten los, kreischten und stürmten davon. Wieder tasteten sich ihre Hände zueinander und hielten sich fest. Hand in Hand liefen sie weiter. Elisas Wangen brannten. Frau von Ahrensburg, die schon weiterspaziert war, sprang erschrocken zur Seite. Ihr schwarzgelockter Pudel kläffte ihnen hinterher.

Das Ziel war das Büdchen von Klara, wo es bunte Süßigkeiten gab, die sie in großen Gläsern aufbewahrte. Es lag gleich neben der großen Kastanie mit den braunen, glatten Früchten, die im Herbst in grünen Stachelschalen herabfielen und aus denen Streichholzmännchen gebastelt werden konnten.

Karlchen jagte den Freunden nach. Die kleinen Füße stolperten vorwärts, als ginge es um sein Leben. Er wollte jemanden packen, dann müsste er kein ›Schwarzer Mann‹ mehr sein.

Die anderen waren auf der Flucht vor ihm und rannten auf das Büdchen zu. Dort stand Bruno mit seinem Fahrrad. Hastig schob er Klara einen Stapel bedruckter Blätter zu. Ganz schnell, niemand sollte es sehen. Sie klopfte den Blätterstapel hochkant auf den Tresen. Kein Blatt stand mehr hervor, als wäre der Stapel mit der Schneidemaschine gestutzt.

»Na, ihr?« Bruno lachte, als die Freunde vor ihm standen. Ganz atemlos waren sie und verschwitzt. »Ich wollte gerade zu euch kommen …«

Klara schob den Blätterstapel hastig unter die Thekenablage. Elisa hatte Wortfetzen lesen können. ›Widerstand‹ stand da. Und ›Demonstration‹.

»Ich habe gewonnen«, rief Karlchen. »Ich habe Marianne gepackt.«

Büdchen-Klara lachte, nahm eins der großen Glasbehälter und streckte ihn den Kindern entgegen. »Ich denke, ihr habt alle gewonnen und braucht eine Belohnung!«

Sie nahmen eine Lakritzmünze aus dem Glas. Oder eine Schleckmuschel. Karlchen steckte sich einen Kirschlutscher in den Mund. Eine kleine Beule wölbte sich auf seiner Wange.

Klara war bestimmt erst dreißig Jahre alt, aber ihre Hände waren rissig und rau. Die zusätzliche Arbeit als Putzhilfe ließ sie kaum Atem holen, aber sie war dankbar, dass sie Geld verdienen durfte. Jetzt hatte sie sich die Lippen rot nachgezogen und strich Fettcreme auf die Haut.

»Was habt ihr denn gerade gespielt?«, fragte Bruno.

»Wer hat Angst vor'm schwarzen Mann …« Karlchen leckte an seinem Lutscher.

»Und? Wer ist dieser … ›schwarze Mann‹?« Klara stützte sich in ihrer Bude auf die Unterarme. Sie sah aus wie eine Schauspielerin in einem Puppentheater.

»Ein schwarzer Mann?«, antwortete der kleine Richard und plusterte sich auf. »Na, das ist einer mit schwarzer Haut. Einer, der hier nicht hinpasst. Nicht in dieses Land.«

»Bist du sicher?« Bruno blickte erst zu Richard, dann zu Elisa und zog fragend die Augenbrauen.

Mit schwarzer Haut, der hier nicht hinpasst? Darüber hatte Elisa noch nicht nachgedacht. Sie schaute zu Boden und versuchte sich abzulenken, um ihre Verlegenheit zu überspielen. Sie zählte: Da lagen drei Kieselsteine, dort zwei Zigarettenkippen. Es knisterte, als sie ein verdorrtes Kastanienblatt zertrat.

»Na, was meinst du?« Bruno sprach eindringlich und wandte seinen Blick nicht von ihr ab. Hannes stand hinter ihr und streichelte ihr über den Rücken. Elisa dachte an den schwarzen Musiker vom Kabarett-Abend, der Karlchen aufgefangen und zurück zu Mutti gebracht hatte.

»Schwarzer Mann? Ein Kohlendieb? Jemand in der Dunkelheit? Ja …«, antwortete sie endlich. »Jedenfalls ist es einer, der dir Angst macht.«

»Einer, der Angst macht?« Bruno nickte. »Da magst du Recht haben.«

Marschschritte kamen näher, das Aufstampfen der Stiefel klang wie ein rhythmisches Donnern, das allmählich stärker wurde.

»Ein SA-Trupp!«, rief Marianne. Sie mochte neuerdings Uniformen und starke Männer, die sie als Mädchen beschützten.

Die Truppe marschierte durch die Parkanlage auf sie zu. Marianne schaute ihnen erwartungsvoll entgegen. Hannes senkte den Kopf und blinzelte durch die blonde Haarsträhne, die ihm ins Gesicht fiel, als wollte er sich dahinter verstecken. Judith stellte sich verlegen zum kleinen Richard.

»Warum machst du da mit?«, fragte sie ihn leise. »Warum brauchst du das?«

»Verschwinde, lass mich einfach nur zufrieden!«, antwortete er und wandte sich ab.

Die SA-Truppe kam näher. Es waren wohl dreißig Mann, die ihnen entgegen marschierten. In der ersten Reihe des Trupps erkannte Elisa den weißblonden Lutz und die von der Hitlerjugend aus der Nachbarklasse.

»Sieg Heil!«, donnerte die Truppe.

»Sieg Heil!«, antwortete Richard. Seine Stimme überschlug sich. Er stand stramm und streckte die rechte Hand hoch, die nicht mehr mit einem Verband umwickelt war. Elisa nahm rote Linien wahr, die sich durch die Handfläche zogen. Es waren frisch vernarbte Wunden.

Zwei der SA-Männer gingen auf den Zeitungsständer zu und kontrollierten die Auslagen mit dem ›Völkischen Beobachter‹, ob dahinter nicht doch eine Zeitung der Sozialdemokraten versteckt war.

Die Flugblätter!, schoss es Elisa durch den Kopf. Die Blätter, die Klara unter der Theke versteckt hielt. Wenn die entdeckt würden …

»Na, durstig?«, rief Elisa, löste ihre Hand aus der von Hannes und gab Klara einen heimlichen Wink.

Die versuchte, ruhig zu bleiben. Glas schlug gegen Glas, als sie mehrere Flaschen Limonade aus einer Kiste holte. »Bei so einem Marsch bekommt man sicherlich Durst.«

»Da ist ja die kleine Wanze!«, rief Lutz, als er Karlchen entdeckte.

»Lauft nach Hause«, raunte Bruno Elisa zu, die sofort Karlchens Handgelenk umfasste. »Wer weiß …«

»Ja, das ist besser.« Hannes nickte ihr zu. »Lauft!«

»Bis morgen?« Elisa sah zu Judith, die immer noch fassungslos den kleinen Richard anstarrte, dann die Braunhemden mit ihren entschlossenen Gesichtern.

Judith blickte ein letztes Mal zu Richard, der regungslos an ihr vorbeischaute. »Bis morgen!«

Bruno schwang sich aufs Fahrrad und trat in die Pedale. Elisa rannte mit Karlchen davon.

»Wir kriegen euch schon«, hörten sie noch die Stimme von Lutz.

Als sie an dem Gemüsegeschäft mit den Kartoffeln, Schwarzwurzeln und Kohlköpfen vorbeikamen, stand das Ehepaar Singer draußen vor dem Schaufenster. Ihre Gesichter waren wie versteinert. Elisa hatte nicht gewusst, dass Haut auch grau werden konnte. Zwei SA-Männer bewachten sie mit geschulterten Gewehren.

Herr Singer trug ein großes Pappschild um den Hals mit der Aufschrift ›Judenschwein‹. Auf dem Schild seiner Frau stand: ›Ich bin am Ort das größte Schwein und lass mich nur mit Juden ein‹. Frau Singer starrte teilnahmslos ins Leere und zuckte noch nicht einmal, als jemand sie mit Kieselsteinen bewarf und anspuckte.

»Was steht denn da?«, fragte Karlchen und zeigte auf die schnörkelige Schrift.

»Da steht …« Elisa zögerte kurz. »Da steht … frische Früchte. Bald gibt's Erdbeeren … Und jetzt komm, wir müssen nach Hause.«

Das Leben können sie nehmen, mehr nicht

Charlotte war vom Fotogeschäft Wittmann schon zurück. Heute hatte ein Zusatztermin zum Ausleuchten und Fotografieren stattgefunden. Die neuen NSDAP-Stadtverordneten im Rathaus und der NSDAP-Intendant vom Schauspielhaus hatten Fotos in Auftrag gegeben.

Die Mutter wirkte blass und umarmte die Kinder, als hätten sie sich seit Wochen nicht gesehen.

»Ihr seid zurück!« Ihr Atem ging stoßweise. »War's schön beim Spielen?«

Karlchen wies die Umarmung zurück. »Ich war der ›Schwarze Mann‹, aber dann habe ich gewonnen. Und ich hab' mein Schiff im Wasser versenkt. Aber ich habe es gerettet.« Karlchen streckte sein Borkenschiff vor. Das Stöckchen stand schief, das Segel hing nur noch in Fetzen an der Klebestelle. »Niemand ist ertrunken«, rief er stolz.

»Das hast du gut gemacht.« Mutti wirkte verkrampft. Trotzdem versuchte sie zu lächeln und schaute zu Elisa, die im Türrahmen stand und überreizt Knötchen von ihrer Strickweste zupfte.

»Was ist?«, fragte Mutti.

»Die Singers ... aus dem Gemüsegeschäft ...«

»Ich weiß. Der Spuk ist sicher bald vorbei.« Mutti zerknüllte ein Taschentuch in ihrer Hand. »Ganz bestimmt.«

*

Da waren schwarze Bälle, kaum so groß wie Fäuste. Es waren Hunderte, Tausende. Die Bälle verschmolzen zu einer brodelnden Masse, zu einem funkensprühenden Strom, der im blinden Rausch alles mit sich riss. Und da war die Stimme eines Besessenen: »Alles unter mein Kommando! In meinem Namen!«

In dem Strom flammten Kreuze auf, mit rotglühenden Haken. Hakenkreuze. Sie fingen an, sich zu drehen, immer schneller. Sie zogen feurige Wirbel hinter sich her und walzten alles nieder, was sich ihnen in den Weg stellte.

»Hier entlang. Dahinten wartet euer Ziel! Weiter!«

Da war etwas, auf das sie zustürmten. Es war ein Gebäude. Mit einem gelben Stern auf dem Dach: Dort stand Judith, sie schrie. Sie hatte den Mund weit aufgerissen. Aber der Schrei war lautlos.

Judith streckte zur Abwehr die Hände vor. Die brodelnde Masse schwoll an und wälzte sich auf sie zu. Da, das Klirren von Fensterscheiben, Stiefel stampften, Schüsse knallten.

»Judith, sie werden dich fortreißen! Lauf! Judith, lauf ...«, wollte Elisa schreien. Aber alles in ihr war wie gelähmt.

Da wachte sie auf und riss Luft in ihre Lunge. Ihr Herzschlag raste.

Es war ein Traum, nur ein Traum, wollte Elisa sich beruhigen. Sie setzte sich hoch und versuchte, die Bilder aus ihrem Kopf zu schütteln. War wirklich alles nur ein Traum? Die Stiefelschritte auf dem Kopfsteinpflaster? Das Klirren von Fensterscheiben? Die knallenden Schüsse? Der blinde Hass, der sich entlud?

Draußen plärrten dröhnende Stimmen aus Lautsprechern, dann war da wieder das Aufstampfen von Stiefeln. Von woanders hallten Sirenen durch den frühen Morgen. Elisa sprang aus dem Bett und rannte ins Wohnzimmer, um von dort auf die Straße zu schauen.

»He, da passiert was!«, rief Karlchen und klatschte in die Hände. »Die schlagen überall Scheiben kaputt und malen was an die Wände.«

Elisa schaute hoch zur Küchenuhr. Sie hatte verschlafen. Ihr Wecker hatte nicht geklingelt, und die Eltern waren schon zur Arbeit.

»Oma Knollennase ist da«, rief Karlchen, als es an der Haustür schellte. »Ich bin dann weg.«

Kaum zehn Minuten später warf Elisa den Schulranzen über die Schultern. Sie lief auf den Flur, schloss die Wohnungstür ab, biss in ihr Schulbrot, rannte die Treppe hinunter und atmete erleichtert auf. Kein Glotzauge, kein Friedrich, kein Knacken in Gelenken, kein ›Sieg Heil‹.

Überall standen Menschen zusammen, und Zeitungsjungen schrien neueste Nachrichten in den frühen Morgen. Da war was von Juden zu hören, von Schuld und Vaterlandsverrätern.

Lastwagen mit offener Ladefläche fuhren wieder

durch die Straßen. Bei jedem Halt sprangen bewaffnete SA-Männer mit Stöcken, Farbeimern und Pinseln auf den Gehweg und stapften auf Geschäfte zu. ›Kauft nicht bei Juden‹, malten sie auf Schaufenster oder Hauswände. Und daneben den sechszackigen Judenstern. Wieder ging Glas zu Bruch. Wieder dröhnten Trillerpfeifen durch die Straßen.

Drüben wurden Herr Singer und seine Frau aus dem Gemüsegeschäft auf die Straße gezerrt. Pinsel mit weißer Farbe bemalten das Schaufensterglas. »Judenschweine« und »Deutsche, kauft nicht bei ...«

Judith!, dachte Elisa nur und rannte los.

Elisa saß auf der Fensterbank, lehnte den Kopf gegen die Scheibe und schaute hinunter auf den Schulhof. Von Judith war nichts zu sehen. Und Hannes? Wo blieb Hannes?

Unter der Kastanie standen einige der Hitlerjugend in ihren Uniformen beieinander. Der weißblonde Lutz aus der Nebenklasse überragte alle. Bei ihm stand breitbeinig der kleine Richard. Daneben der schlaksige Friedrich. Und da ... Elisa stockte. Stand hinter ihnen nicht Marianne? Elisa reckte sich. Marianne! Was hatte sie dort zu suchen? Sie stand artig auf Abstand, hatte die dunklen Haare fest zu Zöpfen geflochten, hielt den Kopf leicht gesenkt und schaute unentwegt zu Lutz, dem trotz Uniform anzusehen war, dass sein breiter Brustkorb und die Muskulatur seiner Arme gut durchtrainiert waren.

Als die Schulglocke läutete, fasste Lutz sie unter das Kinn und nickte ihr aufmunternd zu. Mit hochroten Wangen stolzierte Marianne hinter ihm her. Jeder hatte es gesehen, jede wusste das Zeichen zu deuten. Und sie genoss die Aufmerksamkeit.

Als Judith sich in der Klasse an Marianne vorbei drängte, berührte sie deren Arm. Marianne wischte darüber, als hätte Judith sie mit Pestbazillen angesteckt.

Judith saß nicht mehr neben Elisa. Es gab jetzt eine Judenbank, ganz hinten in der Klasse. Der Platz neben Elisa blieb leer.

»Was ist?« Elisa lief zu der Freundin und beugte sich zu ihr hinunter. Judiths blonde Lockenhaare waren wieder zu strammen Zöpfen geflochten, ihr Gesicht war blass. Sie bewegte sich nicht, als hätte sie aufgegeben zu atmen.

»Gibt es Neues von deinem Vater?«, fragte Elisa leise.

Judith starrte auf ihre gefalteten Hände. »Nichts. Nur, dass seine Praxis geschlossen wird. Juden dürfen nicht mehr als Ärzte arbeiten.«

»Warum das denn?«

»Weil sie Juden sind …«

»Ist dein Vater denn wieder … zurück?«

Die Klassentür wurde aufgerissen, Alois Mannskopf stürmte herein, und Elisa rannte geduckt zu ihrem Platz.

»Heil Hitler«, dröhnte er.

Sofort sprangen die Schüler auf, standen stramm. Hände flogen hoch.

»Heil Hitler«, antwortete es im Chor.

Elisa flüsterte: »Drei Liter«, so, wie sie es bei Bruno gesehen hatte. Mariannes Zöpfe waren auf den Rücken geflogen. Auch sie stand stramm und wartete gehorsam auf Anweisungen ihres Lehrers.

»Ein Aufruf unseres Führers Adolf Hitler ist heute, am 1. April bekanntzugeben«, verkündete Mannskopf mit durchdringender Stimme. Er räusperte sich und streckte die Schultern. Die Härchen in seinen Nasenlöchern flatterten. »Kauft nicht bei Juden!« Er spie jedes Wort aus, als wäre es stinkend und verdorben. »Bei Zuwiderhandlung ist mit Strafe zu rechnen. Bei euch und euren Eltern! Bläut euch das ein. Es ist eure allererste Pflicht, sofort Meldung zu erstatten, wenn jemand nicht gehorcht. Auch, wenn es eure Eltern sind.«

Elisa blickte verstohlen zu Judith. »Heute?«, formte sie mit den Lippen und schaute sie fragend an.

Judith stand neben ihrer Schulbank und rührte sich nicht. Ihr Gesicht war weiß wie Kalk.

Als die Schulglocke läutete, lief Judith zu Elisa, ganz dicht an sie heran und flüsterte: »Mutti hat ihr braunes Köfferchen gepackt, das aus Rindsleder. Sie sucht jetzt nach Vati, ihrem Liebsten, wie sie immer sagt. Nach ihrem Liebsten ...« Judith schloss die Augen. Ihre Wimpern glänzten. » ... draußen im Land ... in Gefängnissen, in Lagern ... ganz weit draußen im Land. Ich muss auf die Kleinen aufpassen. Ich und meine Bobe, meine Großmutter.«

Elisa wagte kaum zu atmen. Bobe ... wie sie das Wort aussprach! So, als wäre es ganz aus Liebe gemacht. Sie fröstelte und strich Judith über die Wange, obwohl der kleine Richard sie beobachtete.

»Schalom!« Judith versuchte zu lächeln und lief davon.

*

Die Rohrbachstraße lag ruhig, der Bäckerladen der Bertrams war nicht mit Farbe beschmiert, und die Schaufenster waren nicht zerschlagen. Die Bertrams waren keine Juden.

Elisa stand vor dem Schaufenster und betrachtete die Kuchenstücke in der Auslage, die sie gestern mit Glasur bepinselt hatte.

Wenn erst die Wespenzeit kommt, dachte Elisa, würden die Insekten bestimmt über die süßen Kuchenstücke herfallen. Helga Bertram war schon zigmal gestochen worden, hatte sie erzählt. Deshalb hatte sie immer eine Zwiebel neben der Kasse liegen und tröpfelte frischen Saft auf den Stich. Dann fing er ...

Ein Klopfen und Hämmern riss sie vor der Bäckerei aus den Gedanken. An einem Laden weiter hinten in der Straße hatten sich Menschen zusammengedrängt. Was da wohl repariert wurde?

Elisa drückte die Eingangstür auf, und Helga zog sie sofort hinter die Ladentheke. »Ich möchte dich nicht in Gefahr bringen«, sagte sie leise. »Es ist wohl besser, wenn du hier nicht mehr arbeitest ...«

»Aber warum denn? Du bringst mich nicht in Gefahr. Ich bin hinten in der Backstube und pinsele Glasur auf die Teilchen. Oder knete Teig. Was soll mir geschehen?«

»Nicht alle mögen uns«, sagte Helga. »Es könnte sein ...«

Die Türglöckchen klingelten, und die dickbusige Anna Binz aus dem Nachbarhaus betrat das Geschäft. Hinter ihr folgte Monika, ihre Schwester. Anna hatte sich ein schwarzes Samthütchen aufs Haar gesteckt, ein schwarzer Hutschleier ragte bis über die Augen. Kleine Samtpunkte waren in regelmäßigen Abständen im Schleier verarbeitet. Für Elisa wirkte es, als hätten sich dort Fliegen verfangen.

Monika Binz hatte sich ihren Fuchspelz um den Hals gelegt. Rechts baumelte der Kopf mit Vorderbeinen samt

Pfötchen, auf der linken Seite die Hinterbeine mit Pfötchen und Fuchsschwanz, der im Maul des Tieres festgeklemmt worden war. Die Augen im Kopf blickten sie starr an. Waren das Glasmurmeln, die in den Augenhöhlen steckten?

»Ein Segen, dass endlich Ordnung ins Land gebracht wird«, flötete Anna Binz mit gespitzten Lippen. Ihr Mund war von tiefen Längsfalten durchzogen. Elisa nannte sie auch Trauerfalten, weil der Binz-Ehemann im letzten Weltkrieg umgekommen war.

In strengen Falten steckt oft auch Wut, sagte Judith immer. Irgendwo musste die Wut ja hin. In zusammengekniffene Lippen oder in Magenschmerzen. Oder in Fäuste, die zuschlagen konnten. Da konnte die Wut Dampf ablassen …

»Mit eisernem Besen muss hier ausgekehrt werden.« Anna Binz fühlte sich wohl in ihren Worten. Sie plusterte sich auf und fühlte sich wichtig.

Durch die Fensterscheibe entdeckte Elisa plötzlich Bruno, der sich an der Litfaßsäule an seinem Fahrrad zu schaffen machte, das er dort abgestellt hatte. Pumpte er den Hinterreifen auf?

»Die Juden waren's doch, die unser Vaterland in den Abgrund gestürzt haben«, fuhr Anna Binz mit lauter Stimme fort.

Was machte Bruno da? Jetzt verfrachtete er einen Blätterstapel in den Drahtkorb, der vorne am Lenkrad hing. Elisa beobachtete, wie Helga Bertram sich verkrampfte.

Monika Binz nickte, der tote Fuchskopf und die Pfötchen baumelten vor ihrem mächtigen Busen hin und her. »Die Juden haben Schuld. Und die Sozis. Und die Kommunisten!«

»Ja, die auch«, schimpfte Anna Binz. »Und die Gewerkschafter!«

»Na, na!«, sagte ein Herr im Anzug und mit Krawatte, der hinter ihnen stand. Seinen Hut hatte er abgenommen. »Bitte denken Sie doch an den Versailler Vertrag, die Weltwirtschaftskrise und …«

Mehr nahm Elisa nicht wahr, denn sie beobachtete Bruno, der gerade auf sein Fahrrad stieg und davonraste.

»Bitte, lass mich hier weiterarbeiten«, flüsterte Elisa. »Ich habe keine Angst, und was sollte mir hier schon geschehen?«

Helga Bertram seufzte. »Also gut. Wenn du unbedingt willst, Elisa, dann geh schon mal in die Backstube. Du kennst dich ja inzwischen aus. Ich komme gleich nach.«

In der Backstube bestrich Elisa die Rosinenschnecken mit Zuckerglasur, als vom Nebenraum her wieder dieses rhythmische Stampfen zu erahnen war. Sie legte den Kopf an die Wand und lauschte. Dann blickte sie sich um, die Tür zum hinteren Flur war heute nur angelehnt. Neugierig schlich sie in den Gang. Dort war es düster, und es roch nach Schimmel und Schmieröl.

Zum Nachbarraum, aus dem jetzt dieses Stampfen dröhnte, führte eine Eisentür. Elisa drückte die Klinke hinunter. Es quietschte, als sie die schwere Tür aufschob.

In dem fensterlosen Keller baumelte eine Glühbirne von der Decke und verbreitete gelbliches Licht. An der Wand stand eine seltsame Maschine mit einer Walze, die sich drehte und wummerte. Bedruckte Blätter flogen aus ihr heraus und fielen in eine Blechwanne.

An der Wand standen Matrizen mit Bleibuchstaben, als Vorlagen für den Druck.

Flugblätter!, schoss es Elisa durch den Kopf. Verbotene Flugblätter wurden hier heimlich gedruckt. Und Bruno verteilte sie.

Das wollte Friedrich also aus ihr herauspressen! Elisa verzog das Gesicht und grinste spöttisch. Niemals! Niemals würde dieser Friedrich von ihr auch nur ein einziges Wort erfahren. Niemals!

Als Helga Bertram ihr nach einer Stunde den Lohn in die Hand zählte, bemerkte Elisa ein Schild, das vorhin nicht im Verkaufsraum gehangen hatte. ›Deutsches Geschäft‹, stand da drauf.

»Was ist das denn?«, fragte Elisa.

»Nichts weiter«, sagte Martin Bertram, der gerade Mehlsäcke in die Backstube schleppte. »Anweisung von den Nationalsozialisten. Jeder hat in seinem Geschäft so ein Schild aufzuhängen. Damit soll Juden verboten werden, bei uns einzukaufen.« Er nahm das Pappschild, zerriss es und warf die Pappfetzen in den Kohleofen. »Nicht mit uns!«

Er nickte zufrieden und ging zum Pferdekarren, um Rosinen, Zucker und Milch von der Ladefläche zu holen. Helga steckte Elisa wieder ein Päckchen mit Mohnkuchen zu.

»Danke!«, sagte sie. »Und ich bin froh, dass ich bei euch arbeiten kann. Hinten in der Backstube passiert mir nichts. Da bin ich sicher.«

Helga nickte zögerlich. »Na, dann bis zum nächsten Mal. Und pass gut auf dich auf.«

Weiter hinten in der Straße hatte sich vor dem Geschäft, wo Bretter zerschlagen wurden, inzwischen eine

Menschentraube gebildet. Elisa lief näher und zwängte sich an neugierigen Gaffern vorbei. Das war doch der Laden von Josua Siebenstern, dem Stempelschneider!

Elisa sah gerade noch, wie Monika Binz eine Handvoll Stempel in ihrer Handtasche verschwinden ließ, während das zersplitterte Schaufenster mit Brettern zugenagelt wurde.

»Man weiß nie …«, raunte Monika Binz ihrer Schwester Anna zu.

»Weißt du denn, was da draufsteht?«, flüsterte die zurück. Ihre Stimme wirkte kratzig, als hätte das Leben sie abgenutzt.

Monika Binz schüttelte den Kopf. Die Pfoten von ihrem Fuchsfell baumelten hin und her. »Nicht genau, ich glaube Hausnummern.«

Josua Siebenstern stand abseits. Sein Gesicht wirkte eingefallen, die Haut gelblich. Er stand mit der Kippa auf dem weißen Haar da, wie in Stein gemeißelt. Der fusselige Bart war wieder mit einem Faden zusammengebunden. Ein bewaffneter SA-Mann ließ ihn nicht aus den Augen.

Elisa ging auf Josua zu. Sie war verunsichert und wusste nicht, wie sie ihm begegnen sollte. »Es tut mir so leid«, sagte sie leise.

»Solange es nur mein Geschäft ist«, antwortete er. Seine Stimme klang, als wollte er witzeln. Und tatsächlich, jetzt kicherte er. »Mein Geschäft können sie mir nehmen, sogar das Leben. Aber mehr nicht.«

Josua Siebenstern lachte. Er lachte aus vollem Hals. Tränen liefen ihm die Wangen hinunter und blieben in seinen Barthaaren hängen.

»Was gibt es denn noch mehr?« Elisa schaute den Stempelschneider verwundert an.

Josua faltete die Hände, die so feine Schnitzarbeiten auszuführen wussten. »Meine Seele und meinen Glauben. Sie gehören mir. Die können sie mir nicht nehmen. Niemals.«

Wieder hallten Hammerschläge auf. Nägel wurden in Bretter gehauen, die das schwarze Fensterloch verdecken sollten.

Josua lachte, bis er nur noch ein atemloses Keuchen und Ächzen hervorstieß und dann in sich zusammensank. Lautlos, ohne sich zu regen, blieb er liegen.

Elisa sprang auf ihn zu, schüttelte ihn an den Schultern und fühlte nach seinem Puls. »Ein Arzt, wir brauchen einen Arzt.«

Anna Binz stolzierte im weiten Bogen um ihn herum, sie ging fast auf Zehenspitzen, als könnte sie in eine stinkende Pfütze treten. Dann tippelte sie weiter den Bürgersteig entlang auf ihren Hauseingang zu.

»Für den braucht man keinen Arzt mehr«, sagte sie, ohne sich die Mühe zu geben, ihre Stimme zu senken. Ihre Schwester Monika rümpfte die Nase und stelzte ihrer Schwester hinterher.

Als wäre dies ein Zeichen, zuckten Siebensteins Wimpern. Er öffnete seine Augen und stemmte sich auf die Ellenbogen hoch.

»Lauf, Mädchen«, sagte er leise und hüstelte. »Es ist nicht gut, wenn man dich bei mir sieht.«

Ein SA-Mann kam mit schweren Schritten auf ihn zu. Seine borstigen Augenbrauen hingen fast bis zu den Lidern herunter. Mit einer Hand hielt er einen Schlagstock fest umklammert. Er riss den Alten am Arm hoch und rüttelte ihn an den Schultern.

»Warum, Josua, warum?« Elisa hörte gerade noch das unterdrückte Raunen seiner Stimme. »Warum hast du das gemacht? Das war gegen das Gesetz. Flugblätter zu drucken ist verboten! Und Matrizen dafür herzustellen erst recht. Warum bist du nicht raus aus Deutschland? Jetzt kann ich dich nicht mehr schützen.« Er schlug den Stempelschneider, ohne ihn zu treffen, er trat ihm gegen die Beine, ließ aber im letzten Moment von der Heftigkeit des Tritts ab.

Josua Siebenstern drehte sich zu Elisa, versuchte zu lächeln und nickte ihr zu. Dann wurde er weitergerissen und auf die Laderampe eines Lastwagens gestoßen.

Noch immer wurden Nägel in Bretter gehämmert. Die gleichmäßigen Schläge klangen, als kämen sie von einer Zeituhr, die den Tag in Einheiten teilte. Wo jede Sekunde, jeder Atemzug, jede Bewegung eine Erfahrung mit sich brachte, die das Leben veränderte.

Die Menschentraube vor dem Stempelladen verfolgte den Abtransport des Juden, sah der Abgaswolke aus dem Auspuff des Wagens hinterher und beobachtete, wie das letzte Brett vor eine schmale Fensterlücke genagelt wurde.

»Ein Jude …«, hieß es.

»Wieder einer weniger, der unser Land bedroht.« In der Menge nickten sich einige zu und fassten Mut, neue Worte zu finden.

»Einer weniger, der uns ausraubt.«

»Der unsere Blutlinie besudelt.«

»Der unsere Töchter missbraucht.«

»Man sollte sie alle in Lager stecken!« Einer applaudierte. Einige fielen mit ein. »Wenn unser Führer immer wieder sagt, dass die Juden unser Leben vergiften, dann sind sie auch schuld an dem Übel.«

»Richtig! Irgendetwas muss da dran sein. Wir werden sie besiegen! Sieg Heil!«

»Sieg Heil! Sieg Heil! Sieg Heil!«

Ein paar Gesichter zeigten ein abfälliges Grinsen, andere Beobachter zuckten gleichgültig mit den Schultern und zogen ihrer Wege. Der SA-Mann mit den buschigen Augenbrauen legte kurz die Hand auf Elisas Schulter, seine Augen waren tränennass. Sie blieben schweigend mit Leuten aus der Menge zurück, die die Straße entlangschauten, auf der der Stempelschneider abtransportiert wurde.

Als Elisa am Gemüsegeschäft Singer vorbeikam, standen die beiden SA-Männer mit ihren Gewehren immer noch vor der Tür. Auf dem Schaufenster stand mit weißer Farbe gemalt: ›Deutsche! Wehrt euch! Kauft nicht bei Juden‹, daneben war der sechszackige Judenstern gemalt.

Kunden blieben mit ihren Einkaufskörben vor dem Geschäft stehen und lasen die weiße Pinselschrift.

Trotz der Anordnung gingen sie in den Laden, um vielleicht für zehn Pfennige angestoßenes Obst oder Gemüse zu kaufen. Der Aufruf interessierte sie nicht.

Eine alte Frau mit Kopftuch blieb vor einem der SA-Männer stehen, spuckte aus und rief ihm zu: »Schäm dich, Johannes! Was ist nur aus dir geworden!«

Der reagierte nicht, zuckte noch nicht einmal mit den Wimpern. Nur der Griff um sein Gewehr wurde fester. Regungslos starrte er in die Ferne, als die alte Frau ihn mit dem Ellbogen einfach zur Seite drängte und die Stufen zum Gemüsegeschäft hochstieg.

*

Elisa drückte die Eingangstür zum Treppenhaus auf, als sie die laut plärrende Stimme von Karlchen hörte, der die Treppe hinunter stapfte. »Und wenn ein Bösewicht, was Ungezog'nes spricht ...«

In der Hand hielt er ein waagrechtes Holzkreuz, an dem Fäden hinunterhingen. Elisa sprang auf Karlchen zu, als auch schon Borkmanns Wohnungstür aufgestoßen wurde. Das Aufstampfen des Krückstocks hallte durchs ganze Treppenhaus.

»Was ist hier los?«, brüllte der Hauswart. »Was soll der Krach?«

Karlchen war mit seiner Marionette im Erdgeschoss angelangt und ließ das hölzerne Krokodil mit dem Oberlippenbart an den Fäden über die Fliesen klackern.

» ... dann nehm' ich meinen Kaktus und der sticht, sticht, sticht ...«, sang Karlchen so laut, dass es hoch bis zur Dachwohnung vom alten Wilhelm schallte.

»Ruhe!« Borkmann schnappte nach Luft und schlug mit dem Stock auf den Boden. »Wer hat das gebaut? Von wem hast du das? Gibt es noch mehr von diesen Figuren?« Er humpelte auf Karlchen zu und riss ihm das Holzkreuz mit der Marionette aus der Hand. »Die ist beschlagnahmt. Das wird ein Nachspiel haben! Wie konnte euer Vater es nur wagen, einem Krokodil so einen Bart anzukleben?«

»Meine Puppe, die ...«, rief Karlchen, aber Elisa hielt ihm den Mund zu und drückte ihn an sich.

»Entschuldigen Sie«, ging Elisa dazwischen. »Wir haben nur gespielt. Eigentlich sollte es ein ... ein grauer Bart werden, der unter dem Kinn zottelig zusammenläuft... So, wie bei den Juden.«

Elisa ließ Karlchen los, kniete sich zum Krokodil und

riss ihm das Bärtchen ab. Hoffentlich tauchte jetzt nicht Friedrich auf. Der kannte die Marionette von der Kabarett-Veranstaltung und hatte alles mitgeschrieben. »Sehen Sie? Wir hatten nur sehr wenig Leim. Und zu wenig graue Wolle. Die Eltern wissen nichts davon ...«

Karlchen presste die Augen zusammen, bis sie tränennass waren und stellte sich vor Borkmann. Elisa war beeindruckt, wie er es schaffte, die Unterlippe zum Zittern zu bringen. Mit großen Kinderaugen rief er: »Außerdem hat Bruno ...«

»Ja, Bruno wollte graue Wolle bringen«, ging sie dazwischen. »Es sollte so sein wie bei den Juden.« Elisa schaute zur Hausmeisterwohnung, dann zurück zu Borkmann. Ein kalter Windhauch fuhr ihr über den Rücken. Sie fröstelte. Fast glaubte sie, Friedrichs Blick im Nacken zu spüren.

»Wie bei den Juden?« Glotzauge kniff ein Auge zusammen. »Na, dann verschwindet. Auf der Stelle!«

Karlchen schnappte das Holzkrokodil und rannte los. Elisa knickste und lief ihm hinterher. Aus den Augenwinkeln nahm sie eine Gestalt wahr, die hinten an der Haustür lehnte und grinste ...

Schnell die Treppenstufen hoch und hinein in die Wohnung. Mit Wucht knallte sie die Tür hinter sich zu.

Wie versteinert blieb sie stehen. Das Krokodil sollte wie ein Jude sein ... Wie ein Jude? Elisas Herz pochte. Mit weit aufgerissenen Augen starrte sie in den Spiegel. Sie sah die dunklen Augenringe, den verzerrten Mund, die langen Zöpfe, aus denen sich Härchen gelöst hatten. Wie fremd sie sich doch war. Sie hatte die Hetze mitgemacht, sie hatte Judith verraten! Wie leicht das doch ging ...

Ihr Magen krampfte. Sie warf Mantel und Kuchenpaket auf den Boden, lief ins Badezimmer und würgte ihr schlechtes Gewissen heraus.

*

Am Nachmittag verteilte Elisa die Mohnkuchen auf vier Teller. Auf dem Spültisch lag noch die Zeitung, mit der die Stücke eingewickelt waren. Reste von Zuckerguss klebten an den Überschriften. Dann legte sie kleine Gabeln neben die Teller.

»Woher hast du das Krokodil?«, zischte Elisa ihrem Bruder zu.

»Das geht dich gar nichts an!«, antwortete er störrisch.

»Ach, wie lieb von euch!«, sagte Mutti, als sie mit Bügelwäsche in die Küche kam. Ihr Blick ging von Karlchen zu Elisa. »Ist was?«

»Nein, alles gut«, antwortete Elisa. »Nur der Borkmann unten …«

»Ich weiß, der ist schwierig!« Mutter legte die Wäsche in einen Weidenkorb, setzte sich zu ihren Kindern und stach mit der Gabel in ihr Kuchenstück. Es knackte, als sie den Zuckerguss durchbrach. Elisa dachte an Friedrichs Finger und umklammerte das goldene Medaillon mit dem Zettelchen von Hannes, um sich zu beruhigen.

»Denkt immer dran«, fuhr Mutti fort, »dass er der Hauswart ist und Informationen weitergeben kann …«

»Was denn für welche? Dass ich Kaktuslieder singe?«, fragte Karlchen.

Mutti lachte. Schwarze Mohnsamen vom Kuchen hingen zwischen ihren Zähnen.

»Fliegenscheiße«, juchzte Karlchen. »Wir haben Fliegenscheiße im Mund!«

Elisa betrachtete ihre Zähne in einem Handspiegel und grinste.

»Fliegenscheiße im Mund!«, rief Karlchen und riss Elisa den Spiegel aus der Hand, um die eigenen Zahnspalten mit dem Mohn anzusehen.

Sie lachten, bis ihnen Tränen die Wangen hinunterliefen.

Es war, als würde die Erinnerung an Streitigkeiten der letzten Zeit einfach weggespült. Wie gut sich das anfühlte.

Als sie den Kuchen gegessen hatten, stapelte Elisa die Teller, die Karlchen noch abgeleckt hatte, ineinander und stellte sie dann ins Waschbecken. Der Kuchenteller für Vati stand auf dem Küchenregal.

»Übrigens, Josua wurde heute verhaftet. Der Stempelschneider ...«, sagte Elisa leise.

Ungläubig riss Mutti die Augen auf. Sie atmete schneller. » ... und weggebracht?«

Elisa nickte. »Auf so einer Laderampe von einem Lastwagen.«

Karlchen legte eine Kartoffel und ein Messer auf den Küchentisch. »Ist doch nicht so schlimm. Dann machen wir uns die Stempel eben selber!«

»Du nervst!«, fuhr Elisa ihn an. »Du nervst so entsetzlich und ...«

»Ruhe, Elisa!«, ging Mutti mit strenger Stimme dazwischen. »Streit können wir jetzt nicht gebrauchen! Gerade jetzt nicht. Ich brauche doch deine Hilfe!«

Und wer hilft mir? Elisa schrie in Gedanken die

Worte heraus, als wollte sie sich von einer schweren Last befreien: Von Friedrichs Erpressungen, von dem goldenen Armband, das Frederike von Hütting ihr für Onkel Toni gegeben hatte, von ihrem Versprechen, nichts über Brunos verbotene Zentrale zu erzählen. Von der Druckermaschine in der Bäckerei. Von Judiths tiefen Ängsten. Und was war mit Josua, dem Stempelschneider? Aber am meisten brannte ihr der Diebstahl von den zwanzig Reichsmark auf der Seele. Und der Verrat an Judith.

Mit wem kann ich reden?, dachte sie. Auf wen kann ich bauen? Wer hört mir zu? Ob ich mich nicht doch Hannes anvertrauen soll?

Tränen brannten ihr in den Augen. Sie wollte aus der Küche laufen, aber Mutti hielt sie am Handgelenk fest. »Ich bitte dich. Die Zeiten sind schwierig. Wir müssen uns gegenseitig helfen …«

Wortlos sah Elisa zu, wie Mutti mit zitternden Fingern eine Kartoffel auseinanderschnitt. Flüssigkeit schimmerte auf den gelben Schnitthälften. Karlchen nahm eine Hälfte und schabte und raspelte, bis eine runde Scheibe stehen blieb, von der erhöhte Linien ausgingen.

»Eine Sonne!« Karlchen johlte und holte seine Farbe. Dann stempelte er Sonnen auf die Zeitung, mit der der Kuchen eingewickelt worden war.

Auf den Artikeln vom ›Völkischen Beobachter‹ strahlten bald bunte Sonnen. Rote und gelbe und blaue. Er stempelte über ›Ausschluss der Führer der christlichen Gewerkschaften aus der Arbeitsfront …‹ und ›S.P.D. … ein wohlverdientes Ende‹.

Elisa presste die Lippen aufeinander. Die KPD war ja schon verboten, jetzt hatte es also auch die SPD erwischt. Und die Gewerkschaften waren auch an der Reihe ... bald würde es außer der NSDAP keine Partei mehr geben.

Karlchen stempelte über jüdische Rassenschande, die jüdische Blutlinie, die jüdische Raffgier, bis die fetten Überschriften über reinrassige Menschen nicht mehr zu lesen waren. Und bis das Zeitungspapier allmählich zerfaserte.

Ein Schlüssel drehte sich im Schloss. Karlchen rannte in den Flur und sprang auf seinen Vater zu.

»Na, mein Großer?« Vati zog den Unterarm zurück, auf dem blutige Schrammen zu sehen waren. Er lachte und winkte ab. »Es ist nichts weiter. Ich bin nur gefallen.«

»Gefallen? So wie Onkel Toni?« Erschrocken über sich selbst hielt Elisa die Hand vor den Mund.

Vati sah sie über den Brillenrand hinweg an. Ein paar Sekunden lang blieb er still. Dann sagte er langsam: »Ja, genauso wie Onkel Toni!«

Michael legte den anderen Arm um Charlotte. Sie legte die Stirn an seine Brust.

»Stell dir vor! Paul Gessen ist frei!« Er lächelte. »Er ist wieder frei.«

Charlotte blickte hoch und strahlte. »Und? Hast du ihn gesehen? Was hat er erzählt?«

»Ja, ich habe ihn gesehen. Und nein, er hat nichts erzählt. Kein Wort. Er war wie ... ausgewechselt. Er will nach Amerika ...« Michael löste sich von Charlotte und ging langsam ans Küchenfenster. »Nach Amerika ... ins Land der unbegrenzten Möglichkeiten ...«

»Schaut mal, lauter Sonnen«, rief Karlchen. Er stempelte gelb über rot und blau auf die Zeitung, bis die

Farben sich auflösten, alles zu einer bräunlichen Soße verschwamm und die Kartoffel in Stücke zerbrach.

» ... mit dem Schiff«, fuhr Michael fort.

Mutti zupfte die Reste des ›Völkischen Beobachters‹ vom Tisch und warf sie in den Abfalleimer. Mit Scheuerpulver und Bürste rieb sie über die Wachsdecke, um die bräunliche Farbe wegzuwischen.

»Josua ...«, sagte sie nur und schloss kurz die Augen. »Josua!«

Michael nickte, er hatte verstanden. Er stand still am Fenster, mit dem Rücken zur Küche. Die Wanduhr tickte. Mutti schrubbte weiter über die Wachsdecke. Die Decke war längst sauber. Dann griff sie nach ihrer Handtasche.

»Hier, etwas Geld«, sagte sie zu Elisa. Ihre Worte klangen seltsam spröde. »Lauf und hol für jeden von uns ein Stück Kuchen.« Sie stellte sich neben Vati und griff nach seiner Hand.

»Aber wir haben doch gerade erst Kuchen ...«, sagte Elisa und stockte, als sie die Eltern sah, wie sie Arm in Arm eng beieinander am Fenster standen. Sie lief los, aber leise, diesmal ohne Karlchen, der sich im Wasserbecken die Hände wusch und das Borkenschiff in seinem Wellenmeer versenkte.

*

In der Nacht wurde Elisa von einem seltsamen Geräusch geweckt. Es knackte, als würde ein kleiner Zweig zerbrochen. Kurz darauf wieder. Und schon wieder ... Kam es aus der Küche? Dem Wohnzimmer? Es hörte sich an, als würde das Gelenk eines Fingers auseinandergezogen.

Elisa schreckte hoch. Friedrich?

Sie starrte in die Dunkelheit und horchte. Einundzwanzig, zweiundzwanzig, dreiundzwanzig … es lagen drei Sekunden zwischen den Geräuschen, immer drei Sekunden. Und es war, als würden sie allmählich lauter werden. Kamen sie näher?

Langsam streckte Elisa ihre nackten Füße aus dem Bett und stellte sie auf den Boden. Sie schlich zur Tür, ohne dass die Dielen knarrten, drückte sie auf und lauschte. Einundzwanzig, zweiundzwanzig, dreiundzwanzig … und wieder! Aber wie sollte Friedrich in die Wohnung kommen? Und warum brauchte es immer drei Sekunden bis zum nächsten Knacken?

Elisa atmete tief durch. Es war unmöglich, er konnte es nicht sein. Und wenn doch?

Sie umfasste das goldene Medaillon, obwohl ihre Hände schwitzten und drückte sich im Flur an die kühle Wand. Sollte sie die Eltern wecken? Sie schüttelte den Kopf und warf die Zöpfe auf den Rücken. Sie musste ihn überrumpeln, wer wusste schon, was er vorhatte.

Einundzwanzig, zweiundzwanzig, dreiundzwanzig … Das Geräusch kam aus der Küche. Auf Zehenspitzen schlich sie weiter. Das Licht der Straßenlaterne fiel durchs Küchenfenster. Ihr Blick huschte durch die Küche, aber da war kein Umriss, kein Schattenbild im gelblichen Nachtgrau zu erkennen. Einundzwanzig, zweiundzwanzig, dreiundzwanzig …

Elisas Mundwinkel zuckten, ihre Schultern hoben und senkten sich, sie kicherte und ging näher an das Spülbecken heran: Der Wasserhahn, es war nur der Wasserhahn, der nicht richtig zugedreht war und tropfte. Gleichzeitig fröstelte sie. War es nicht unheimlich, wie Ängste verrücktspielen konnten?

Sie drehte den Hahn fest zu, als es wieder knackte. Nur diesmal war es im Flur. Die Dielen knarrten, als sie zur Wohnungstür lief. Die war nur angelehnt. Auf dem Boden lag ein Briefumschlag. Blitzschnell schloss sie die Tür, schob den Riegel vor, griff mit zitternden Fingern nach dem Umschlag, riss ihn auf und las, was auf einem Zettel stand: »Wo ist Brunos Zentrale? Was treibt er in der Bäckerei? Ich warne dich!«

Liebe, Eifersucht und Verrat

Tagelang verfolgte Elisa dieses Knacken. Auf dem Schulweg, im Park, sogar im Traum. Und sie kontrollierte jedes Mal vor dem Schlafengehen die Wohnungstür, ob sie gut verriegelt war.

Friedrich musste den Ersatzschlüssel von seinem Vater genommen haben, der ja Hauswart war. Dass sie daran nicht gedacht hatte. Er konnte also jederzeit in die Wohnung, wenn sie nicht von innen versperrt war. Er musste auch den Wasserhahn in der Küche aufgedreht haben, sodass er tropfte. Vom Hausflur aus hatte er bestimmt durch den Türschlitz beobachtet, dass sie in die Küche ging und nicht Vati oder Mutti. Sonst hätte er den Brief nicht in den Flur gelegt und die Wohnungstür geschlossen.

Elisa lief es kalt über den Rücken, wenn Holz im Ofenfeuer verbrannte und knackte oder Karlchen beim Spielen Stöckchen zerbrach. Dann umfasste sie ihr goldenes Medaillon und presste die Lippen zusammen, als wollte sie Worte und Sätze zwingen, in ihr zu bleiben. Die vielen Worte, die nach Verständnis suchten und die sie sich von der Seele reden wollte.

Endlich fanden Hannes und Elisa wieder Zeit, sich im Bethmannpark zu treffen. Die Nachmittage waren neuen Pflichtveranstaltungen vorbehalten, den sportlichen Betätigungen, Wehrausbildungen und Kameradschaftstreffen, denen sich niemand entziehen durfte. Verabredungen mit Freunden mussten dafür gestrichen werden. Und jede freie Minute nutzte Elisa, um ihre Schulden abzuarbeiten.

Elisa und Hannes saßen eng beieinander auf der grünen Bank, die unter dem Kastanienbaum in der Nähe von Klaras Büdchen stand.

Über ihnen wölbte sich das Blätterdach mit seinen weitausladenden Zweigen und den blühenden Kerzen. Es roch nach Giersch und warmer Erde. Hannes hatte den Arm um Elisa gelegt, sie lehnte sich an ihn und genoss die Wärme.

»Du darfst auch mal den Kopf auf meine Schulter legen«, sagte sie und grinste.

Hannes lachte und küsste ihre Wange. Bei der Berührung war ihr, als würde sich der Himmel verbiegen. Ihre Gedanken taumelten durch Welten. Sie tastete nach den Händen von Hannes und hielt sie ganz fest, als könnte sie sonst den Halt verlieren.

»Ich habe dich neulich bei der Bäckerei Bertram gesehen«, sagte Hannes und zupfte die Blütenblätter von einem Gänseblümchen. »Du hast gar nicht gehört, wie ich dich gerufen habe.«

»Wirklich?«, sagte Elisa zögerlich. »Ich … arbeite dort.«

»Warum das denn?« fragte er. »Wenn du Geld brauchst, dann sag es mir. Ich kann dir etwas leihen.«

»Ich habe Schulden. Es … es soll eine Überraschung werden.«

»Eine Überraschung? Für uns?« Er küsste sie wieder, und Elisa schloss die Augen.

»Nein, es ist nur …«, sagte sie.

»Was ist ›nur‹?«

»Später. Das erzähl ich dir später …« Sie lächelte. »Wenn du brav bist.«

Hannes strich über die vernarbte Wunde an ihrer Stirn. Die Kruste war längst abgefallen. Darunter hatte sich rosige Haut gebildet, die bei Berührungen sehr empfindlich war. »Wo hast du eigentlich die Narbe her? Hast du dich geprügelt?«

»Nicht ganz. Da hat mich ein Stein getroffen.«

»Ein Stein? Wer wirft denn Steine nach jungen Mädchen? Und die auch noch so hübsch sind wie du?«

Elisa lachte und wurde rot. »Keine Ahnung, vielleicht einer, der sich nicht getraut hat mich anzusprechen …«

Auf dem schmalen Weg, der zwischen den Bäumen hindurchführte, kam Bruno angeradelt und steuerte auf Klaras Büdchen zu. Er hob einen Stapel Papiere aus dem Drahtkorb am Lenker und wuchtete ihn auf den Verkaufstresen. Sofort verstaute Klara die Blätter im Büdchen. Erst jetzt wurde Bruno auf sie aufmerksam. Er winkte kurz und radelte überhastet davon.

Flugblätter!, dachte Elisa. Ihr Puls ging schneller. Verbotene Flugblätter! Hannes hatte wohl nichts bemerkt, er hielt die Augen geschlossen. Nur seine Wimpern zuckten.

Wie schön sein Gesicht war, dachte Elisa und fuhr zärtlich mit dem Zeigefinger über seine Lippen.

»Das kitzelt« Er lachte und rieb sich über den Mund.

»Aber wart's ab! Rache ist süß!« Er hauchte ihr ins Ohr und küsste sie mit lautem Knall.

Elisa zuckte zusammen. »Das wirst du büßen!«

»Gerne! Aber leider nicht heute.« Er löste sich aus der Umarmung und streichelte ihre Wange. »Tut mir leid. Ich muss los. Du weißt, die Wehrsportgruppe … Bis morgen.«

»Bis morgen!« Elisa winkte ihm nach, als er in Richtung Innenstadt lief. »Dass die Zeit es immer so eilig hat …«

*

An diesem Nachmittag wurden neue Plakate an Litfaßsäulen und Bretterzäune geklebt. In dicken Worten stand da: ›Wider den undeutschen Geist‹ und ›Reinigt die deutschen Büchereien … Am 10. Mai auf dem Römerberg‹.

Vor der Bäckerei Bertram traf Elisa auf Bruno, der sein Fahrrad an die Litfaßsäule lehnte. Der Drahtkorb an seinem Fahrradlenker war leer. An der Säule klebte auch eins dieser Plakate. Es roch nach frischem Leim, und Papierkanten wölbten sich nach außen.

»Was soll das denn schon wieder?«, fragte Elisa und zeigte mit dem Kinn auf das Plakat. In den Händen hielt sie wieder ein Kuchenpaket.

»Neulich gab es doch diesen Aufruf: ›Kauft nicht bei Juden‹«, versuchte Bruno zu erklären.

Elisa nickte.

»Der Schuss ist nach hinten losgegangen. Nur wenige haben sich daran gehalten. Jetzt werden schärfere Geschütze aufgefahren. Hitler braucht die Massen hinter sich. Er wird lügen und betrügen, bis er sie eingefangen hat. Sonst kann er seine Pläne nicht verwirklichen.«

»Mit verbotenen Büchern, die verbrannt werden?«, fragte Elisa verwundert.

Bruno zog die Augenbrauen hoch. »Das ist nicht nur Papier, das verbrannt wird. Es sind Juden, Kommunisten, Sozis, die das geschrieben haben. In ihren Büchern stecken Geschichten. Träume. Hoffnungen ... Die sollen am 10. Mai in Flammen aufgehen. Mit Fackeln, Musik und Tamtam. Das lieben die Menschen. Feuer hat immer eine große Wirkung, wie bei den Römerbergfestspielen ...« Verlegen fuhr er sich über seine Nase mit den Sommersprossen. »Übrigens ... der Hannes ...«

»Ja? Der Hannes?«

Dann zwirbelte er zwei Fäden an seiner Jacke zusammen. »Sei einfach nur vorsichtig mit ihm«, stotterte er. »Einfach nur vorsichtig.«

Elisa blickte in seine grünen Augen. Was sollte die Bemerkung? Der seltsame Blick? War er etwa eifersüchtig? Wollte er sie gegen Hannes aufwiegeln, um selbst ...? Elisa schüttelte den Kopf. Bruno war nicht in sie verliebt. Und wenn doch?

»Übrigens ... ich weiß von der Druckmaschine im Nebenraum der Bäckerei. Und von deinen Flugblättern.« Elisa hob das Kinn, um ihn herauszufordern.

»Welche Druckmaschine?« Bruno zeigte auf den leeren Drahtkorb »Siehst du hier irgendwelche Flugblätter?« Er grinste und radelte davon.

Elisa war unentschlossen. Einerseits verachtete sie Bruno wegen seiner neidischen Attacken auf Hannes, andererseits hatte er geschworen, Onkel Toni zu finden. Und das war ihr wichtiger als alles andere.

Sie schloss die Augen, als wollte sie Bilder einfangen. Bilder darüber, was zu tun war ...

Dann nickte sie. Ihr Entschluss stand fest. Sie wollte Bruno trotz seines Verbots im Osthafen aufsuchen und ihn ausfragen. Niemand konnte ihr das verbieten, und niemand konnte sie mit Drohgebärden einschüchtern.

Wieder lief sie hinter Schotter, aufgeworfener Erde und Baggern vorbei auf Brunos Zentrale zu.

Sie stockte, als Feuerwehrsirenen aufheulten. Es roch nach Verbranntem, eine Rauchsäule stieg auf. Neugierig reckte sie sich und lief auf den Rauch zu. Er kam von drüben, von der Wartungshalle für Güterwaggons.

Und tatsächlich! Der Waggon, in dem sich Friedrich oft mit seinen Kumpanen traf, brannte lichterloh. Wasser spritzte aus Feuerwehrschläuchen in die auflodernden Flammen und warf dunkle Rauchschwaden in den frühen Nachmittag. Neugierige drängten näher und warteten gespannt, ob das Feuer nicht doch auf die Wartungshalle übersprang.

Ganz vorne stand Friedrich mit seinem klapprigen Fahrrad und starrte fassungslos in die knisternden Flammen. Neben ihn hatte sich der kleine Richard in seiner HJ-Uniform gestellt und drohte mit der Faust. Oder war das eine Pistole, die er in der Hand hielt?

Plötzlich wirbelten Flugblätter hoch, hunderte von Flugblättern und tanzten auf die Zuschauer nieder. Da stand etwas von ›Widerstand‹ und ›Lügen‹.

Elisa zwängte sich durch die Menschenmenge zurück auf die Landstraße, sie wollte sich von Friedrich hier nicht erwischen lassen.

Sie rannte vorbei an den Wellblechhütten, an denen Plakate mit der Aufschrift ›Wer Hitler wählt, wählt den Krieg‹ zerfetzt herunterhingen. Friedrichs Treffpunkt war jedenfalls vernichtet. Wer wohl hinter der Attacke steckte? Elisa grinste und rannte weiter.

Der April hatte das Wetter fest im Griff. Die Wolken flohen über den Himmel, mal in dickbäuchigen Gebilden, aus denen der Hagel platzte, oder sie gaben kurz die Sicht auf die Sonne frei. Jungens auf Fahrrädern mit Plakaten, Pinsel und Kleister im Anhänger schlidderten durch Hagelkörner und klebten Römerberg-Ankündigungen auf freie Flächen.

Sobald kein Hagel mehr auf den Boden prasselte, verließ Elisa eine schützende Toreinfahrt und lief geduckt mit einem Kuchenpaket in der Hand von der Bäckerei Bertram aus nach Hause. Auch am Bretterzaun vom Kohlengeschäft Bayer, wo neulich das Tor ausgehebelt und der Schäferhund tot am Boden gelegen hatte, klebte so ein Plakat.

›Zwölf Thesen gegen den undeutschen Geist‹, stand gleich oben. Elisa blieb bei Punkt vier hängen: ›Unser gefährlichster Widersacher ist der Jude … der Jude kann nur jüdisch denken, schreibt er deutsch, lügt er‹.

Elisa schüttelte ungläubig den Kopf. Sowas hatte die deutsche Studentenschaft herausgegeben?

»Ich bin kaum weitergekommen«, hörte sie eine leise Stimme hinter dem Bretterzaun. Elisa schmiegte sich ganz dicht an den Zaun, obwohl er regennass war, und lauschte.

»Du brauchst ihr Vertrauen«, antwortete ein anderer. »Ich schwör's dir. Dann kannst du sie knacken.«

Die Stimme kannte sie doch! Elisa linste durch einen schmalen Spalt in der Bretterwand und suchte nach Gesichtern. Sie streckte sich, etwas weiter oben wurde der Spalt breiter, und tatsächlich! Da stand Friedrich, keine zwanzig Zentimeter von ihr entfernt. Ihr Herzschlag raste, und sie zog den Mantel enger zusammen, als ob er ihn hören könnte. Neben Friedrich stand der kleine Richard, ein Dritter lehnte mit dem Rücken am Zaun und war nicht zu erkennen.

Friedrich hielt zwei breite Goldketten in der Hand. Als der Himmel eine Wolkenlücke freigab, blitzten sie im Sonnenlicht auf. »So geht's. Versteht ihr? Nur so!« Grinsend ließ er sie in der Hosentasche verschwinden.

Der Dritte beugte sich zu Richard hinunter und raunte ihm etwas zu. Er hatte hellblondes Haar.

Lutz!, schoss es Elisa durch den Kopf.

Richard nickte den beiden vertraulich zu und hob die rechte Hand, die von rotvernarbten Linien durchzogen war. »Ich schwöre!«

Elisa drückte die Faust gegen die Stirn. Natürlich! Die verbundene Hand, die Narben, die zerbrochene Glasscheibe in ihrem Keller, der blutige Händeabdruck … Das war Richard gewesen! Und klein genug war er, um durch das Fenster zu klettern.

»Nur noch eine einzige Mutprobe, dann gehörst du zu uns«, raunte Lutz ihm zu.

»Ja, und du, da bin ich mir sicher …«, antwortete der kleine Richard mit Stolz in der Stimme, » … du wirst sie knacken. Bleib dran!«

Zuerst zwängte sich Friedrich durch das Buschwerk zurück auf den Hof der Kohlenhandlung, wo hinten eine neue Lagerhalle gebaut wurde. Dann folgten Richard und Lutz, die sofort auf das neue Ausgangstor zusteuerten. Warum das? Wollten sie nicht zusammen gesehen werden?

Elisa rannte über die Straße, als schon die Straßenbahn mit Gebimmel und Quietschen durch die Kurve rumpelte.

Du wirst sie knacken ... Die Worte waren in Elisa hängengeblieben. Gleichzeitig waren da die Fingergelenke, die auseinander gezogen wurden. Sie schüttelte sich, aber die Erinnerung wollte die Bilder nicht freigeben. Du wirst sie knacken ...

Damit konnte nur Marianne gemeint sein, sie stand in letzter Zeit häufig mit Lutz zusammen. Was für ein verlogenes Spiel! Lutz brauchte ihr Vertrauen und täuschte Liebe vor, aber wofür? Um sie ausspionieren zu können? Um sie zu erpressen und abhängig zu machen?

Elisa tauchte erst wieder aus ihren Gedanken auf, als sie vor Mariannes Wohnhaus mit der Nummer vierzehn stand. Die Hausfassade war rissig, der Tordurchgang zu den Hinterhöfen war verdreckt. Zwischen den Pflastersteinen wucherte Unkraut, Putz blätterte ab, und es roch nach Urin. Im Hinterhof waren vor Fenstern Leinen gezogen, an denen Wäschestücke zum Trocknen aufgehängt waren. Aus vergitterten Kellerfenstern, hinter denen Waschküchen lagen, quollen Rauchschwaden.

Elisa ging links zur Haustür, so hatte Marianne mal den Eingang beschrieben, sie selbst hatte ihre Schulfreundin noch nie besucht. Die Bodenkacheln im Flur durchzogen Risse, die Stufen der schmalen Holztreppe waren ausgetreten. Jemand kochte Kohl. Irgendwo schrien Kinder, ein Besoffener polterte mit lallender Stimme herum. Es roch nach Kloake, der Geruch drang aus dem Gemeinschaftsklo, das auf halber Treppe untergebracht war.

Im ersten Stock drückte Elisa auf die Klingel von Familie Fuchs. Sie lauschte, leise Schritte waren zu hören.

Die braun gestrichene Tür wurde aufgezogen, und Marianne schob ihren Kopf vor.

»Was machst du denn hier?«, fragte sie leise und schaute verunsichert zurück in den Flur.

»Ich muss mit dir reden«, sagte Elisa. »Kann ich reinkommen?«

»Im Moment ist es schlecht …«

»Aber es ist wichtig.«

»Wer ist da?«, rief eine derbe Frauenstimme.

»Eine … Mitschülerin. Es geht um die Schulaufgaben.« Marianne trug eine schmuddelige Kittelschürze, ihre Hände zitterten. Elisa drückte ihr das Kuchenpaket in die Hand. Marianne schnupperte, ihre Augen strahlten.

»Fünf Minuten«, blaffte die Stimme aus der Wohnung. »Dann ist sie wieder verschwunden.«

»Komm in den Flur«, flüsterte Marianne und winkte Elisa herein. »Da können wir kurz reden.«

Es krachte, Holz splitterte. Marianne fuhr zusammen und schloss die Augen. Der Gang endete in einem Zimmer mit trübem Licht. Ein Mann im gerippten Unterhemd und ausgebeulter Hose trug ein paar Holzstücke in die Küche, dort brutzelte es und der Geruch nach gebratenen Zwiebeln zog in den Flur.

Marianne hatte Tränen in den Augen und wischte sie mit dem Handrücken fort. »Also, was ist? Was willst du?«

»Waren das Stuhlbeine?«, fragte Elisa verunsichert.

Marianne atmete tief durch. »Es ist … wegen dem Herd. Wir haben kein Brennholz mehr. Und? Was ist denn jetzt?«

»Ich komme wegen Lutz«, sagte Elisa zögerlich. »Es war nur Zufall, da habe ich mitbekommen, dass er … dein Vertrauen erschleichen will.«

Marianne lachte spöttisch auf. »Lutz? Da musst du dich täuschen.« Sie öffnete die Schublade einer kleinen Flurkommode, stellte dort das Kuchenpaket ab, schloss sie wieder und stemmte die Hände in die Hüfte. »Gerade Lutz! Das stimmt einfach nicht. Was bildest du dir eigentlich ein?«

»Ich wollte dich doch nur warnen. Er will dich ausspionieren …«

»Die fünf Minuten sind vorbei!«, rief eine dickliche Frau in Unterwäsche, die in den Flur watschelte. »Jetzt schmeiß sie raus.«

»Wenn das alles war, was du mir zu sagen hast …« Marianne zog abfällig die Oberlippe hoch, öffnete die Tür und schob Elisa ins Treppenhaus.

» … du hast ja keine Ahnung«, flüsterte sie. »Nicht die geringste Ahnung.«

Im hinteren Zimmer kratzte die Nadel eines Grammophons über eine Schallplatte. »Komm auf die Schaukel, Luise …« Dann war wieder ein Krachen zu hören.

Draußen auf dem Hinterhof schaute Elisa hoch zu Mariannes Wohnung. Die Fenster waren unbeleuchtet, obwohl es allmählich düster wurde. Die Häuser standen so dicht beieinander, dass kaum der Himmel zu sehen war. Hier war es eng. Der Flur, die Wohnung, das Leben. Vielleicht sogar die Gedanken, dachte Elisa. Aber Marianne war gewarnt, mehr konnte sie nicht tun.

Auf dem Vorplatz wurde wieder ein neues Plakat an die Litfaßsäule geklebt. Ein Junge mit Schiebermütze stand auf einer Leiter und wischte es mit einer Bürste glatt, damit sich keine Blasen aufwölbten. Auf dem Plakat waren sechs Mitglieder einer Gesangsgruppe zu sehen. Mit Frack und heller Weste. Darüber stand in dicker Schrift ihr Name: Comedian Harmonists.

Das waren doch die Sänger vom ›Kleinen Kaktus‹! Elisa warf die Zöpfe auf den Rücken, legte den Kopf in den Nacken und versuchte, im oberen Teil die Ankündigung zu entziffern: In zwei Wochen würden sie hier ein Konzert geben ...

Elisa schlenderte über den holprigen Bürgersteig in Richtung ihres Hauses. Sie könnten doch das Konzert besuchen, dachte sie, Vati und Mutti und sie. Vielleicht würde ja auch Hannes mitkommen. Und Karlchen? Frau von Ahrensburg, die Pudeldame, würde auf ihn aufpassen, ganz bestimmt.

In Gedanken versunken ging sie durch die Gassen und Straßen, vorbei am Geschäft von Gustav Lapp, bei dem ein ausgestopftes Rennpferd im Schaufenster stand, das von Frau Helene jeden Tag mitsamt der Mähne gebürstet wurde. Vorbei an geöffneten Fenstern, in denen Menschen auf Kissen lehnten und mit Nachbarn Schwätzchen hielten. Vorbei am Bretterzaun der Kohlehandlung Bayer, aber da stockte Elisa und linste noch einmal durch die Lücke im Zaun.

Gleich hinter den hohen Büschen war ein dunkler Schuppen zu erkennen, bei dem ein Fenster schwach erleuchtet war und den sie vorhin nicht bemerkt hatte. Wer sich da wohl herumtrieb?

Elisa drückte das neue Schiebetor ein wenig auf und zwängte sich hindurch. Links weit hinter den Büschen lag der Schuppen. Er war viel größer als vom Bürgersteig aus zu erahnen und lag gut geschützt zwischen all den Sträuchern. Wenn sie erst blühten, würde er nicht mehr zu erkennen sein. Und es roch nach Farbe.

Sie schlich durch die Dämmerung auf den Schuppen zu. Das Licht im Fenster erlosch. Elisa duckte sich ins Gebüsch. Die Tür des Schuppens quietschte, jemand sprang heraus und hastete auf das Eingangstor zu, als auf dem Bürgersteig die Gaslaterne entzündet wurde. Das Laternenlicht leuchtete auf das fuchsrote Haar des Fremden, auf Nase, auf Wangen ... Elisa presste die Hand vor den Mund. Das war doch Bruno! Er drückte sich durch die Lücke am Tor und zog es hinter sich zu. Was hatte er hier zu suchen?

Von der Lagerhalle mit den Kohlenhalden hallte jetzt das angriffslustige Knurren eines Hundes herüber. Elisa rannte zum Torausgang, während ein Schäferhund mit Riesensprüngen auf sie zu spurtete, kläffte und jaulte. Sie drückte gegen den Eisenriegel, aber das Tor war verschlossen.

In Panik rannte sie zurück zur Bretterbude. Der Schäferhund hinter ihr knurrte und schnappte, seine Pfoten prallten mit Wucht auf dem erdigen Boden auf. Elisa glaubte schon, seinen heißen Atem im Nacken zu spüren. Sie packte den Holzgriff des Schuppens, riss die Tür auf, warf sie hinter sich zu und legte den Riegel vor. Der Hund sprang gegen das Holz, winselte und jaulte. Elisa war gefangen.

»So ein Mist! So ein verdammter Mist!« Elisa fluchte und schimpfte und schaute aus dem schmalen Fenster. Der Hund hockte hechelnd vor dem Schuppen, Spucke tropfte von seinen Lefzen, sie glänzten im Licht der Straßenlaterne. Jedes Mal, wenn Elisa sich weiter vorbeugte, sprang er bellend mit Wucht gegen die Bretterwand. Das Holz knirschte und knackte. Und jetzt?

*

Der Schatten der hochaufragenden Tanne wanderte kaum wahrnehmbar über den Hof. Wieviel Zeit wohl vergangen war? Elisa saß auf einem Hocker und starrte durch das Fenster in den Himmel. Es war dunkel geworden, Vati und Mutti warteten bestimmt schon.

War da nicht ein Quietschen? Sie horchte auf. Durch die verdreckte Fensterscheibe sah sie, dass das Tor aufgeschoben wurde. Jemand betrat den Hof. Der Schäferhund rannte winselnd auf ihn zu, sprang an ihm hoch und schnappte gierig nach Fleischstückchen, die ihm zugeworfen wurden.

Sicherlich war es der alte Bayer, der jetzt mit seinem neuen Schäferhund im Schatten der Lagerhalle verschwand. Elisa nutzte die Gelegenheit und rannte auf das Tor zu. Sie drückte gegen den kalten Eisengriff und atmete auf, es war nicht verschlossen. Überhastet sprang sie auf den Bürgersteig, zog das Tor hinter sich wieder zu und rannte los.

Ihr war, als hätten sich Schatten an ihre Beine geheftet, Schatten von Wolfshunden, die nach ihr schnappten.

Sie hetzte bis zur nächsten Häuserfront, atmete erleichtert auf und schaute noch einmal zurück. Gerade wurde das Schiebetor wieder aufgedrückt, ein kleiner Lieferwagen fuhr auf den Hof. Wer war der Mann auf der Ladefläche? Hatte er fuchsrote Haare? Oder waren sie braun? War sein Gesicht …

Elisa schüttelte den Kopf. Schluss! Es war alles zu verwirrend. Davon wollte sie nichts mehr wissen. Sie lenkte ihre Gedanken auf das Konzert mit den Comedian Harmonists. Und auf Hannes … Und der Himmel bekam Flügel.

Als sie die Haustür aufdrückte und das Treppenlicht anschaltete, wartete jemand auf sie. Er lehnte am Treppengeländer, spielte mit seinem neuen Taschenmesser und grinste breit.

»Verschwinde«, zischte Elisa ihn an, als er sich ihr in den Weg stellte. »Meine Eltern warten ...«

»Ich warte auch schon lange auf dich.« Das Grinsen verflog. Der schlaksige Friedrich kniff die Augen zusammen und packte sie an den Handgelenken. »So langsam reicht's. Hör mir mal genau zu! Dies ist meine letzte Warnung: Ich will wissen, wo Bruno seine Zentrale hat. Sie muss irgendwo im Osthafen liegen.«

»Aber ich weiß es nicht!«

»Dann krieg es raus! Du könntest ihn ja ein wenig ... unter Druck setzen. Wegen seiner Arbeit bei den Bertrams.« Jetzt lächelte er wieder, aber so hinterhältig, dass es Elisa fröstelte. »Dann könnte ich dir auch ... die zwanzig Reichsmark zurückgeben.«

Das elektrische Deckenlicht klackte und schaltete sich aus. Nur noch der gelbliche Schein der Straßenlaterne fiel durch das Oberlicht der Haustür. Elisa spürte den Schmerz an den Handgelenken. Sie riss sich los und rannte hoch in den ersten Stock.

»Wart's nur ab«, zischte er ihr hinterher. »Wir haben sowieso noch eine Rechnung mit dir offen. Mit dir und deiner kleinen Wanze.«

»Ja ... das verstehe ich ja. Aber Marianne hat so sehr geweint«, versuchte Elisa zu entschuldigen, dass sie so spät kam. »Stellt euch vor, die haben Stühle zerschlagen, für das Herdfeuer in der Küche«,

»Kind, Kind, Kind ... Wir haben uns Sorgen gemacht!«

Mutti feilte hektisch ihre Fingernägel und wischte den weißlichen Staub mit einem Lappen weg. »Was soll ich nur mit dir machen? Soll ich dich einschließen?«

»Dann … habe ich noch ein Plakat gesehen.« Elisa schaute von Mutti zu Vati. Würden sie auf die Ablenkung hereinfallen? »Darauf stand, dass in zwei Wochen die Comedian Harmonists ein Konzert geben.«

»Die Kaktus-Sänger!« Karlchen sprang begeistert auf und rannte auf Vati zu. »Da komm ich mit. Da komm ich doch auch mit, oder?«

»Da kommst du nicht mit!« Elisa schaute ihn wütend an. »Ständig willst du im Mittelpunkt stehen. Und jetzt setz dich wieder hin und gib Ruhe!«

Karlchen schloss die Augen und versuchte wieder, Tränen herauszupressen. »Die hat mir überhaupt nichts zu sagen, nicht wahr, Vati?«

»Ruhe, ihr beiden«, sagte er. »Zuerst einmal müssen wir wissen, wie teuer die Eintrittskarten sind.«

»Notfalls hätten wir auch noch das Gesparte.« Mutti lächelte. »Das in dem Sparstrumpf … Ja, ich würde auch gerne mal wieder ausgehen.«

Elisa sackte in sich zusammen. Der Sparstrumpf unter der Matratze … Was wäre, wenn sie jetzt das Geld nachzählen würde?

»Dann zähl' doch mal nach«, rief Karlchen und klatschte in die Hände. »Soll ich den Strumpf holen? Dann bauen wir ganz viele Geldstück-Häufchen.«

»Jetzt lass doch endlich Mutti in Ruhe«, fuhr Elisa ihn überreizt an. »Wie konnte nur so ein Quälgeist in unsere Familie geboren werden und …«

»Elisa!« Mutti knallte die Nagelfeile auf den Küchentisch, ihre Augen weiteten sich. »Wie kannst du nur …«

Elisa biss sich auf die Lippen. Karlchen hielt Vatis Beine umklammert, drehte das Gesicht zu ihr und schaute sie an. Tatsächlich hatte er Tränen in den Augen. Vati streichelte seinen kleinen Kopf mit dem Lockenhaar und sagte kein Wort. Er sah sie einfach nur an. Das traf Elisa kräftiger als eine Ohrfeige.

»Entschuldige«, stammelte sie. »Das war nicht so gemeint ... wirklich nicht! Du bist doch mein kleiner Bruder. Und ich hab dich lieb. Wenn es möglich ist, dann nehmen wir dich mit, ja? Ganz bestimmt!«

Abends lag Elisa noch lange wach. Sie schmiegte ihr Gesicht ins Kopfkissen, zog die Decke über den Kopf und tastete sich Gedanken für Gedanken vorwärts:

Was wäre, wenn sie Brunos Zentrale im Osthafen doch an Friedrich verraten würde? Dann würde Friedrich das Erpressergeld zurückzahlen, und sie könnte es zurück in Muttis Sparstrumpf stecken. Elisa schwitzte. Aber würde er sein Versprechen halten? Konnte sie ihm vertrauen? Und was wäre dann mit Bruno? Aber der hatte ja versucht, sie gegen Hannes auszuspielen ...

Das Leinensäckchen mit dem Ersparten von Bäckerei Bertram, das unter ihrem Bett an einer Matratzenspirale hing, war zwar schwerer geworden, aber es waren kaum 4 Reichsmark zusammengekommen.

Das Goldarmband! Was war eigentlich mit dem Goldarmband? Elisa fuhr mit dem Handrücken über ihre schweißnasse Stirn. Sie könnte es in einem der Leihhäuser verpfänden und später, wenn sie genug verdient hatte, wieder auslösen. Es musste ein Vermögen wert sein ... Der Gedanke fing sie ein wie ein Fischernetz unten am Mainufer, wo Forellen und Schleie in Netzen zappelten.

In den nächsten Tagen würde sie nach Pfandleihhäusern Ausschau halten, sie musste nur sicher sein, das Armband wieder auslösen zu können. Das war die Notlösung, nach der sie suchte!

Brennende Seelen,

verbrannte Bücher

Elisa schaute von Vatis Arbeitszimmer aus hinunter auf die Straße. Draußen drängten sich Menschen in Richtung Römerberg, Tausende von Filz- und Strohhüten, Kappen und Mützen wogten vorbei. Die Eltern waren irgendwo dazwischen. Elisa hatten sie nicht mitgenommen, sie sollte auf Karlchen aufpassen.

Heute war der 10. Mai, heute fand die Bücherverbrennung auf dem Römerberg statt, wie es auf den Plakaten angekündigt war, die überall in der Stadt klebten, heute wurden die Büchereien gereinigt vom ›undeutschen Geist‹, wie es die Studentenschaft niedergeschrieben hatte.

Abendwolken zogen über den Himmel. Schatten fielen durch die Oberlichter auf das hohe Bücherregal in Vatis Arbeitszimmer. Da gab es neuerdings Lücken, Bücher waren zur Seite gekippt. Viele fehlten. Das waren Bücher, die Spuren hinterließen, hatte Vati gesagt. In unseren Gedanken und im Leben. Und Mutti hatte hinzugefügt, die dürfte man hier nicht finden.

Elisa drängte es hinaus auf die Straße, hin zu diesem riesigen Spektakel. Was könnte Karlchen schon passieren, wenn sie sich dieses einmalige Schauspiel von nahem anschauen würde … Zu Hause war er sicher. Sie spürte ein Kribbeln auf der Haut, sie musste raus!

»Wenn du brav bist, bekommst du zehn Reichspfennige«, sagte Elisa und drückte Karlchen den Zottelbär in den Arm.

»Zehn Reichspfennige?« Er sprang aufs Bett und dachte an die Süßigkeiten in Klaras Büdchen. »Ich bin ganz brav!«

»Und wenn du schläfst, wenn ich zurückkomme, bekommst du noch fünf Reichspfennige extra. Abgemacht?«

Karlchen strahlte. »Abgemacht!«

»Aber kein Wort zu den Eltern, sonst gibt es kein Geld!«

Elisa warf ihren Lodenmantel über, griff nach den Schlüsseln, tastete sich leise zur Treppe und wartete kurz, ob das Klacken von Borkmanns Stock zu hören war. Von Friedrich hatte sie heute nichts zu befürchten. Er würde den Scheiterhaufen vor der drängenden Menschenmasse schützen, hatte er laut in der Schule verkündet.

Was sollte also geschehen? Karlchen war in der Wohnung, die Tür hatte sie zweimal abgeschlossen, und Friedrich würde um nichts auf der Welt das gigantische Spektakel auf dem Römerberg verpassen wollen, genauso wenig wie Marianne, Richard oder Lutz.

Als sich nichts regte, schlich sie auf Zehenspitzen zur Haustür, lief hinaus auf die Straße und ließ sich vom Menschengedränge mitziehen.

Es mussten Tausende sein, zig Tausende, die unterwegs waren. Elisa zwängte sich zwischen Wollmänteln, Kostüm- und Strickjacken hindurch, an Uniformen und Waffenröcken vorbei, an Westen, an denen der Geruch nach Stall und Mist klebte, an parfümierten Herrenröcken und durchgeschwitzten Blusen. Immer weiter, bis der Menschenzug am Römerberg ins Stocken geriet.

Sie drängte auf eine Giebelhauswand zu und kauerte sich an das Fachwerk gleich neben eine Gaststättentür. Die wäre sicherlich ein Schlupfloch für den Notfall.

Elisa schaute sich um. Vati und Mutti waren hier irgendwo dazwischen, zwischen Tausenden von Neugierigen. Trotzdem konnte sie entdeckt werden. Auch von Nachbarn, Freunden oder Verwandten.

»Na, komm, Mädchen. Da kannst du ja gar nichts sehen!« Ein dickbäuchiger Gastwirt zwinkerte ihr zu, winkte sie in die Gaststube und dann hoch in den ersten Stock.

Dort standen Gäste an geöffneten Fenstern. Es roch nach Würstchen und Kartoffelsalat, Zigarrenrauch und Bier. Aus der Ferne hallten Märsche durch die Straßen. Sie waren aufwühlend und spornten zum strammen Marschieren an.

»Lasst das junge Fräulein mal durch«, sagte der Wirt mit polternder Stimme und lachte. Seine roten Bäckchen glänzten vom fettigen Küchendampf. »Damit sie was sieht und lernt fürs Leben. Die Jugend ist unsere Zukunft.«

An einem Fenster entstand eine Lücke, und er schob Elisa auf das Fensterbrett zu. »Na, ist die Aussicht nicht prachtvoll?«

Drüben, mitten auf dem Römerberg, war ein Scheiterhaufen errichtet, weit genug entfernt von den Giebelhäusern, vom Rathaus und der Menschenmasse, die von SS-Leuten auf Abstand gehalten wurde. Und weit genug entfernt von der Statue der Gerechtigkeitsgöttin mit den Waagschalen in der Hand.

»Bald, sie müssen bald kommen!«, rief einer mit grauem Haar und biss in seine schwitzende Wurst. Saft spritzte auf seine Krawatte.

»Pass doch auf, Erwin.« Eine drahtige junge Frau rieb mit einem nassen Tuch an dem Fettspritzer herum.

»Ach, spiel dich hier nicht auf.« Der mit dem grauen Haar schüttelte sie ab. »Du musst zu Hause ja auch was zu tun haben.«

»Hör gut zu, Mädchen«, sagte einer mit hohen Wangenknochen zu Elisa. »Hier lernst du wirklich was fürs Leben, damit du weißt, dass Hitler uns vor allem Fremden schützt.«

Elisa verstand das nicht. Warum sollte alles, was man nicht kannte, gefährlich sein? Sie war neugierig auf das Fremde, sie wollte gerne mal nach Italien reisen oder vielleicht sogar mit Judith übers Meer nach Amerika …

Der mit dem schütteren Haar lachte. »Das deutsche Volk wird diese Verräter einfach ausspucken wie eine Fliege, die versehentlich in seinen Mund geflogen ist«, sagte er. »Solch eine natürliche und notwendige Selbstreinigung der Gesellschaft wird unser Land nur stärken.«

Der mit den hohen Wangenknochen schlug ihm zustimmend auf die Schulter und fuhr fort: »Ja, es wird unser Land stärken, bis unsere Soldaten bereit sind für die Gebietserweiterung im Osten.«

»Aber … das bedeutet Krieg«, stotterte Elisa.

»Keine Angst«, fuhr der andere fort. »Wir werden den Osten einfach überrollen. Und sie werden uns, den Befreiern, entgegenjubeln. Ist es nicht ungerecht, dass ein so großes Volk wie das deutsche so wenig Land besitzt?«

Elisa starrte aus dem Fenster und schwieg. Von weitem war die SS-Musikkapelle zu hören. Im Marschschritt ging es voran, mit dröhnenden Posaunen, trillernden Pikkoloflöten und wirbelnden Trommelschlägen. Sie marschierten mitten durch die Menschenmassen den Gang entlang, der von SS-Leuten freigehalten wurde. Die Kapelle bewegte sich wie ein kolossales Raupentier auf den Scheiterhaufen zu.

»Ah, hinter der Kapelle läuft die NS-Dozentenschaft der Universität!« Ein Herr mit schwarzgewelltem Haar klappte den Deckel seiner Taschenuhr hoch. Sie glänzte silbern im Licht der vielen Fackeln, die ihren Schein hoch an die Häuserfronten warfen. »Pünktlich 21 Uhr!«

Einundzwanzig Uhr? Beeilt euch, dachte Elisa. Wegen Karlchen. Aber der schläft, er schläft ganz bestimmt, oder? Was sollte passieren, sie hatte die Tür ja abgeschlossen. Aber der Ersatzschlüssel ... Elisa schüttelte den Kopf. Der war bei Borkmann in der Wohnung, und Friedrich war da unten irgendwo. Es konnte nichts passieren.

Es folgten Studenten in Uniformen, mit lodernden Pechfackeln und wehenden Hakenkreuzfahnen. Und endlich kam ein Leiterwagen näher, der von zwei Ochsen gezogen wurde und vollgepackt mit Büchern, Schriften und Heften war.

»Mit dem Wagen wird sonst Stallmist auf die Felder gefahren«, sagte der mit dem grauen Haar.

»Ja, Mist bleibt eben Mist. Das macht keinen Unterschied zu den Büchern«, sagte ein anderer und lachte. Er lachte, bis er keuchte.

Die Gaststättenbesucher drängelten näher ans Fenster

heran. Elisa spürte heißen Atem im Nacken und roch teures Parfüm. Aber sie hatte gute Sicht nach draußen. Überall hingen Neugierige in Trauben an den Fenstern.

Der Grauhaarige hob seinen Brustkorb. »Das Gespann da ist von einem Frankfurter Landwirt. Ein Freund von mir.«

Die SS-Musikkapelle spielte jetzt den Trauermarsch von Chopin, diesem Polen aus Warschau. Dazwischen war das Brüllen der Ochsen zu hören.

»Warum der Trauermarsch?«, fragte eine junge Frau.

Jemand lachte. »Du Dummchen! Pass nur auf, was gleich zu Grabe getragen wird.«

Jetzt hielt der Mistwagen neben dem Scheiterhaufen. Ein Mann bestieg den Holzstoß, die Militärkapelle senkte Trompeten, Pikkoloflöten und Trommelschlägel. Auch der Schellenbaum wurde abgestellt.

»Jetzt Ruhe!«, raunte der Grauhaarige. »Das ist Hochschulpfarrer Otto Fricke.«

Elisa lauschte und atmete mit geöffnetem Mund, als wollte sie die Wörter aus der Luft auffangen, die vom Holzhaufen aus herüberschallten. Sie wollte begreifen und verstehen, was hinter den Wörtern steckte. »Undeutscher Geist ...«, hieß es da, » ... von deutscher Hochschule verbannt.« Und: »Das deutsche Volk .... Das wieder zu sich selbst gefunden hat.«

Elisa dachte an das Freundschaftsband, das Judith ihr mit der Strickliesl flechten wollte. Da gab es so viele bunte Fäden, die zu einem Band zusammen geflochten waren. Hier gab es nur eine Farbe.

»Heil ... deutsches Vaterland ... Volkskanzler Adolf Hitler.« Der Studentenpfarrer kletterte wieder vom Podest am Scheiterhaufen herab.

Dort hinten, gleich neben der kleinen Treppe am Podest, war das nicht Friedrich? Und gleich daneben Richard ... Natürlich, dachte Elisa. Und bei ihnen stand der blonde Lutz. Karlchen konnte also nichts geschehen. Doch wenn Friedrich den Zweitschlüssel zur Wohnung jemand anderem weitergegeben hatte? Beunruhigt schaute sie sich um. Ob sie nicht doch lieber nach Hause gehen sollte?

Jemand griff nach einem Kanister und schüttete Flüssigkeit auf den Holzstapel.

»Das ist Benzin, Benzin«, rief der Grauhaarige und rieb sich die Hände. Seine Augen leuchteten. »Benzin! Jetzt geht es los! Pass auf, Mädchen. Und noch was zum Lernen: Lass dich nie mit Volksverrätern ein!«

Es knackte, knisterte und rauchte. Dann: ein Feuerknall. Grelle Flammen züngelten hoch. Wind fegte hinein und wirbelte sie auf. Mitten auf dem Römerberg. Es sah aus. als hätte sich die Erde geöffnet. Rote Feuerfunken tanzten hoch über die Giebelhäuser.

Ein anderer griff nach Büchern aus dem Ochsenkarren und warf sie ins Feuer. »Karl Marx, Alfred Döblin, Friedrich Renn ...«, hallte es über den Platz.

Elisa stand regungslos da, starrte ins auflodernde Feuer und sah die Rauchfahnen, die aufstiegen. Da wurden Gedanken verbrannt, Geschichten verkohlten zu Asche, Menschen wurde ihr Leben genommen.

»Lion Feuchtwanger, Erich Maria Remarque, Clara Zetkin ...«

Das waren Namen auf Büchern, die bei Vati im Regal standen. Was war so gefährlich daran, dass man sie nicht lesen durfte? Sie wollte das lesen, alles lesen. Sie wollte verstehen und nicht blind gehorchen.

»Anna Seghers, Heinrich Mann, Kurt Tucholsky ...«

Das Wort ist gefährlich. Es verführt zum Denken. Das ist die Macht des Wortes. Das macht das Wort mit uns. Elisa verstand ... Sie wollte das alles lesen!

»Stefan Zweig, Erich Kästner ...«

»Warum Erich Kästner?«, rief Elisa entsetzt. Warum Erich Kästner? Warum ›Emil und die Detektive‹?

»Auch ein Volksverräter«, antwortete der Grauhaarige. Seine Stimme klang scharf, er vertrug keinen Widerspruch. »Das verstehst du noch nicht. Vertrau dem Führer.«

Die Menschenmenge wogte, donnerte ein dreifaches Sieg-Heil auf Hitler. Feuerschein flutete über die Menschenköpfe, es roch nach Verbranntem. Nach Benzin, nach Papier, nach Leder. Die SS-Musikkapelle spielte auf.

»Ah, das Horst-Wessel-Lied!«, rief der Grauhaarige. Sie sangen mit, sie sangen alle mit.

»Die Fahne hoch! Die Reihen fest geschlossen!

SA marschiert, mit mutig festem Schritt ...«

Der Metzger ruft! Die Augen fest geschlossen, erinnerte sich Elisa an Brunos Text. Das Kalb marschiert mit ruhig festem Tritt ...

Sie fröstelte. Ein Reich, ein Volk, ein Führer. Sie verstand immer besser. Ein Gedanke, eine Gefolgschaft. Überall schnellten rechte Arme hoch. Beim lodernden Feuerschein, im Licht der Fackeln. Ohne Marionettenfäden. Die Bewegung war aus Befehlen geknüpft. Aus blindem Gehorsam gemacht. Mit Untertanengeist verwoben. Das Denken: Gleichgeschaltet.

Elisa wollte zurück nach Hause. Sie zwängte sich an dem Grauhaarigen vorbei aus dem Gastraum heraus, lief dann die Treppe hinunter und raus auf die Straße. Sie versank zwischen Körpern mit hochgestreckten Armen. Sie wollte nur nach Hause und drängte sich vorbei an erhitzten Wangen, an glänzenden Augen, an strahlenden Gesichtern.

»Das war aber schön«, hörte sie die Stimme eines jungen Fräuleins.

»Ja, der Herr Führer weiß genau, was das Volk will«, antwortete eine Begleiterin mit Anstecknadel der NS-Frauenschaft am Kragen. »Der tut uns gut.«

Elisa rannte. Sie hielt sich nur noch die Ohren zu und rannte.

Elisa zitterte am ganzen Körper. Sie musste den Haustürschlüssel langsam im Schloss umdrehen, redete sie auf sich ein. Ruhig, ganz ruhig! Hauswart Borkmann hörte das Ticken einer Uhr, den Flügelschlag eines Insekts. Endlich ließ sich die Tür aufdrücken. Sie horchte. Das Treppenhaus lag ruhig.

Elisa schlich über die Marmorfliesen auf die Treppe zu. Der blasse Schein der Laternen fiel in den Flur. Sie griff nach dem Geländer. Das Holz lag glatt und kühl in ihrer Hand. Auf Zehenspitzen, leise, ganz leise schlich sie die Stufen hoch zu ihrer Wohnung. Sie tastete nach dem Schloss und schob den Schlüssel hinein: zwei Mal umdrehen, ein Klacken. Dann schob sie die Wohnungstür auf, wand sich in den Flur und drückte sie schnell wieder zu. Erleichtert atmete sie auf.

Erst jetzt bemerkte sie das Licht im Wohnzimmer. Langsam wurde die

Küchentür aufgedrückt. Elisa wurde blass, die Eltern, sie waren zurück? Friedrich? Regungslos stand sie da.

»Ich habe schon auf dich gewartet.« In der Tür stand

Toni, Onkel Toni! Und grinste. Über seine Stirn zog sich eine breite, rosige Narbe bis zum Haaransatz hoch.

Elisa rannte los, ihre Schuhe knallten auf den Holzdielen auf, ihre Zöpfe flogen ihr über die Schultern. Dann fiel sie Toni in die Arme und klammerte sich an ihn.

»Du bist gesund!« Sie weinte und schluchzte. »Du bist wieder ganz gesund?«

»Alles ist gut!« Er drückte sie an sich, ganz fest, tränennass wie sie war, und küsste sie aufs Haar. »Aber jetzt ab ins Bett, du kleine Ausreißerin.«

»Du sagst den Eltern kein Wort?« Elisa mochte ihn gar nicht anschauen. Sie musste hässlich sein mit den verheulten Augen.

»Warum sollte ich?«, sagte er leise.

»Und Karlchen?«

»Der schläft. Ich habe ihm Geschichten vorgelesen.«

»Von Kästner?«

»Wie kommst du auf Erich Kästner?«

»Den haben sie eben verbrannt. Auf dem Römerberg …«

Toni schloss die Augen. Elisa schmiegte sich an seine Brust und hörte das schnelle Pochen seines Herzens. Sein Pullover roch nach Schießpulver und Kernseife.

»Die Bücher können neu gedruckt werden«, sagte Toni leise. »Später einmal …«

»Und wenn nicht?«

»Ganz bestimmt werden sie neu gedruckt. Nur muss erst die Dummheit besiegt werden. Die blinde Hörigkeit, der Untertanengeist …«

»Du meinst, das alles könnte einfach so verschwinden und …«

»Jetzt ist aber Schluss!« Toni lächelte. »Geh schnell

ins Bett, bevor die Eltern kommen und es ein Donner-
wetter gibt.«

Im Bett zog Elisa die weiche Daunendecke hoch bis zur
Nase und schmiegte sich hinein, bis sie sich ganz geborgen fühlte. Sie wollte zwar auf die Eltern warten und ihre
Gespräche belauschen, aber es war so weich und warm
in den Daunen, dass sie in den Schlaf gezogen wurde.

Traumlos fiel sie ins Nichts, bis eine Hand über ihr
Haar fuhr. Elisa blinzelte. Es war schon hell. Die Mutter
saß neben ihr auf dem Bett und lächelte.

»Na, meine Kleine? Ausgeschlafen?«

»Guten Morgen, Mutti!«

»Es ist schon fast neun Uhr.«

»Und die Schule?« Elisa wollte aufspringen, aber die
Mutter drückte sie zurück ins Kissen. »Vati schreibt dir
eine Entschuldigung. Es ist so viel Unruhe in der Stadt ...«

Onkel Toni hatte im Wohnzimmer übernachtet und
ein paar Brötchen gekauft, knusprig frisch vom Bäcker.
Sie dufteten, und die Kruste krachte, wenn man drauf
drückte.

Karlchen liebte es, mit dem Finger ein Loch hinein-
zubohren und den warmen, flaumweichen Teig heraus-
zupulen.

Dann gab es noch Marmelade, Honig und sogar Eier.
Die hatten sie von den Großeltern mitgebracht. Außerdem hatte Onkel Toni echte Apfelsinen und sogar Nord-
seekrabben in Büchsen besorgt.

Die Mutter schloss die Augen, als sie in ihr Krabben-
brötchen biss. »Da glaubt man, man wäre verreist.«

»Wer möchte etwas Milch?«, fragte der Vater.

»Und ... Kakaopulver?« Onkel Toni grinste. Er hielt

tatsächlich ein Päckchen Kakao in der Hand, dieses pudrige, braune Pulver, das mit Zucker vermischt den Geschmack im Mund explodieren ließ.

»Ich, ich, ich!«, rief Karlchen.

»Wo hast du das denn her?«

»Von Wagner, aus der Schillerstraße. Die hatten doch neulich ein Jubiläum mit Sonderangeboten.«

Karlchen tunkte sein Brötchen in den Kakao. Es tropfte und schmierte und kleckerte. Mutti ließ ihn gewähren. Sie sagte nichts und lächelte, als ob sie etwas falsch gemacht hätte und sich so entschuldigen wollte.

Sätze flogen hin und her, die nichts weiter zu sagen schienen. Über die Steckrüben bei Oma Elsbeth, den verlorenen Auspuff von Opa Josefs Motorrad und die erkrankte Frau Singer aus dem Gemüsegeschäft um die Ecke.

»Die … Grippe wird sie erwischt haben. Mit einem kräftigen Husten«, sagte Mutti und nahm einen Schluck Pfefferminztee.

Kein Wort über den Römerberg, über verbrannte Bücher oder Vatis Bücherregal im Arbeitszimmer, das mit den Lücken, die immer größer wurden. Auch als Karlchen in seinem Zimmer spielte, blieben die Gespräche an der Oberfläche.

Elisa sah von Onkel Toni zu Vati und dann zu Mutti. Was sie wohl redeten, wenn sie nicht hier wäre? Nachdenklich trank sie ihren warmen Kakao, und mit jedem Schluck wuchs die Sehnsucht nach Judith.

Als Onkel Toni Schlafanzug und Hemden in ein Köfferchen packte, holte Elisa unauffällig das goldene Armband, das unter ihrem Bett versteckt war und drückte es ihm in die Hand. Zwar konnte sie es jetzt nicht mehr in der Pfandleihe in Zahlung geben, aber dies war ihr tausendmal lieber.

»Von Frederike«, sagte sie leise.

Toni blickte sie überrascht an, nickte, sagte aber kein Wort. Dann ließ er das Goldarmband in einen versteckten Saum seiner Jacke gleiten.

Nach dem Frühstück verabschiedete sich Onkel Toni und drückte Elisa an sich. Das dauerte Sekunden, ein paar Sekunden zu lang, was sie aber sehr genoss. Die Eltern waren sehr ernst, als sie ihn umarmten. Als wäre das ein Abschied für immer.

»Mein kleiner grüner Kaktus ...«, fing Toni an zu singen, als er Karlchen hochhob und im Kreis drehte.

» ... steht draußen am Balkon ...«, krakeelte Karlchen weiter, juchzte und sang das Lied zu Ende. Bei der letzten Zeile, ... und der sticht, sticht, sticht’, sahen die Eltern zu Boden. Ihre Gesichter wirkten fahl.

»Wir gehen zusammen zu der Musikgruppe, die das Lied singt«, plapperte Karlchen. »Die tragen alle schwarze Wracks.«

»Fracks«, verbesserte Elisa.

»Das wird bestimmt wunderschön«, sagte Onkel Toni.

»Ich muss nur sehen, ob wir genug Geld haben. Für die Eintrittskarten«, sagte Mutti.

Elisa wurde blass und schaute hilflos zu Boden. Sie musste eine Lösung finden, sie brauchte das Geld zurück, von wem auch immer.

Onkel Toni holte einen Brief aus seiner Tasche und gab ihn Mutti. Sie sah ihn fragend an. »Für unsere Eltern«, sagte er leise.

»Wann kommst du denn wieder?«, rief Karlchen.

»Wenn die Wellen sich geglättet haben«, sagte Toni.

»Die Wellen vom Meer?«

Toni nickte. »Die auch.« Er presste die Lippen zusammen und fuhr Elisa noch einmal übers Haar.

»Gibt's dann wieder Kakao?«, fragte Karlchen.

»Ja, dann gibt's Kakao. Mehr als du jemals trinken kannst.«

*

Am Sonntag hatte die Urgroßmutter Geburtstag. Die Brendels fuhren diesmal mit der Straßenbahn, nicht mit einem geliehenen Auto. Die Sitzplätze waren längst besetzt, viele Fahrgäste wollten hinaus ins Grüne, zu den Kirschbäumen mit ihren saftigen Früchten, an die Kletterfelsen oder ans Mainufer. Sie trugen Picknickkörbe mit sich. Die Luft war stickig, längst verbraucht und zu oft geatmet. Es roch nach Kartoffelsalat und Schmieröl.

Die Bahn quietschte und ruckelte. Wenn es in eine Kurve ging, hielten sich die Fahrgäste an Stangen und Griffen fest, um nicht das Gleichgewicht zu verlieren. Nur Karlchen ließ sich absichtlich gegen andere Fahrgäste fallen. Er tat so, als hätte er das Gleichgewicht verloren, während er entschuldigend grinste.

»Kannst du nicht aufpassen?« Ein stattlicher Herr im Sonntagsanzug und mit schwarzer Hornbrille war empört. Seine Augen wölbten sich im Brillenglas vor wie ein Fischauge. Entrüstet blickte er zu Vati und zeigte mit ausgestrecktem Zeigefinger auf Karlchen: »Ist das Ihrer? Dieser ... Halbneger mit den Afrika-Locken?«

»Was fällt Ihnen ein?« Vati zerrte Karlchen am Handgelenk nah an sich heran. »Passen Sie auf Ihre Wortwahl auf! Das war doch nur ein harmloser Jungenstreich.«

»Unser Sohn ist deutsch«, ging Mutti dazwischen. »Er ist deutsch, wie Sie und ich.«

»Warum hat er dann dunkle Lockenhaare?«

In der Straßenbahn gab es Flüstern hinter vorgehaltenen Händen, Blicke huschten von Vati zu Karlchen, dann zu Mutti. Elisa spürte Wut aufsteigen. Was sollte das? Karlchen hatte doch nur lockige, dunkle Haare, weil Opa Josef sie früher auch einmal gehabt hatte. Die waren vererbt.

Die Straßenbahn bimmelte, Bremsen quietschten, Eisen rieb sich an Eisen, Menschen drängten auf die Türen zu.

»Los, raus!«, rief Vati und zerrte Karlchen hinter sich her. »Wir müssen hier raus.«

Die letzte Station gingen sie zu Fuß. Es war nicht mehr weit. Karlchen kickte Steinchen gegen Mauerwände, Straßenlaternen und Steinskulpturen. Er hüpfte über Pflastersteine und sang: »Und wenn ein Bösewicht, was Ungezog'nes spricht, dann nehm' ich meinen Kaktus …«

»Jetzt nicht, Karlchen. Jetzt nicht!«, sagte Mutti.

»Warum?«

»Das verstehst du noch nicht.«

Elisa fiel eine bunte Postkarte ein, die sie neulich in der Hand gehalten hatte. Darauf war ein Schwarzer gemalt, der im hohen Bogen aus dem Frankfurter Hotel beim Bahnhof geworfen wurde. Waren Schwarze etwa nicht von Gott gemacht? Von dem richtigen Gott …

Karlchen jagte ein paar Tauben nach. Sie flatterten hoch, umkreisten eine Litfaßsäule und setzten sich oben aufs Dach. Mutti griff nach seinem Handgelenk und fuhr ihm immer wieder durch die dunklen Locken, um sie glatt zu drücken. »Gleich morgen lassen wir ihm die Haare kurz schneiden. Elisa, du gehst mit ihm zum Friseur!«

Elisa seufzte und nickte. Was blieb ihr anderes übrig?

Karlchen schaute empört hoch und drückte seinen Teddy an sich. »Warum? Da will ich lieber Halbneger bleiben!«

Im Hof hinter dem Arbeiterhaus trafen sie auf Großonkel Horst, der sein Fahrrad flickte. Er wirkte noch aufgedunsener als sonst. Sein Blick jagte unter halbgeschlossenen Lidern hin und her, als erwartete er, von hinten angegriffen zu werden.

»Hallo, Horst«, rief Vati.

»Heil Hitler«, antwortete er und hielt die Luftpumpe ans Ventil. »Geht schon mal rein, die anderen sind alle schon da.«

Das Küchenfenster zum Hof war geöffnet, es roch nach frisch gebackenem Kuchen. Elisa schaute zum Gärtchen hinüber, wo sie Unkraut gerupft und junge Pflanzen begossen hatte. Wo die Laube stand, in der Toni auf einer Pritsche gelegen hatte, schweißnass und mit blutender Wunde am Kopf.

Nach dem Mittagessen drängelten sich die Frauen in der Küche. Sie erhitzten auf dem Kohleofen Wasser im Kessel und wuschen tiefe Suppenteller und Löffel ab. Es hatte heute Eintopf gegeben, ohne Fleisch, wie der Führer das sonntägliche Essen vorgegeben hatte.

»Warum gab es denn kein Hühnchen?«, fragte Karlchen.

»Weil der Führer es so will«, antwortete Paul, der rotbäckige Sohn von Tante Käthe. »Ich mache alles, was der Führer will.«

»Ich werde auch mal Führer. Dann will ich, dass du aus dem Fenster springst.« Karlchen kicherte.

Tante Käthe trug ein störrisches Wollkleid mit Stehkragen. Trotzdem beugte sie sich zu Karlchen hinunter. »Was willst du?« Sie schob ihren Kopf vor, wie eine Schildkröte aus dem Panzer. »Was willst du meinem Paul antun? Er soll aus dem Fenster springen?«

»Das war doch nur Spaß«, ging Vati dazwischen. »Geht lieber raus zum Spielen. Schaut mal, ob ihr nicht doch die Hühner dressieren könnt. Aber macht die Stalltür zu.«

Die Jungen liefen johlend hinaus, über den Hof auf den Hühnerstall zu. Vati stand am Küchenfenster ganz nah bei Oma Elsbeth. Sie rieb sich mit der Hand über die Lippen. Das machte sie immer, wenn sie Angst vor Worten hatte, die sie unbedacht aussprechen könnte.

»Er bereitet uns vor«, sagte sie leise.

»Wer?«

»Der Führer. Sonntags soll es kein Fleisch mehr geben. Er bereitet uns vor auf den Verzicht.«

Am Nachmittag waren alle Stühle im guten Zimmer aufgestellt worden. Urgroßoma Edeltraud, das Geburtstagskind, thronte in ihrem grünen Polstersessel. Elisa saß eng neben Oma Elsbeth und hielt ihre Hand.

»Wann geht's denn los?«, fragte Karlchen ungeduldig.

»Gleich.«

»Wann ist denn gleich?«

»Gleich!«

Endlich brachte Vati einen aufgespannten Regenschirm in die Stube. Das schwarze Nylon war fest über die Speichen gezogen. An jeder Kugelspitze hing ein kleines Geschenk. Alle klatschten in die Hände, sie wussten, was kam …

»Es geht los! Es geht los!«

Ein Plakat wurde aufgerollt und an die Wand gehängt. Darauf waren in Kästchen bunte Gegenstände gemalt.

Tante Käthe zeigte mit dem Stock auf ein Kästchen.

»Ist das nicht `ne Leberwurst …«, sang sie vor.

»Ja, das ist `ne Leberwurst!«, wiederholten alle.

»Ist das nicht was gegen Durst …« Sie zeigte auf eine gemalte Flasche.

»Ja, das ist was gegen Durst«

»Gegen Durst, Leberwurst … oh, du schöne, oh, du schöne, oh du schöne Lebenszeit.«

Das Stück Leberwurst, das vom Regenschirm baumelte, wurde abgeschnitten und auf den Tisch gelegt, auch die kleine Schnapsflasche aus Pappe. Dafür wurde eine richtige Flasche auf den Tisch gestellt und jedem eingegossen.

Tante Käthe zierte sich, das gefüllte Gläschen zu nehmen. Wie immer. Jeder munterte sie auf. Wie immer. Bis Bernhard ihr das Schnapsglas reichte. Wie immer. Bis sie trank. Und sich schüttelte. Und strahlte. Wie immer.

Der Alkohol erhitzte Tante Käthes Wangen, weichte die Tante auf, machte sie kribbelig und spätestens nach dem dritten Schnaps – und auch das wusste jeder – würde sie sich zu Boden fallen lassen und wollte von starken Armen aufgehoben werden. Dabei lächelte sie dann glückselig und schunkelfreudig.

Elisa lief hoch zum Dachboden, Karlchen und Paul

rannten ihr hinterher. Sie wollte noch einmal in die Truhe schauen mit den geschnitzten Puppenbeinen, den bemalten Köpfen, den Stoffen und Farben. Vielleicht lag dort eine neue Marionette, bunt bemalt, vielleicht eine Seejungfrau mit Oberlippenbart. Aber die Truhe war leer. Sogar die Farbeimer waren nicht mehr da. Auch die herabhängenden Tabakblätter waren von der Leine genommen. Die Jungens schaukelten auf einem alten Holzpferd, bis es kippte.

»Lasst den Quatsch«, rief Elisa. »Sonst gibt es Ärger!«

Zurück in der Wohnung war die Stimmung auf dem Höhepunkt. Die Verwandten sangen und schunkelten. Die Schnapsflasche war leer, eine neue stand auf dem Tisch. Daneben standen auch Bierflaschen.

»Wir können Maikäfer sammeln«, rief Karlchen. Er fühlte sich stärker als sonst, weil Paul an seiner Seite war.

»Und Frösche.« Paul grinste breit. »Die können wir aufblasen. Bis sie platzen.«

Mutti schüttelte sich. »Bleibt lieber hier. Wir fahren bald nach Hause.«

Elisa setzte sich dicht neben Oma Elsbeth aufs Sofa. Die Großmutter trank nicht, sie freute sich, dass die Kinder da waren. Und dass Opa Josef noch lebte. Nach den Kriegswirren von 1918 …

Tante Käthe zeigte mit dem Stock wieder auf das Plakat.

»Ist das nicht ein Lumpenhund …«

»Ja, das ist ein Lumpenhund.«

Ein kleiner, geschnitzter Hund, der mit schwarzer Farbe bemalt war, wurde vom Regenschirm abgeschnitten.

»Ist das nicht ein süßer Mund …«

»Ja, das ist ein süßer Mund.«

Jetzt küssten sich die Pärchen untereinander. Bernhard wollte Käthe einen Kuss auf die Wange drücken, aber die spitzte ihre Lippen und hielt sie ihm hin. Sie seufzte laut, als sein Mund sie berührte.

»Süßer Mund, Lumpenhund

Gegen Durst, Leberwurst ....

Oh, du schöne, oh du schöne, oh du schöne Lebenszeit.«

Der Gesang wurde lauter, ausgelassener. Erhitzte Gesichter strahlten sich an. Die Geschenke an den Kugelspitzen des Regenschirms wurden weniger.

Die Tür öffnete sich und Großonkel Otto kam näher, in brauner SS-Uniform mit Koppel und Knüppel. Sofort nahm er ein gefülltes Schnapsglas und schüttete den Inhalt in sich hinein.

»Ist das nicht ein Wackelzahn?« Das Singen von Tante Käthe ging in Kreischen über. Am Schirm wurde ein Zahn aus Watte mit etwas roter Farbe abgeschnitten.

»Ja, das ist ein Wackelzahn ...«

»Ist das nicht ein Feuerspan?«

»Ja, das ist ein Feuerspan ...«

Ein Holzspan zum Anzünden des Kohleofens wurde zu den Geschenken gelegt. Urgroßoma Edeltraud saß in ihrem Sessel und klatschte in die Hände. Sie lächelte zahnlos, winzige Falten durchzogen ihre Gesichtshaut.

»Wackelzahn, Feuerspan,

Süßer Mund, Lumpenhund,

Gegen Durst, Leberwurst ... Oh, du schöne, oh, du schöne, oh du schöne Lebenszeit.«

Großonkel Otto schlug mit seiner fleischigen Hand auf den guten Wohnzimmertisch. Immer im Takt, immer kräftiger. Karlchen marschierte im Gleichschritt mit Paul im Flur auf und ab.

Otto stand auf und marschierte auf der Stelle, mit hochrotem Kopf und flackerndem Blick. Dann riss er den rechten Arm hoch. Bernhard machte es ihm nach. »Und los, alle im Kreis.«

»Die Fahne hoch, die Reihen fest geschlossen,

SA marschiert …«

Oma Elsbeth schloss die Augen, strich sich über den Mund und verließ das Zimmer. »Mir ist nicht gut«, sagte sie.

Elisa lief ihr hinterher. Die Großmutter sah blass aus. In der Küche öffnete sie die Fensterflügel ganz weit, frische Luft strömte ins Zimmer. Und das Krächzen von Raben, das Gackern von Hühnern und das ferne Tuten einer Dampflok. Sie stellte sich ganz dicht zur Großmutter ans Fenster.

»Was ist, Kind? Magst du reden?«

»Ja, es ist …«, druckste Elisa. »Ich weiß nicht, ob ich ihm vertrauen kann.«

»Magst du ihn?«

Elisa nickte.

»Wenn er dich auch mag, ist es einen Versuch wert. Probiere es aus. Ganz vorsichtig. Mehr als scheitern kannst du nicht. Das kann schmerzen, aber dann weißt du, wer da vor dir steht.« Oma Elsbeth senkte den Blick. »Viele wollen die Wahrheit nicht sehen. Und dann schmerzt es hinterher umso mehr.«

»Du magst ihn nicht?«, fragte Elisa leise.

»Wen meinst du?«

»Hitler …«

Oma Elsbeth schwieg und drückte Elisa an sich, als

wäre es das letzte Mal. Elisa hörte Großmutters Herz pochen, ihr Atem ging schneller als sonst.

»Ist es nicht komisch, dass man so viel atmen muss? Dass man sonst stirbt?«, sagte Elisa.

Unter dem Küchentisch fing es an zu kichern. »Oh, ich atme, was für ein Wunder!«

Elisa hob die Wachsdecke hoch. Das war Karlchen. Er lallte. »Ja, das ist `ne Leberwurst ...« Er hockte neben dem Wasserbottich, in dem die Bierflaschen gekühlt wurden. Auf der anderen Seite saß Paul mit einer Flasche am Mund und trank gerade einen Rest aus.

»Was ist denn hier los?«, rief Vati, als er in die Küche kam.

»Oma mag Hitler nicht ...« Karlchen kicherte.

»Kommt sofort da raus!« Vati zerrte die beiden unter dem Tisch hervor. Karlchen hielt ein geöffnetes Marmeladenglas in der Hand, steckte den Zeigefinger tief in die Erdbeermasse und leckte ihn ab. Dabei stöhnte er und verdrehte die Augen. Rote Soße blieb an den Lippen hängen.

»Seid ihr total verrückt?«, rief Mutti, die nach der Großmutter sehen wollte. Mit einem nassen Lappen wischte sie rote, klebrige Reste von Karlchens Mund.

»Sieht aus wie Blut«, rief Paul und kreischte vor Lachen.

Vom Wohnzimmer her hallte das Aufstampfen von Schuhen herüber. Dazu Händeklatschen und das inbrünstige Singen von Marschliedern. Die Dielen vibrierten, das Wasser im Bottich warf Kreise, die Gläser auf dem Tisch klirrten.

»Es war doch nur Marmelade.« Oma Elsbeth stellte sich ans geöffnete Fenster und schaute in die Ferne. »Nur rote Marmelade.«

Unreines Blut

»Hannes, Hannes warte!« Elisa rannte ihm auf dem Schulhof hinterher. Der Schulranzen schlug gegen ihren Rücken, sie stolperte, aber er fing sie rechtzeitig auf.

»Hast du einen Moment Zeit?«, fragte sie.

»Ja, aber wirklich nur einen kurzen Moment«, sagte er, strich ihr über die Wange und schaute auf seine neue Armbanduhr. »Du weißt, die Wehrsportgruppe … ich muss!«

»Ja, ich weiß«, antwortete Elisa. »Ich will nur kurz bei dir sein.«

Sie gingen schweigend nebeneinander her, aber es war ein Schweigen, das guttat. Da war etwas, das er ausstrahlte und was sie beruhigte. War es sein durchtrainierter Körper oder die widerspenstige Haarsträhne, die ihm ins Gesicht fiel? Waren es die Lippen oder seine Augen mit den langen Wimpern, die diesen Sog auf Elisa ausübten? Sie wusste es nicht. Er nahm ihr den Schulranzen ab, legte den Arm um sie und zog sie an sich.

»Was ist los? Was beschäftigt dich? Wie kann ich dir helfen?«, fragte er vorsichtig.

»Ja«, stammelte Elisa. »Du weißt, ich habe da Probleme ...«

» ... über die du nicht reden willst«, fuhr Hannes fort und küsste sie auf die Wange. »Lass dir Zeit, bis du das Vertrauen zu mir hast.«

»Aber ich habe das Vertrauen«, sagte Elisa. »Es ist nur nicht so einfach ...«

»Na, komm.« Er blieb stehen, stellte den Ranzen ab und umfasste ihre Hände. »Wenn du magst, rede. Ich höre dir zu. Und dann finden wir gemeinsam eine Lösung.«

Elisa nickte, schaute verlegen zu Boden und erzählte ihm stockend, wie ein Stein sie getroffen hatte, wie sie das Geld aus dem Sparstrumpf gestohlen hatte, und wie sie von Friedrich erpresst wurde.

»So, von Friedrich ...« Hannes wiegte den Kopf. »Du brauchst also zwanzig Reichsmark. Die kann ich dir gerne leihen.«

Elisa starrte ihn an. »Ehrlich? Das würdest du tun?«

Er zog eine Geldbörse aus der Jackentasche, aber sie war leer. »Reicht es, wenn ich dir morgen das Geld mitbringe?«

Elisa fiel ihm um den Hals. »Sobald ich genügend gearbeitet habe ...«

» ... gibst du es mir zurück.« Hannes lächelte. »Mach dir keine Gedanken. Ich vertraue dir!«

»Morgen!« Ihre Augen glänzten. »Und Bruno hatte mich vor dir gewarnt. So ein Idiot!«

Hannes lachte und warf den Kopf in den Nacken. »Bruno? Wahrscheinlich hat er selbst Dreck am Stecken ... Alles gut?«

Sie nickte und atmete tief durch. »Alles gut.«

Er tippte auf seine Armbanduhr mit den grün leuchtenden Ziffern. »Ich muss dringend los. Bis morgen.«

Elisa schaute Hannes hinterher und lächelte. Das würde sie ihm nie vergessen! Es waren seine zwanzig Reichsmark, die ihre Welt wieder auf die Füße stellten. Bald würde ihr Schamgefühl sie nicht mehr quälen. Bald könnte Friedrich sie nicht mehr erpressen. Bald würde ihre Welt wieder in Ordnung sein. Bald …

Als sie zu Hause die Wohnungstür aufschloss, roch es nach frisch gekochter Erdbeermarmelade.

»Mutti?«, rief Elisa. »Mutti! Bist du schon zurück?« Sie lief in die Küche, dort standen gefüllte Einmachgläser, aber von Mutti war nichts zu sehen. Dann ging sie ins Bad, in Karlchens Zimmer. »Mutti?«

Auch Vatis Arbeitszimmer war leer. Im Schlafzimmer waren die Betten abgezogen und die Matratze hochgestellt. Auf der Kommode lag neben dem gläsernen Schwan der prall gefüllte Sparstrumpf. Elisa sackte in sich zusammen. Und jetzt?

*

Das Schaufenster vom Fotoatelier Wittmann war neu dekoriert. Fotos waren ausgetauscht, auch das von Frederike von Hütting und dem jüdischen Oberbürgermeister Landmann fehlte, der nach Hitlers Ernennung zum Reichskanzler sofort aus dem Amt entlassen worden war. Fremde Gesichter blickten Elisa aus Silberrahmen entgegen. Nur das große Bild von Schauspieler Sittinger als Höllenfürst hing übergroß an der Rückwand, gleich neben der Fahne der Nationalsozialisten.

Wenn Mutti sich freut, dass ich sie vom Geschäft abhole, überlegte Elisa, dann weiß ich, dass das Geld vom Sparstrumpf noch nicht gezählt ist. Wenn alles gut läuft, können wir zusammen nach Hause gehen. Vielleicht schlendern wir mit einem Eis durch die Goethestraße oder schauen uns auf der Zeil Modegeschäfte an. Oder wir essen im Café am Roßmarkt ein Stückchen Kuchen. Und wenn es schlecht läuft?

Elisa atmete tief durch und drückte die Eingangstür auf. Auch hier klingelten Silberglöckchen, allerdings lauter als die in der Bäckerei. Sie waren größer und massiver gefertigt, damit ihr Läuten auch in der Dunkelkammer zu hören war.

Sofort kam Horst Wittmann auf sie zu. Er schien verärgert. Sein Doppelkinn zitterte bei jedem Schritt. Sein Übergewicht machte, dass er leicht watschelte.

»Na, Mädchen?« Seine Stimme klang abwehrend und kalt. »Gibt es noch irgendetwas, was deine Mutter mir sagen lässt?«

Elisa stutzte. Was hatte das zu bedeuten? Half Mutti nicht, Lampen auszurichten und Fotos zu entwickeln?

»Ich … ich wollte nur fragen, wo ich sie … finden kann.« Elisa schaute verlegen zu Boden.

»Sie putzt!« Wittmann streckte seinen fülligen Bauch vor, seine Weste spannte. Die Kette der Taschenuhr glänzte im Schein der Glastulpe, die am Tresen herunterhing. Die silberne Registrierkasse stand geöffnet. Mit einem kräftigen Schubs drückte Wittmann sie zu. »So eine kann ich hier nicht brauchen.«

»Ja … ja, das weiß ich«, gab Elisa vor. Sie suchte nach Worten, nach passenden Sätzen. »Aber … wo putzt sie? Haben Sie die Adresse?«

Wieder klingelten die Silberglocken. Eine Dame mit Federhütchen betrat den Laden. Ihr kräftiger Busen wölbte die blaue Bluse, die Wangen waren von feinen Äderchen durchzogen.

»Keine Ahnung. Und jetzt verschwinde«, raunte Wittmann Elisa zu. »Ich habe Kundschaft.«

*

Schon von weitem sah Elisa, dass vor ihrem Haus ein Leichenwagen stand. Ein knochiger Rappe war eingespannt, der mit seinem Schweif Schmeißfliegen vom verschwitzten Fell wegwischte. Elisa rannte schneller. Vati? Mutti? Ob Frau von Ahrensburg etwas geschehen war? Wer würde dann den Pudel nehmen? Oder war der alte Wilhelm vom Dachgeschoss gestorben? Und Mutti arbeitete als Putzfrau? Was hatte das alles zu bedeuten?

Drei Männer mit muskulösem Oberkörper trugen einen grob gezimmerten Brettersarg aus dem Haus. Der Sarg rutschte auf ihren Schultern hin und her, als sie die Treppenstufen hinunter auf den Bürgersteig wankten.

»Passt doch auf! Sonst knallt er noch auf den Boden!« Das Gesicht eines Trägers war hochrot angelaufen, mit den Fingern umklammerte er den Sargdeckel.

Elisa lief auf Karlchen zu, der mit seinem Teddy im Arm bei dem Ackergaul stand und stellte sich zu ihm. Sicherlich war die alte Frau von Ahrensburg gestorben. Ob es ein Herzschlag gewesen war? Ganz schnell, ganz plötzlich und unerwartet? Erst gestern war sie doch noch mit ihrem Pudel unterwegs gewesen!

Holz knirschte, als der Sarg auf den Karren geschoben wurde. Der Kutscher drückte den Männern ein paar

Münzen in die Hand, sprang auf den Kutschbock und knallte mit der Peitsche. Die Pferdehufe schlugen hart auf den Pflastersteinen auf, als der Karren mit quietschenden Rädern anfuhr.

»Ein Dank an den Herrn Verstorbenen«, rief einer der Träger, hielt eine Münze in die Luft und verbeugte sich in Richtung des Leichenwagens. »Das Geschäft brummt.«

»Ja, Tote sterben nicht aus!« Sie lachten lauthals, einer zündete sich eine Zigarette an. Sie war selbst gedreht. Tabakflusen hingen aus dem Papierende und flammten kurz auf. Dann steckte er die Zigarette in den Mundwinkel. Die anderen bissen etwas vom Kautabak ab, den sie in ihren Jacken verwahrten, und schlenderten gut gelaunt davon, die Hände in den Hosentaschen.

»Die arme Frau von Ahrensburg«, sagte Elisa.

»Warum ist sie arm?«, fragte Karlchen.

»Weil sie gestorben ist.«

»Aber sie ist doch gar nicht tot.«

Elisa erschrak. »Nicht tot? Und wer liegt denn da in dem Sarg? Der dicke Wilhelm aus dem Dachgeschoss? «

»Das … ist … Glotz … auge!« Karlchen nickte dazu, um jedem Wort noch mehr Gewicht zu geben.

»Was? Glotzauge?« Elisa starrte zur Eingangstür und dann dem Leichenwagen hinterher.

»Der hat sich aufgehängt. Mit einem Strick!«, sagte Karlchen. »Im Keller. Mit einem ganz dicken Strick …«

Elisa rannte los, die drei Stufen hoch ins Treppenhaus. Alles lag still, die Tür zu Borkmanns Wohnung war verschlossen. Geduckt lief sie über die Marmorfliesen auf die Treppe zu. Glotzauge war tot?

Ob das stimmte, dass die Seele weiterlebt? Ob vielleicht sein Geist hier im Flur noch herumspukte? Elisa spürte Kälte im Nacken, die Härchen an ihren Armen stellten sich hoch.

Karlchen drückte unten die Haustür auf. »Hallo«, rief er laut. »Haaaallo, Herr Borkmann!« Er horchte. Kein Türaufreißen, kein Klackern mit dem Krückstock. Nur seine Worte hallten nach, fast feierlich. Wie im Kaiserdom.

In der Küche hockte Vati zusammen mit Frau von Ahrensburg. Eine Porzellantasse vom guten Geschirr stand vor ihr. Es roch nach frischem Pfefferminztee. Karlchen sprang auf Vaters Schoß.

»Jetzt ist er tot«, sagte er und schmiegte sich eng an ihn. »Und kann nie wiederkommen, oder?«

»Nein, er kann nicht wiederkommen.«

»Aber warum? Warum hat er sich erhängt?«, fragte Elisa.

Vati und Frau von Ahrensburg sahen sich kurz an. Sie nippte an der dünnwandigen Teetasse, ihr Pudel schleckte Wasser aus einem Napf in der Ecke. Die Mutter stand regungslos am Fenster.

»Karlchen, willst du nicht mal deine Holztierchen aufstellen?«, sagte Vati. »Dann schauen wir mal, was Großvater noch schnitzen kann.«

»Au ja!« Er sprang zu Boden und rannte los. »Erstmal brauche ich noch Pferde«, rief er vom Flur her.

Elisa wartete. Es dauerte, bis Vati seine Gedanken geordnet hatte.

Dann schaute er zu Mutti hinüber, die hatte sich umgedreht und nickte.

»Er wollte nicht mehr«, fing er leise an zu erzählen. »Die Nazis hatten ihn unter Druck gesetzt und erpresst.

Er war Halbjude. Er durfte hier wohnen bleiben, dafür sollte er aber die Familien ausspionieren … Seine Stockschläge, das Anschnauzen, die Strenge … Er wollte uns nur schützen. Er wollte uns alle davor bewahren, verhaftet zu werden. Er wollte nicht verraten, was in unserer Familie geschieht.«

Elisa stand ganz still. »Aber … woher weißt du das? Hat … Herr Borkmann mit dir gesprochen?«

Vati schüttelte den Kopf. Seine Brille beschlug, als er heißen Tee aus der Kanne nachgoss. Frau von Ahrensburg holte einen Brief aus ihrer Handtasche.

»Er hat mir einen Abschiedsbrief geschrieben«, sagte sie. Ihre Stimme zitterte. »Ich hatte schon geahnt, dass mit ihm etwas nicht in Ordnung war. Ich kannte ihn von früher. Noch vor Ende des letzten Krieges haben wir uns kennengelernt. Damals war er aufgeschlossen, voller Lebensfreude. Und dann nach dem Krieg, mit dem Krückstock, wurde alles anders. Das ist ja erst fünfzehn Jahre her.« Sie schüttelte den Kopf. »Er hätte sein Leben für das Deutsche Reich gegeben, wie Zehntausende andere Juden auch. Und jetzt war er plötzlich entartet? Ein furchtbares Wort. Gott hat die ganze Welt geschaffen. Ohne Grenzen.«

»Aber warum lässt Gott das zu?«, fragte Elisa leise.

»Er hat uns etwas sehr Kostbares mit ins Leben gegeben: Unseren freien Willen«, sagte Frau von Ahrensburg. »Wir sind frei. Aber wer frei sein will, muss auch Verantwortung übernehmen. Für das Leben, für die Schöpfung.«

Für ein paar Sekunden war es ganz still. Nur das Schlecken von ihrem Pudel war zu hören.

»Dafür braucht es Respekt. Respekt gegenüber jedem

Menschen«, sagte sie. »Respekt ist nichts für Feiglinge. Es braucht Mut, jemanden zu akzeptieren, wie er ist. Auch wenn er fremd ist. Wenn er Jude ist. Oder eine andere Meinung hat. Wenn er nicht so ist, wie man selbst.«

Vati wischte mit einem Tuch die Brille blank, hauchte noch einmal gegen die Gläser und wischte wieder. Er wirkte verlegen, wusste nichts zu sagen.

»Wir können Gott nicht immer nur dann rufen, wenn er etwas richten soll, was wir verschuldet haben.« Frau von Ahrensburg faltete den Abschiedsbrief wie eine kostbare Erinnerung zusammen. Sie hatte Tränen in den Augen. Ihr Pudel stellte sich mit den Vorderpfoten auf ihren Oberschenkel und fiepte.

Vati setzte die Brille zurück auf die Nase, und Frau von Ahrensburg drückte sich mit ihren Fingerknöcheln an der Tischkante hoch.

»Herzlichen Dank für den Tee«, sagte sie, verließ mit ihrem Pudel die Küche und ging durch den Flur auf die Wohnungstür zu. »Und möge Gott Sie beschützen … In diesen verrückten Zeiten, die erst der Anfang sind … der Anfang vom Ende … vom Ende … ach, Borkmann, warum hast du dir nicht helfen lassen?«

Die Tür fiel ins Schloss. Ihre Tritte auf den Treppenstufen verhallten.

»Hier, Frau von Ahrensburg hat ihre Handtasche vergessen«, sagte Elisa, rannte der alten Dame hinterher die Treppe hoch und reichte ihr die Tasche.

»Ach, danke Elisa. Und übrigens, es war Borkmann, der im Osthafen den Stein nach dir geworfen hat. Er hatte Angst um dich und wollte dich schützen.«

»Borkmann?« Elisa starrte sie an.

»Er hatte gedacht, du würdest dich dann in der Gegend

nicht mehr blicken lassen. Ach, Borkmann!« Frau von Ahrensburg schlurfte in ihre Wohnung und schloss die Tür hinter sich.

Nachdenklich ging Elisa zurück in ihre Küche. Nichts ist wie es scheint, dachte sie.

Vati strich sich über das unrasierte Kinn, leises Schaben war zu hören

Mutti wandte sich wieder zum Fenster.

Elisa stand regungslos. Mit gesenktem Kopf schaute sie zu dem Stuhl, auf dem eben noch Frau von Ahrensburg gesessen hatte. Sie fühlte sich schuldig mit all ihren Gemeinheiten Borkmann gegenüber, mitschuldig daran, dass er keine Kraft mehr zum Leben gefunden hatte. Ihre Augen brannten, Tränen liefen ihr über die Wangen.

Die Flurdielen knarrten, als Elisa zum Bad ging. Da sah sie, dass die Tür zum Elternschlafzimmer weit geöffnet stand. Sie horchte, in der Küche blieb es ruhig. Auf Zehenspitzen lief sie zu dem Zimmer und schaute hinein. Mit einem Blick hatte sie alles erfasst: die Matratze lag an ihrer alten Stelle, das Bett war gemacht, auf der Kommode stand der gläserne Schwan. Neben dem Schwan lag der Sparstrumpf.

Ob das Geld schon nachgezählt war? Elisa wischte sich die feuchten Hände am Rock ab. Mutti hatte sich jedenfalls nichts anmerken lassen.

»Bitte, bitte!«, stammelte Elisa leise. »Morgen bekomme ich doch das Geld von Hannes. Nur noch den einen Tag, bitte …«

*

Am nächsten Morgen war Elisa schon früh auf dem Weg zur Schule, um Hannes schon vor dem Unterricht abzupassen, Hannes und die zwanzig Reichsmark. Die Zeitungsjungen riefen von ihren Fahrrädern wieder neueste Schlagzeilen in den Morgen, während sie den ›Völkischen Beobachter‹ durch die Luft schwenkten. Dass die Juden Schuld daran hätten, dass die Deutschen Not erleiden müssten. Dass die Juden unreines Blut in sich trügen. Und dass alles Unreine von Deutschen fern gehalten werden müsste.

Wie Judith diese Nachrichten wohl auffasste, überlegte Elisa. Tagtäglich wurde mit Worten auf sie eingeprügelt, mit Worten, die zutiefst verletzten. Ob sie schlimmer schmerzten als ein Faustschlag ins Gesicht?

Elisa lief gerade an der Kohlehandlung Bayer vorbei. Das massive Tor war zur Seite geschoben und gab die Sicht auf den Hof frei. Dort stand Friedrich mit dem alten Bayer zusammen. Neben ihnen hockte der Schäferhund mit einem Maulkorb um seine Schnauze. Als er Elisa witterte, fing er an zu knurren.

Friedrich und der alte Kohlehändler? Natürlich, schoss es Elisa durch den Kopf. Der kleine Richard war einer der Kohlediebe, er hatte ihre Kellerscheibe eingeschlagen und war dort eingestiegen. Darauf würde sie wetten! Zu ihm gehörten Friedrich und Lutz. Und der alte Bayer, der ihre Beute bestimmt für einen Spottpreis entgegennahm.

Was wohl die letzte Prüfung war, die Richard auf sich nehmen musste? Davon hatte Friedrich doch gesprochen. Und dass Richard dann ganz zu ihnen gehören würde …

»Was machst du denn hier?«

Elisa schreckte hoch. Lutz stand neben ihr und starrte

sie herausfordernd an. Seine blassblauen Augen hatte er etwas zusammengekniffen, als würde die Sonne ihn blenden. In seiner HJ-Uniform wirkte Lutz furchteinflößend, als wäre er ein Befehlshaber. Langsam kaute er auf einem Grashalm herum. »Na, was ist?«

Elisa hatte gar nicht bemerkt, dass sie immer noch am Schiebetor zur Kohlehandlung stand und den Hof beobachtete. »Es … ist der Hund, der Schäferhund.« Elisa versuchte ruhig zu bleiben. »Der ist doch vergiftet worden …«

Lutz nickte. »Ah, der Schäferhund! Schon mal davon gehört, dass man sich einen Neuen kaufen kann? Wenn der Alte ausgedient hat?«

»Ich … wollte nur schauen …«

Lutz spuckte den Grashalm aus, warf ihr einen abfälligen Blick zu und ging davon.

Die Schulglocke läutete. Elisa blickte sich um, der Hof lag leer. Nur Spatzen balgten sich wieder um Körner von Frühstücksbroten. Am Kastanienbaum war ein neues Plakat angenagelt: ›Ein Reich, ein Volk, ein Führer‹. Von Hannes war nichts zu sehen. Oder wartete er schon oben in der Klasse?

Elisa rannte ins Schulhaus, dann die Treppenstufen hoch und riss die Klassentür auf. Ihr Blick jagte über die Gesichter. Hannes fehlte.

Lehrer Mannsfeld stand mit dem Rücken zur Klasse und schrieb Zahlenreihen an die Tafel. Er war so in sein Schreiben vertieft, dass er sie nicht bemerkte.

Und jetzt? Was war mit dem Geldschein?

Friedrich war trotz des Todes seines Vaters zur Schule gegangen. Er schaute sie mit kaltem Blick an. Sein Gesicht wirkte grau, und er zog an seinen Fingern, sodass es unaufhörlich knackte. Der kleine Richard blickte ihr herablassend entgegen und grinste. Marianne wischte wieder und wieder ihr neues Abzeichen vom ›Bund Deutscher Mädel‹ blank, hauchte dagegen und steckte es schließlich an ihre Bluse. Bruno hockte in seiner Bank und las heimlich Zeitungsartikel. Judith saß in sich versunken hinten auf der Judenbank, als würde sie nach einer Lösung suchen. Elisa lief auf Zehenspitzen zu ihrer Bank, schob sich auf den Sitz und wartete. Sie wartete auf Hannes.

*

Vati hatte tatsächlich zwei Eintrittskarten für das Konzert der Comedian Harmonists erstanden. Der Sparstrumpf lag noch immer unberührt neben dem gläsernen Schwan auf der Kommode.

»Ich will da aber mit«, bettelte Karlchen. »Die singen doch ›Mein kleiner, grüner Kaktus‹ …«

Mutti schüttelte den Kopf. »Das wird zu spät für euch. Außerdem gibt es keine Karten mehr.«

»Aber wir singen das Lied zusammen, sobald wir Zeit haben«, sagte Vati, wischte Flusen von seinem hellfarbenen Sakko und setzte den Hut auf sein gekämmtes Haar.

Mutti war heute in helles Rosa gekleidet. Rock, Jacke, Bluse, alles war rosa. Die Farbe sah aus wie der wolkenfreie Himmel, wenn die Sonne gerade untergegangen war. An ihren Spangenschuhen glitzerten Metallfäden. Das war Kleidung aus der guten Zeit des Verlages, als sie noch genügend Geld hatten, um so etwas zu kaufen.

Sie griff nach der kleinen Abendtasche. Die war ganz mit Stoff überzogen und mit Perlen bestickt.

»Wir sind spät«, sagte sie. »Und Elisa. Bitte pass gut auf Karlchen auf!«

Vati und Mutti liefen die Stufen hinunter, ihre Schritte hallten durchs Treppenhaus. Die Absätze von Muttis Schuhen klackerten auf den Marmorfliesen. Elisa horchte ihnen hinterher. Die Haustür fiel ins Schloss. Dann war es still. Kein Stoßen mit dem Krückstock, kein `Heil Hitler`, keine schlurfenden Schritte auf den Fliesen. Es war einfach nur still. Elisa schloss leise die Wohnungstür.

»Und jetzt ab mit dir ins Bett«, rief sie.

Aber Karlchen jagte durch die Wohnung. »Du hast mir gar nichts zu sagen«, rief er und quiekte vor Freude.

»Mutti hat gesagt, ich soll gut auf dich aufpassen.«

»Dann fang mich doch! Wer hat Angst vor'm schwarzen Mann?«, rief er, rannte los und lachte. »Und wenn er aber kommt, und wenn er aber kommt, dann laufen wir …«

Karlchen versteckte sich, und Elisa suchte ihn. Er hockte hinter dem Sofa, kauerte sich neben die Kommode, legte sich flach unter den Wohnzimmertisch, bis sie keine Lust mehr hatte. Sie wartete einfach ab. Irgendwann musste er müde sein. Sie suchte in Vatis Regal nach einem Buch von einem Juden oder Sozialisten, das verbrannt worden war. Sie wollte verstehen, was sie nicht denken durfte.

Plötzlich splitterte das Fensterglas. Ein Stein fiel zu Boden und kullerte über den Küchenboden. Er war mit einem Zettel und mit Schnüren umwickelt. Elisas Puls jagte hoch. Sie riss Atem in ihre Lunge, griff nach dem Stein, lief in ihr Zimmer, zerschnitt die Bindfäden und strich den Zettel glatt.

›Allerletzte Warnung‹ stand da in Druckbuchstaben.

Ob sie nicht doch Brunos Zentrale im Osthafen an Friedrich verraten sollte? Jetzt, wo Bruno den Hannes anschwärzte? Schließlich war Bruno ein Verräter, den sie nicht schützen musste …

Ein Schlüssel drehte sich im Schloss. Sie blickte hoch: Onkel Toni? Friedrich? Ihr Herzschlag raste. Die Tür, sie hatte vergessen, die Tür zu verriegeln! Dann hörte sie vertraute Stimmen, es waren die Eltern. Sie waren früh zurück, viel zu früh. Der Abend hatte doch kaum begonnen.

»Ihr seid schon zurück? Was ist los?«, fragte sie verunsichert und streckte den Eltern den Zettel mit der Drohung und den Stein entgegen. »Das … hat plötzlich das Fenster zersplittert.«

»Diese Verbrecher«, sagte Vati. »Die wollen mir drohen.«

»Ich verstehe nicht …« Elisas Finger zitterten. Der Zettel war also nicht von Friedrich?

»Dein Vater weigert sich, bestimmte Texte zu drucken«, sagte Mutti, als hätte er sie persönlich beleidigt.

Vati holte ein Stück Pappe aus seinem Arbeitszimmer und klebte es vor das zersplitterte Fensterglas. »Das reicht, bis der Glaser kommt.«

»Ja, da hast du recht. Es reicht!«, sagte Mutti mit herausfordernder Stimme. »Es reicht schon lange. Willst du deine Kinder umbringen?«

Die Eltern schwiegen. Vati legte den Hut auf die Garderobe, Mutti zog die Schuhe aus und hängte die Handtasche an einen Haken. Die Perlen glitzerten im Licht der Deckenlampe.

Vati nahm sich in der Küche eine Flasche Bier. Es zischte, als er den Bügelverschluss mit der Gummidichtung hochdrückte. Mutti stellte sich neben die Pappe ans Fenster und schaute hinaus.

»Warum seid ihr jetzt schon hier?«, fragte Elisa leise. Diese Stille war ihr unheimlich. »Ist das Konzert schon zu Ende?«

»Das Konzert ist ausgefallen.« Vati nahm einen tiefen Zug aus der Flasche.

»Sind sie ... krank? Die Comedian Harmonists?«

Vati schüttelte den Kopf und fuhr sich mit den Fingerspitzen durch das schüttere Haar. »Sie dürfen nicht mehr singen.«

Mutti drehte sich um, Elisa sah ihren vorwurfsvollen Blick.

»Was soll das Theater?«, fuhr Vati sie an. »Wie willst du so die Kinder schützen? Ist es nicht besser, es ihnen zu sagen? Alles, alles und noch viel mehr? Damit sie lernen, sich selbst zu schützen?«

Stille.

Mutti senkte den Blick. Sie verschränkte die Finger so stark ineinander, dass die Eintrittskarten in ihrer Hand völlig zerknickten.

»Sie dürfen nicht mehr singen«, sagte Vati endlich. Die Rundbrille saß wieder schief auf seiner Nase. »Drei von ihnen sind Juden.«

Wieder Stille.

»Die Zeit verroht«, fuhr er leise fort. »Seelen zersplittern. Schatten brechen hervor, Schatten der Gewalt ... Sie suchen nach Opfern ...«

Er klopfte mit den Fingerkuppen auf den Küchentisch. Immer schneller. Immer mehr im Rhythmus.

Elisa schaute zwischen den Eltern hin und her. Hatte Vati keine Hoffnung mehr? Würde es nicht mehr gut werden, eines Tages? Das Trommeln der Fingerkuppen wurde lauter, es hörte sich an wie das Aufstampfen von Stiefeln.

»Hör auf!« Mutti schrie und hielt sich die Ohren zu. »Ich flehe dich an, hör auf.«

»Warum? Draußen auf der Straße hörst du es dir doch auch an!«

»HÖR AUF!«

»Mutti?« Karlchen schob sich unter dem Küchentisch hervor. Er war dort eingeschlafen, rieb sich die Augen und schmiegte sich in Vatis Schoß. »Machen wir das jetzt?«

»Was sollen wir machen?«, fragte Vati leise und rieb die kalten Händchen seines Sohnes.

»Den Kaktus singen …?«

*

Noch immer fehlte Hannes. Noch immer wartete Elisa auf die zwanzig Reichsmark, die er ihr leihen wollte. Stundenlang stand sie vor der Häuserfront, hinter der er wohnte, und schaute hoch in den ersten Stock.

Manchmal glaubte sie, dass sich Gardinen bewegten, manchmal war dahinter ein Gesicht zu erahnen, nur traute sie sich nicht zu klingeln. Hannes könnte sie als geldgierig aburteilen, als berechnend und durchtrieben, um über ihn Geld zu erschwindeln. Dabei vermisste sie ihn so sehr.

Erst spät am Nachmittag ging sie davon. Ihr Blick war in sich gekehrt, sie nahm nichts wahr und irrte umher, bis sie vor dem Lattenzaun der Bayerschen Kohlehandlung stand. Erst jetzt tauchte sie wieder aus ihren Gedanken auf.

Sie spähte durch den Spalt im Zaun. In der Abenddämmerung wirkten die erleuchteten Fenster der Bretterbude, die durch die Büsche hindurchschimmerten, wie glühende Lichtflecken.

Mit leisem Quietschen öffnete sich die Tür. Jemand, der im Gegenlicht nicht zu erkennen war, schob sich heraus. Das Licht erlosch. Er zwängte sich durch das Gebüsch und hob drei Latten des Zauns an. Elisa rannte auf die andere Straßenseite und beobachtete, wie die Person durch die Lücke auf den Bürgersteig sprang, die Latten wieder zurückdrückte und davon eilte. Es war Bruno.

Am nächsten Morgen schwänzte Elisa die erste Schulstunde. Sie wollte sich die Bretterbude näher ansehen, sie musste herausfinden, ob es dort Beweise für die Betrügereien von Friedrich und seinen Kumpanen gab, und welche Rolle Bruno dabei spielte.

Vor dem Bayerschen Zaun bückte sie sich, band sich die Schuhschleife neu und schaute sie sich um. Als niemand zu sehen war, hob sie die drei Latten des Zauns hoch, kletterte durch die Lücke und zwängte sich an Büschen vorbei auf die Hütte zu.

Sie horchte. Alles blieb still. Die Bretterbude lag abseits vom Weg zu den Lagerhallen, wer sollte sie hier stören oder belauschen?

Die Tür war nicht verschlossen. Drinnen standen jetzt Stühle, ein Tisch und eine Kommode, der Boden war gekehrt, das Fenster geputzt. An den Wänden hingen eine Fahne der Nationalsozialisten, eine Karte mit den Ostgebieten und ein Stadtplan, frisch gedruckt aus dem Jahr 1929.

Auf der Karte waren Häuser eingekreist und Pfeile

und Linien aufgemalt. Auch ihr Wohnhaus lag in einem Kreis. Ob das die Einbruchshäuser waren, aus denen schon Kohle gestohlen worden war?

Elisa öffnete die Schubladen der Kommode, in einer lagen unbeschriebene Papierseiten, die anderen waren leer. Sie erinnerte sich an die Goldketten, die Friedrich in der Hand gehalten hatte und suchte die Wände nach verborgenen Kammern ab. Aber ohne Erfolg, bis sie oben an der hinteren Wand eine leicht verbogene Latte entdeckte. Sie kletterte auf einen Stuhl und hob sie mit einem Spachtel, der auf dem Boden gelegen hatte, vorsichtig an. In einem Hohlraum entdeckte sie ein seltsames Gerät. Es war halbrund, hatte kleine Löcher und war ganz aus Messing gemacht. Dieses Ding hatte sie doch schon einmal gesehen. Aber wo?

Können Herzen zerspringen?

Elisa und Karlchen liefen auf Zehenspitzen durch das hohe Treppenhaus, damit keine Geräusche nachhallten. Die Befehle von Borkmann wirkten in ihnen nach. Oder war es die Angst, dass seine Seele hier herumgeistern könnte?

Karlchen hielt seinen Teddy fest an sich gedrückt, seinen Bären mit dem dünnen Fell, der schon plattgeliebt und abgeschabt war. Er wollte ihm heute die Pumpe mit dem Wasserschwengel zeigen. Und die Fledermäuse, die bei Abenddämmerung lautlos durch die Parkanlagen jagten.

Am Brunnen wartete Judith. Sie hockte auf der grünen Parkbank und kratzte mit einem Stock wieder Sterne in die Erde, sechszackige Judensterne.

Abwesend schaute sie hoch zum Himmel, als träumte sie von den Sternschnuppen im August, um Wünsche vom Firmament zu holen. Oder von Sterntaler, bei der das Glück vom Himmel fiel, und das sie in einem weiten Hemd auffangen konnte.

Karlchen sprang auf das Wasserbecken mit der Pumpe

zu und setzte seinen Teddy neben den Schwengel. Er ließ seine Finger durchs Wasser gleiten und Kastanienblätter auf den Wellen tanzen.

Elisa setzte sich dicht neben Judith, so dicht, dass sie ihre Wärme spüren konnte.

»Gibt es … Neuigkeiten? Zu Hause?«, fragte sie vorsichtig. »Ich meine, ist … deine Mutti zurück?«

Anstatt zu antworten, deutete Judith mit dem Kopf nach links. »Sieh mal da drüben!«, flüsterte sie.

Von links marschierte der hoch aufgeschossene Friedrich näher. Sein Gesicht war aufgedunsen. Seit dem Selbstmord seines Vaters wirkte er wie das Abbild seiner selbst, verbittert und tief gekränkt. In der Klasse hatte er all denen Rache geschworen, die seinen Vater zum Verräter an Hitler gemacht hatten.

Neben ihm marschierte mit hinterhältigem Grinsen der blonde Lutz. Der kleine Richard versuchte, mit ihnen Schritt zu halten und im Gleichschritt zu bleiben.

Alle drei trugen nagelneue Jungvolkuniformen, Diensthosen, Lederkoppel mit Koppelschloss und Braunhemden. Um den Hals hatten sie ein Tuch mit Lederknoten gebunden, und Schulterriemen lagen quer über der Brust. Mit ihren Schnürstiefeln stapften sie auf, als wären sie die Herrscher der Welt.

Judith umklammerte den Stock in ihrer Hand fester, Rinde bröckelte ab.

»Sieh mal an, die beiden Schlampen«, rief Friedrich schon von weitem und lachte. Es klang wie ein bellendes Kieksen.

»Die jüdische Verräterin und ihr Gesindel!«, schnarrte der kleine Richard.

Elisa wurde blass und blickte zu Karlchen. Er hatte

die Schultern hochgezogen, als wollte er sich verstecken und ballte die kleinen Fäuste.

Friedrich klaubte Steinchen auf und drückte sie Richard in die Hand. »Los, wirf!« Er stemmte die Hände in die Hüften.

Der kleine Richard zögerte.

Friedrich gab ihm einen Tritt gegen das Bein. »Los wirf, wenn du ganz zu uns gehören willst!«

Judiths Blick richtete sich auf Richards Hand. Die Knöchel auf seinem Handrücken drückten sich weiß unter der Haut hervor. Abwehrend hob sie den Stock.

»Verdammt noch mal, wirf!« Friedrich gab ihm eine schallende Ohrfeige. »Hier! Damit du früh genug Gehorchen lernst.«

Richard rieb sich die Wange. »Das darfst du nicht …«

»Oh, doch! Das darf ich! Ich darf dich erziehen! Leben ist Kampf, Zucht, Drill und Disziplin! Das sagt die Partei, dafür steht die Hitlerjugend. Ich darf erziehen. Ich muss erziehen! Jetzt los!«

Der kleine Richard hob die Hand, senkte den Blick und warf. Das Steinchen traf noch nicht einmal Judiths Schuh. Wieder traf ein Tritt Richards Bein, wieder hob er die Hand. Er presste die Augenlider zusammen und warf.

»Schau deinem Feind ins Gesicht, du Schwächling!«

Richard riss die Augenlider hoch und warf, immer kräftiger, immer zielgenauer.

Elisa wollte aufspringen, aber Judith hielt sie zurück. »Pst, leise. Denk an Karlchen. Die beruhigen sich schon wieder.«

Ein Steinchen traf Judith an der Stirn. Blut rann über die Haut, tropfte in ihr Auge und verschwamm mit der Tränenflüssigkeit. Sie hockte jetzt mit lauerndem Blick auf der Bank. Ihre Muskeln waren angespannt, die Füße bereit zum Sprung. Sie atmete flach, als wäre die Parkanlage von Luft leergefegt.

Elisa saß starr und wagte nicht, Karlchen aus den Augen zu lassen. Hoffentlich fing er nicht wieder an zu plappern!

Zwei quirlige Spatzen suchten vor ihr flatternd nach Futter. Die Umrisse des Sterns, den Judith auf den Boden gekratzt hatte, wurden verwischt.

Blitzschnell zog Friedrich ein Fahrtenmesser, zielte und ließ es durch die Luft sausen. Es bohrte sich neben Judith in die Bank, der Schaft zitterte.

»Hast du das gesehen, Rotznase?«, fuhr Friedrich den kleinen Richard an. »Üben! Immer üben. Das Messer hat sie nicht getroffen. Dieses Mal. Aber ich kann auch anders. Wenn ich will, du kleine Rotznase.«

»Rotznase? Ich bin keine Rotznase!« Richard sog tief Luft ein. Sein schmaler Oberkörper wölbte sich, die Ohren glühten. Mit einem Griff zog er eine Pistole aus der Hosentasche. »Hier, eine MAB, Kaliber 6,35.«

Der Mündungslauf zielte zwischen Judith und Elisa hin und her.

»Wo hast du die denn her?«, fragte Friedrich. Er wirkte verunsichert.

»Aus alten Wehrmachtsbeständen«, antwortete Richard. Er gab seiner Stimme einen dunklen, herrischen Unterton. »Die werden von meinem Vater verwaltet!«

Elisa starrte zur Mündung, die bewegte sich unendlich langsam hin und her. Sie spürte ein Pochen in der Unterlippe. Die Sekunden blähten sich auf, die Momente dehnten sich. Stille ...

Das Rauschen der Blätter erstarb, kein Vogel zwitscherte, kein Hufklappern auf Kopfsteinpflaster war zu hören.

»Sie ist nicht entsichert«, flüsterte Judith, ohne die Lippen zu bewegen. Ihre Finger wanderten langsam zu dem Messer, das neben ihr in der Bank steckte. Vor ihnen standen breitbeinig Friedrich und der blonde Lutz und hatten die Daumen hinter die Lederkoppel geklemmt. Ihre Blicke waren auf Richard gerichtet, der die Wehrmachtspistole vorstreckte.

»Wie bist du denn da dran gekommen?«, fragte der blonde Lutz.

Richard lachte. Jetzt das Klicken. Das Entsichern. Langsam drehte er sich in Richtung Karlchen, der regungslos dastand.

»Du traust dich nicht!«, rief Friedrich. »Wetten? Du traust dich nicht, denen da zu zeigen, wer hier das Sagen hat! Und der kleinen Wanze auch. Schieß, los schieß!«

Der kleine Richard kniff ein Auge zu und zielte.

»Du traust dich nicht!«, feuerte Friedrich ihn an. »Willst du nun zu uns gehören oder nicht? Du verdammter Feigling, schieß!«

»Nein!« Elisa sprang erschrocken auf, Judith zerrte das Messer aus der Bank und ließ es durch die Luft sausen. Richard riss erschrocken die Hand hoch, ein Schuss! Es dröhnte in ihren Ohren. Ein Schrei. Da war Blut, überall Blut. Karlchen!

»Lauft«, schrie Judith. »Lauft!«

Elisa rannte zu Karlchen und zog ihn hoch. Da war nichts, er lebte. Der Teddy saß zerfetzt am Brunnenschwengel, verkohlte Holzwolle quoll aus dem Bauch.

»Lauft!«, brüllte Judith.

»Mein Teddy!« Karlchen schrie, kreischte, wand sich

aus Elisas Griff, grabschte seinen Stoffbären und rannte ihr hinterher. Hand in Hand flohen die Geschwister zur Hauptstraße.

Als Elisa zurückschaute, sah sie Judith gekrümmt am Boden liegen. Die nackten Arme hielt sie schützend über dem Kopf verschränkt. Stiefel traten zu, immer wieder, in Magen und Unterleib und Rücken.

Der kleine Richard wickelte gerade sein Halstuch um eine blutende Wunde am Arm. Judith lag regungslos am Boden.

»Judith«, stammelte Elisa leise. »Ich komme, ich bin gleich zurück!«

Da sah sie, dass sich eine Gruppe junger Männer näherte. Sie hatten die Ärmel hochgekrempelt, wurden von Bruno angeführt und riefen: »Nazis raus, Nazis raus!«

Sie riss Karlchen hinter sich her, durch die Eingangstür ihres Hauses die Treppe hoch durch die Wohnungstür in die Küche.

»Mutti, ich bin gleich zurück!«

»Aber, Karlchen ...«

Elisa schlug die Tür hinter sich zu, rannte die Treppe hinunter, dann durch den Park zurück zum Brunnen, jetzt ohne Karlchen. Schon von weitem sah sie, dass Richard und die von der Hitlerjugend und auch Bruno mit seiner Truppe verschwunden waren.

Sie keuchte, schnappte nach Luft und suchte nach Judith. Aber von ihr war nichts zu sehen. Sie setzte sich auf die grüne Bank und wartete. Ungeduldig fuhr sie mit dem Zeigefinger über die Einbuchtung, wo die Messerklinge gesteckt hatte. Sie war scharfkantig, Splitter ragten hoch. Der Stern auf dem Boden war zertrampelt, der Ast zerbrochen.

Judith hätte das nicht tun müssen, dachte Elisa. Sie hätte nicht das Messer werfen sollen. Der kleine Richard hätte schon nicht geschossen, ganz bestimmt … Und wenn doch?

Elisa schloss die Augen. Sie fühlte jeden Stiefeltritt gegen Judith im eigenen Magen, spürte jeden Schlag in ihrem Unterleib. Ihr wurde übel. Der Magen rebellierte. Sie spürte Brennen in der Speiseröhre, Magensäure stieg hoch. Und sie erbrach sich hinter der Bank.

*

Judith wohnte im jüdischen Viertel, wie es heute immer noch genannt wurde. Sie hatte aber nie gewollt, dass Elisa sie dort besuchte. Wegen der Enge in der Wohnung, hatte sie gemeint. Wegen der fünf Geschwister ginge es zu wie im Taubenschlag. Jedes Wort würde von Selma und Samu aufgesogen wie süße Milch. Da bliebe kein Raum für sie, kein Platz zum Reden.

Die Adresse hatte Elisa von Lea Goldmann, der Lehrerin mit dem Flachshaar, die nur noch zuhause Nachhilfeunterricht gab. Ganz unter der Hand hatte sie ihr heute auf dem Schulhof den Zettel zugeschoben, niemand dürfte das wissen.

Völlig außer Atem erreichte Elisa die Haltestelle mit der Straßenbahn, die zum Fischerfeldviertel fuhr. Nicht weit von der Synagoge am Börneplatz öffnete sich das Viertel, wo Judith wohnte.

Elisa lief vorbei an engen Häusern, Gässchen und Kindern, die vierseitige Kreisel drehten. Vor einem Haus blieb sie stehen. Hier musste Judiths Wohnung sein, und zwar im dritten Hinterhof. Sie ging durch die Einfahrt in die lichtengen Höfe, vorbei an Teppichstangen, Müll-eimern und gestapelten Kisten.

Frauen mit Kopftüchern, die bis über den Rücken fie-len, standen wie verloren und tuschelten. Da war eine merkwürdige Stille. Nur aus einem der vielen Fenstern hallte der Klang einer Klarinette. Die Töne seufzten, als wären sie von Sehnsucht getragen und von Trauer.

»Wohnt hier Familie Süßkind?«, fragte sie eine Frau, die zusammengesunken an einer Hauswand hockte. Die hatte ein Kopftuch weit in die Stirn gezogen und wiegte sich wie unter Schmerzen.

Die Frau schaute hoch, ganz kurz nur. Ihre Augen waren verweint, das alte Gesicht wirkte grau. »Ja, aber da ist niemand mehr da.«

»Niemand mehr da?« Elisa suchte Halt, lehnte sich an die kalte Mauer und schloss die Augen. Der Boden wankte. Niemand mehr da …

»Geh nach Hause, Kind. Und bete.«

Die Worte holten Elisa zurück. Sie öffnete die Augen, selbst das spärliche Licht blendete. Die Alte neben ihr ächzte und rappelte sich hoch.

»Schalom. Gott möge dich schützen.«

Elisa sah ihr nach, wie sie langsam davonwankte, vorbei an den Teppichstangen und Mülleimern. Bis sie in den Schatten der Einfahrt eintauchte, die zur Straße führte.

Niemand mehr da … Vielleicht war ihre Großmutter, die Bobe, ja ins Ausland gegangen. So, wie andere Ver-wandte oder Familien, wie die Franks mit ihrer Tochter Anne. Und vielleicht hatte Judith in der Wohnung ja eine Nachricht hinterlassen …

Elisa öffnete die Eingangstür und stieg im dunklen

Treppenhaus die Stufen hoch. Zweiter Stock, links. So hatte es Lea Goldmann beschrieben, die Lehrerin mit dem Flachshaar.

Es roch nach gedünsteten Linsen, Hühnchen aus dem Backofen und Mandelbrot. Es war der gleiche Duft von dem Brot, das Judith manchmal mit in die Schule genommen hatte.

Im zweiten Stock stand die Wohnungstür weit geöffnet. Sie war zersplittert und hing in den Angeln.

»Judith?« Elisa lauschte. Ihre Hände schwitzten, und sie ging einen Schritt in den Flur hinein. »Judith!«

Stille. Auf Zehenspitzen schlich sie weiter. In der Küche lag Geschirr zerschlagen am Boden, Stuhlbeine waren zerborsten. Die Deckenlampe war eingeschlagen, die Glühbirne hing wie in einem Splitterkranz in der Fassung.

Im großen Raum waren Matratzen aufgeschlitzt, Kleidungsstücke lagen verstreut. Und dort, die Menora, der siebenarmige Leuchter, lag verbogen, als hätte jemand mit aller Wucht auf etwas eingeschlagen. Vielleicht auf den Tisch, die Stühle, die Bilderrahmen. Aber an einem Arm des Leuchters klebte Blut, und da: Auf dem Boden waren Blutflecken zu sehen, auf der Tapete rote Spritzer und Abdrücke von Fingern, als hätte sich jemand an der Wand festkrallen wollen. Und dort auf dem Teppich lag ein blutverschmiertes Fell. Es war eine Katze mit eingeschlagenem Schädel.

Elisa wich zurück und wollte fliehen. Da hörte sie aus einer Ecke ein leises Wimmern. Sie entdeckte eine kleine Wandnische, die in die Mauer eingebaut war und öffnete die Holztür. Ganz langsam, ganz vorsichtig.

»Nein, nein, nicht!« Eine Kinderstimme schrie.

»Keine Angst«, sagte Elisa und hockte sich vor den niedrigen Eingang, ohne sich zu rühren. »Ich bin Elisa, Judiths Freundin. Und wer bist du? Bist du Selma?«

Leises Schluchzen.

»Komm, hab keine Angst. Hier kannst du nicht bleiben.« Elisa streckte ihre Hand in das dunkle Versteck.

»Ich will zu Mama!« Ihr Stimmchen antwortete zwischen Schluchzern.

»Das kann ich gut verstehen.« Elisa zögerte. Was sollte sie nur sagen? Was sollte sie tun? War es eine Eingebung, dass ihr die Adresse einfiel, die Judith ihr einmal gegeben hatte? Natürlich, die Adresse vom Haus für jüdische Kinder, die verwaist waren. Oder deren Eltern sich nicht mehr kümmern konnten.

»Ich bringe dich zu Freunden. Vielleicht ist Judith schon da. Und auch Samu. Wir wollen uns dort treffen.«

Elisa spürte Fingerchen, die nach ihrer Hand tasteten. »Aber Sultan kommt auch mit.«

»Wer ist Sultan?«

»Meine Katze.«

»Ich … habe Sultan eben gesehen«, sagte Elisa leise. »Draußen auf den Mülltonnen. Die Tür war ja offen.«

»Auf den Mülltonnen, da draußen? Ja, komm!« antwortete Selma und schniefte. »Wir gehen.«

Das Mädchen kroch aus dem Versteck und umklammerte Elisas Hand. Die stellte sich schützend vor Selma, dass sie nicht in das große Zimmer schauen konnte. In das mit den Blutspuren, dem zerbeulten Leuchter und der erschlagenen Katze.

»Da, im Flur! War das nicht Sultan?« Elisa rannte mit Selma an der Hand auf das dunkle Treppenhaus zu, die Stufen hinunter und in den Hinterhof. Erst jetzt spürte

Elisa das aufgewühlte Pochen ihres Herzschlags. Konnte der Brustkorb zerspringen?

*

Elisa hatte sich die Notfall-Adresse, die sie von Judith bekommen hatte, genau gemerkt: Hans-Thoma-Straße 24, das Kinderhaus des Vereins der Weiblichen Fürsorge.

Endlich stand sie mit Selma an der Hand vor dem einstöckigen Gebäude mit den Dachkammern. Weiße Gardinen, die wie Trichter unten zusammenliefen, hingen an den Fenstern. Nur eine kleine Stufe führte zur Eingangstür hoch, darüber war ein Rundbogen mit Oberlichtern eingelassen.

Elisa war wie in Trance, als Selma von einer Schwester in den Arm genommen und fortgeführt wurde. Als sie einer dicklichen Frau mit Schürze erzählte, was vorgefallen war. Als jemand ihr sagte, dass das Mädchen hierbleiben könnte, in einem der dreißig Betten schlafen könnte. Oder im Dachgeschoss nah bei den Säuglingen.

Und nein, eine Judith hätte hier keinen Unterschlupf gefunden …

Als Elisa vom jüdischen Kinderhaus zurückkam, saß Mutti mit Karlchen am Küchentisch. Nähzeug lag vor ihnen ausgebreitet, braunes Garn, Nähnadeln und Schere. Daneben wölbten sich Reste von versengter Holzwolle. Dicke Wollfäden zogen den zerfetzten Bauch von Teddy wieder zusammen. Mit einer feineren Nadel nähte die Mutter ein Stück bräunlich schimmernde Seide auf die Nahtstelle. Karlchens Blick verfolgte jede ihrer Handbewegungen, jeden Stich der Nadel.

»Der sieht aber jetzt vornehm aus«, sagte Vati, der in der Küche auf und ab ging. Er versuchte zu lächeln.

»Da war ein Knall, ein Riesenknall!« Karlchens Augen weiteten sich. »Und zack, war der Bauch kaputt.« Dabei klatschte er in seine kleinen Hände.

Die Eltern schwiegen, schauten mit warnendem Blick zu Elisa, dann mit einem raschen Seitenblick zu Karlchen. Nur nicht sagen, dass ein Schuss gefallen war! Nur Karlchen nicht verängstigen!

»Was war das nur?«, fragte Karlchen. »War das die Pistole?«

»Manchmal, wenn es draußen sehr warm ist …« Vati überlegte und hockte sich zu ihm. »Dann dehnt sich die Luft im Teddybauch aus.«

»Und peng?«

»Und peng!«

Karlchen wartete auf den letzten Nadelstich, das Zerreißen des Fadens, das Abschneiden hinter dem Garnknoten. Dann griff er nach dem Teddy und rannte in sein Zimmer.

»Was war da los?«, fragte der Vater leise. Seine Stimme klang streng. Er hielt die Revolverkugel in der Hand und tippte damit auf die Tischplatte. »Wer hat da geschossen?«

Elisa schloss die Augen. Der kleine Richard würde morgen heldenhaft seine Wunde vorführen, sie mit Friedrich und Lutz abfangen, als Judenfreundin beschimpfen, bespucken und mit Steinen bewerfen. Und Judith? Was wäre mit Judith, wenn Vati sich in der Schule bei Lehrer Mannskopf beschweren würde. »Ich kann nicht …«

»Wie? Du kannst nicht?« Der Vater hob seine Stimme. Sein Gesicht wirkte eingefallen, und seine Augen blickten müde. »Karlchen hätte tot sein können! Warum hast du nicht auf ihn aufgepasst?«

»Immer nur Karlchen! Und ich? Was ist mit mir?« Elisa schluchzte auf. »Habt ihr euch jemals Gedanken darüber gemacht, was mit mir ist? Ob ich nicht auch Sorgen habe, mit denen ich fertig werden muss?«

Elisa wollte in ihr Zimmer laufen, aber der Vater packte sie am Arm und hielt sie zurück. »Du bleibst hier! Ich bin tief enttäuscht von dir. Und das in einer Zeit, in der wir zusammenhalten sollten.«

»Lass sie, bitte!« Die Mutter schüttelte den Kopf. Ihre Hände zitterten, als sie das Garn und die Nadeln in den Nähkasten räumte. »Denk doch bitte nach. Sie ist doch noch fast ein Kind.«

Elisa riss sich los, rannte in ihr Zimmer und stand kurz darauf wieder in der Küche. In der rechten Hand hielt sie mit festem Griff eine Schere. Ihre Augen waren weit aufgerissen, die Lippen zusammengepresst.

»Elisa, was machst du da?« Mutti schrie und schlug auf den Tisch. »Lass das! Leg die Schere weg!«

Elisa packte den linken Zopf und setzte die Schere an. Es knirschte, als sie das Haar durchschnitt, Strähne für Strähne, bis der geflochtene Strang zu Boden fiel. Dann trennte sie den rechten Zopf ab, ohne ein Wort zu sagen, ohne mit der Wimper zu zucken. Es gab kaum ein Geräusch, als auch er auf den Küchenboden fiel.

Elisa stellte sich herausfordernd vor die Eltern, verschränkte die Arme und schüttelte den Kopf, als wollte sie sich befreien. Das schulterlange Haar fiel ihr ins Gesicht, über Nase, Wangen und Lippen.

»Elisa …« Das war alles, was Vati zu sagen wusste.

Mutti stand langsam auf, nahm Elisa behutsam die

Schere aus der Hand und führte sie zu einem Stuhl. Als ihre Tochter sich hingesetzt hatte, schnitt Mutti das Haar nach, die Unebenheiten gerade und schnippelte die Fransen gleichlang.

»Das steht dir wirklich gut«, sagte Mutti leise und räusperte sich. »Und trotzdem bleibst du mein Kind.«

Elisa lächelte.

Am nächsten Tag trug der kleine Richard in der Schule ein langärmliges Hemd. Er verlor kein Wort über die Wunde, kein Blick ging zu Elisa. Er stand stramm neben Friedrich. Zwischen den beiden gab es nur Zeichen der Übereinkunft, ein Augenzwinkern, eine Handgeste, ein Kopfnicken. Mehr nicht. Marianne wischte mit dem Schwamm wieder die Tafel. Ihre stramm geflochtenen Zöpfe waren neuerdings mit Schleifen gebunden. Hannes fehlte, er würde sicherlich gleich kommen. Judiths Platz auf der Judenbank blieb leer.

Elisa wurde übel, und sie glaubte wieder, Fußtritte in Magen und Unterleib zu spüren. Was die Erinnerung doch für eine Kraft hatte!

Niemand sagte etwas über ihr abgeschnittenes Haar, kein einziges Wort. Nicht einmal ein abfälliger Witz kam über Friedrichs Lippen.

Lehrer Mannskopf riss die Tür auf, stolzierte ans Lehrerpult und stellte die Aktentasche an seinen Platz. Sofort sprangen die Schüler auf und standen regungslos.

»Heil Hitler«, donnerte er.

Arme schnellten hoch. »Heil Hitler«.

Friedrich war heute mit seiner brandneuen HJ-Uniform in der Klasse erschienen.

»Ah, Friedrich, großartig«, knarrte Mannskopf. »Ein

junger Volksgenosse, der den undeutschen Sumpf ausrotten will. Sieg Heil!«

»Sieg Heil«, riefen die Schüler. Und wieder flogen Arme hoch.

Elisa wollte ihren Arm nicht in die Höhe recken, die Fingerspitzen ausstrecken und den Blick heben, denn wenn Mannskopf sie ansah, fühlte sie sich schuldig und minderwertig.

»Na, mein junges Fräulein?« Die Stimme von Mannskopf wurde pfeilgerade auf sie abgeschossen. Sie wirkte wie ein Rasiermesser, das sich in Elisas Seele schnitt. »Kein Interesse, dem Führer zu huldigen? Dein Interesse gilt wohl eher der Haarkosmetik und der Hautpflege.«

Elisa wurde blass. Sie sah die Tintenflecken und das eingeritzte Herz auf ihrem Pult, dazwischen tauchten Erinnerungen auf, wie das Blut in Judiths Auge tropfte. Wie das Messer in Richards Richtung flog. Wie ihre Freundin gekrümmt am Boden lag und die Tritte sie trafen. Alles verschwamm vor ihren Augen und drehte sich. Sie fiel …

»Reißt die Fenster auf!«

Jemand setzte Elisa auf einen Stuhl, gleich ans Fenster. Sie sog die frische Luft tief ein. Allmählich wurde ihr Blick wieder klarer.

Alois Mannskopf stand mit dem Rücken zur Klasse und drückte mit der Kreide Zahlen an die Tafel. Es quietschte, wie immer.

Draußen gurrten die Tauben, ein Auto tuckerte über die Straße. Elisa schaute hoch zum blauen Firmament. Nur ein paar Wölkchen zogen vorbei. Der Himmel wirkte so friedlich.

Vorne saß Friedrich in seinem braunen Hemd und

drehte sich geduckt um. Der rechte Mundwinkel zuckte. Seine Augen waren zu Schlitzen verengt. Mit der Faust schlug er leise in seine flache Hand.

»Wir kriegen dich«, raunte er ihr zu. »Dich und die kleine Wanze!«

»Dich und die kleine Wanze!«, wiederholte Richard und streckte ihr die geballte Faust entgegen.

Lehrer Mannskopf hatte sich umgedreht und musste die letzten Worte gehört haben, aber er sagte nichts.

»Mir ist so übel«, sagte Elisa zu Lehrer Mannskopf, gleich zu Beginn der Pause. Er hob angewidert die Oberlippe. Das machte er immer, wenn er es mit Mädchen zu tun hatte, denen es übel wurde. Die ihr monatliches Unwohlsein hatten. Die eben nur Mädchen waren.

»Dann geh und bleib zu Hause«, sagte er und rückte von ihr ab, als hätte sie eine ansteckende Krankheit.

Es klingelte, die Schüler holten ihre Brote aus dem Ranzen und drängten auf den Schulhof.

Elisa drückte sich während der Pause in den dunklen Fluren herum. Sie wollte Friedrich mit seiner Truppe nicht begegnen. Der Ranzen stand neben ihr in einer Nische.

Wenn sie doch nur aus ihrer Haut könnte, dachte sie, oder waren es sieben Häute, unter denen sie gefangen war? Vielleicht war das abgeschnittene Haar ja ein erster Anfang …

Mit den Fingerspitzen fuhr sie sich durch die Haarsträhnen. Es war ungewohnt, ohne Zöpfe zu sein. Sie legte den Kopf in den Nacken und streckte seitlich die Arme aus, als wollte sie davonfliegen.

In den Kugellampen oben an der hohen Decke lagen Dutzende von toten Fliegen, die schwarz durch das milchige Glas schimmerten. Es roch nach Bohnerwachs und Leder von Aktentaschen.

Sie dachte an Judith, an ihre Judith. Wo sie jetzt sein mochte?

Endlich schrillte die Glocke. Schritte und Stimmen schallten durch die Flure, Tritte kamen über die Treppen näher. Elisa drückte sich weiter in die Nische und hörte die Stimme von Friedrich.

»Diese dreckige Jüdin, wir werden sie jagen!«

»Ja, wir werden sie jagen«, wiederholte Richard.

»Sie ist entartet! Da fließt kein völkisches Blut in den Adern«, fuhr Lutz fort.

»Wer uns angreift, wird vernichtet.« Das war Marianne, die da sprach. Elisa wischte sich über die Augen.

Das Aufstampfen von Friedrichs Stiefeln hallte über die Schritte der anderen hinweg und wurde allmählich leiser. Elisa blickte vorsichtig aus der Nische hervor und sah, wie jüngere Schüler Friedrich bewundernd nachschauten, ihm und seiner HJ-Uniform, die ihn wichtig machte. Sie wollten auch wichtig sein und dazugehören.

Die Türen zu den Klassenräumen wurden geschlossen. Stille.

Elisa drängte aus ihrem Versteck und lief die Treppen hinunter, vorbei an gekalkten Wänden, von denen Splitter abblätterten.

Dann schob sie die hohe Flügeltür auf, rannte über den Schulhof auf die alte Kastanie mit der borkigen Rinde zu und schaute zurück zum rötlichen Backsteingebäude. Friedrich stand regungslos im ersten Stock am Fenster und schaute ihr nach.

Heute war sie noch einmal davongekommen, dachte

Elisa, aber was würde morgen sein? Und am Tag danach? Ob Hannes sie schützen könnte? Vor allem aber: Wo war Judith?

Dann rannte sie los. Vielleicht hatte Judith irgendwo eine Nachricht für sie hinterlassen. An der grünen Bank, beim Büdchen oder vielleicht bei den Bertrams. Oder am Geschäft von Josua Siebenstern.

An der Bäckerei roch es wieder nach frisch gebackenem Brot, das sie so sehr mochte, wenn es noch warm und knusprig war. Die Eingangstür stand weit geöffnet.

»Ich hänge das Schild nicht auf! Niemals!«, hörte sie die aufgebrachte Stimme des Bäckers.

Kurz darauf wurde er von zwei SA-Leuten auf die Straße gezerrt und in ein schwarzes Auto gestoßen. Seine Frau stand auf der Türschwelle und presste die Faust gegen ihr Herz. Mit der anderen Hand, die kraftlos an ihr herunterhing, hielt sie ein Schild mit der Aufschrift: ›Wir verkaufen nicht an Juden‹

Elisa rannte auf sie zu. »Helga, was ist hier los?«

Sie wich einen Schritt zurück. »Er wird nur verhört. Schnell, Kind, geh. Ich will schließen.«

Das schwarze Auto knatterte die Straße entlang, hinter Elisa drehte sich das Schloss in der Eingangstür der Bäckerei. Das Schild ›Geschlossen‹ hing in der Tür. Helga war verschwunden.

Weiter hinten in der Straße wurden Bretter von Josua Siebensterns zerschlagenem Schaufenster gerissen. Mit lautem Krachen warfen Arbeiter die Latten auf einen Pferdekarren, der nah am Bordstein stand. Die Pferde hatten Scheuklappen vor den Augen. Weißlicher Schaum tropfte von ihren Mäulern.

Elisa ging näher und sah, wie zwei Arbeiter im Laden mit Äxten auf die Schränke einschlugen. Holz splitterte, Schubladen zerbarsten. Die Lampe von Josuas Arbeitstisch fiel klirrend zu Boden. Mit Besen kehrten sie alles zusammen, um es in Jutesäcken auf den Pferdekarren zu laden.

»Halt, nicht das Werkzeug. Das kann ich noch gebrauchen«, rief ein feiner Herr mit Schnauzbart. Er trug einen blassgrauen Anzug, einen Filzhut und Lederhandschuhe, obwohl Sommer war. Zu seinem Begleiter mit Galoschen über den Schuhen sagte er: »Danke für die Vermittlung! Das war wirklich ein Spottpreis.«

Der lächelte hintergründig. »Was soll sonst mit den Läden geschehen? Sie können ja nicht alle leer stehen bleiben.«

»Ja, mit den Juden lassen sich heutzutage gute Geschäfte machen!«

Sie lachten. »Und das ist erst der Anfang …«

Elisa bückte sich, zog eine Sandale aus und schüttelte sie, als wäre ein Steinchen hineingeraten.

»Und? Was soll da jetzt rein?«

»Ich weiß noch nicht. Auf jeden Fall will ich ihn verpachten. Vielleicht an einen Hutmacher. Hüte werden immer gebraucht.«

»Es war gut, auf Hitler zu setzen. Der bringt Gewinn. Und wenn du wieder einen Laden übrig hast, ich bin dabei!«

Dann spazierten sie davon, die Hände hatten beide auf dem Rücken verschränkt.

Elisa schlüpfte in die Sandale und suchte nach einem Hinweis von Judith an der Hauswand oder auf den Latten. Aber vergeblich.

Sie rannte zur Haltestelle und erwischte gerade noch eine Straßenbahn, die zum Fischerfeldviertel fuhr. Von dort lief sie weiter an der Synagoge vorbei, immer weiter.

Heute lag der Hinterhof wie ausgestorben. Noch nicht einmal der klagende Gesang der Klarinette war zu hören. Leise stieg Elisa die Treppe hoch zur Wohnung. Die Tür stand angelehnt. Jemand hatte versucht, sie notdürftig zu reparieren.

In der Wohnung war alles wie am Tag zuvor. Nur der siebenarmige, zerbeulte Leuchter fehlte, und ein paar Scherben waren zusammengekehrt. Über dem Kopf der erschlagenen Katze surrten ein paar fette Fliegen. Eine Nachricht von Judith fand sie nicht.

Elisa rannte. Sie lief durch die Altstadt, die engen Gassen bei2m Kaiserdom entlang weiter zum Römerberg. Am Rathaus wehten rote Fahnen mit schwarzen Hakenkreuzen im weißen Kreis, die der Wind aufblähte, sodass die rote Farbe ihr entgegenleuchtete.

Sie dachte an den Selbstmord von Borkmann. Und an Karlchen, der sich danach die Aufregung von der Seele geplappert hatte: Dass Glotzauge sich aufgehängt hätte, an diesem Seil mit Schlaufe, die er sich um den Hals gelegt hatte. Dass er bestimmt nach Luft geschnappt hätte. Was dann ja nicht ging. Wegen der engen Schlaufe. Die hätte dann sein Leben einfach weggedrückt ...

Elisa spürte selbst eine Enge in der Kehle, die schmerzte, als wollte sie ihr die Luft zum Atmen nehmen. Sie rannte zum IG-Farben-Haus, diesem ehemaligen Stahlskelett, das kürzlich erst fertig gebaut worden war. Sie lief und lief, ohne zu wissen wohin.

Dann stand sie im Bethmannpark vor der grünen

Bank bei der Wasserpumpe. Wie in Trance war sie hierhergelaufen. Vielleicht kam Judith ja heute noch vorbei, vielleicht hatte sie etwas in die Bank gekerbt. Aber Elisa fand keinen Zettel, keine eingeritzte Nachricht, keinen Hinweis. Auch drüben am Brunnen nicht.

Elisa hockte sich auf die grüne Bank und wartete. Sie horchte auf das Läuten der Kirchturmglocken, auf das Knattern von Motorrädern und Hundegebell. Und wartete ...

Keine zwei Meter entfernt von ihr war Judith zusammengetreten worden. Wieder schmerzte der eigene Magen, der eigene Rücken, der eigene Unterleib.

Ob Klara vom Büdchen etwas wusste?, dachte sie. Die hatte sogar Flugblätter unter dem Verkaufstresen versteckt, die zum Widerstand aufriefen. Klara war verschwiegen, ihr konnte sie vertrauen.

Elisa ging langsam auf den Kiosk zu und achtete genau auf Zettel an Bäumen oder eingeritzte Zeichen.

Je näher sie dem Büdchen kam, desto mehr pochte das Blut in ihren Adern. Irgendetwas war heute anders.

Der ›Völkische Beobachter‹ hing in einem neuen Drahtgestell, das gleich neben dem Verkaufstresen angebracht worden war. Dann tauchte die Kioskverkäuferin auf. Es war nicht Klara. Die Verkäuferin hatte bräunliches Haar, trug ein Abzeichen der NS-Frauenschaft am Kittel und fragte freundlich: »Kann ich dir helfen?«

Allmählich wurde es dunkel. Fledermäuse jagten lautlos durch die Parkanlage hinüber zum alten Turm, wo sie im Dachgebälk hausten. Elisa war zurück zur Bank gelaufen und wartete auf ein Zeichen von Judith.

»Ach, Judith«, sagte sie leise. Tränen liefen ihr über

die Wangen. Mit dem Finger fuhr sie über die Messerkerbe in der Bank. Wieder sah sie Bilder, die wie in einem Zelluloidfilm aufeinander folgten: Das sirrende Messer, das sich in die Bank fraß, die Revolvermündung, die auf sie zielte, Karlchen, der verängstigt am Wasserbecken stand, der Schuss, das Blut …

Aus der Ferne näherte sich ein Trupp. Im gleichen Tritt marschierten sie näher, ihre Schritte hallten durch den Park. War es die SA oder die Hitlerjugend? Die Marschtritte wurden lauter, der Trupp schien sich in der Dämmerung in einen grauen Koloss zu verwandeln, in dem der Einzelne kein Leben mehr hatte.

Elisa duckte sich, ließ die Einheit mit schweren Stiefelschritten an der Bank vorbeimarschieren und schaute ihnen verängstigt nach.

Da, ganz plötzlich, presste jemand Elisa seine schweißnasse Hand auf den Mund. Ein Fremder stand hinter der Bank und drückte ihren Oberkörper gegen die Rücklehne. Sie bäumte sich auf und wollte um sich schlagen.

»Pst, leise!«, flüsterte eine Stimme. Sie spürte heißen Atem in ihrem Nacken. »Ich habe eine Nachricht von Judith. Von Judith!«

Elisa sackte in sich zusammen. Die Hände lockerten sich.

»Von Judith?«, fragte sie leise und drehte sich um.

Vor ihr stand der kleine Richard in seiner Uniform. Er schaute sich hektisch nach allen Seiten um.

»Sie ist in der Schweiz«, raunte er ihr zu. »Das soll ich dir geben.« Er drückte Elisa etwas in die Hand.

»In der Schweiz? Woher weißt du …«

»Leise!«, antwortete er und rannte dem Trupp hinterher, mit dem er in der Dämmerung bald verschmolz.

Elisa starrte ihm hinterher und blickte auf das, was sie in ihrer Hand hielt: Es war das Freundschaftsband, das Judith am Arm getragen hatte, das mit den vielen bunten Fäden, die zu einem Band verflochten waren. Und ein Zettelchen lag in ihrer Handfläche, fein zusammengefaltet.

Judith! Sie war in Sicherheit. Elisa presste die Faust gegen ihre Lippen, genauso wie Oma Elsbeth es tat, wenn sie Angst hatte, dass verräterische Worte aus ihr herausplatzen könnten.

Da tauchte ein neuer Schatten auf. Geduckt sprang er auf Elisa zu und fuchtelte mit den Händen.

»Richard?«, fragte Elisa zögerlich.

»Blutige Gefahren«, heulte der Schattenmann. »Der Weltenbrand kommt, kommt näher. Der Weltenbrand wird Frankfurt entflammen. Bald! Sehr bald! Das Ende naht ...« Er riss die Hände hoch, jaulte laut auf, jagte wieder davon und verschwand im Wäldchen.

Das musste der Irre gewesen sein, dieser Verrückte, der im letzten Weltkrieg seinen Verstand verloren hatte und jetzt irgendwo in den Wäldern hauste. Der immer von einem Weltenbrand faselte ...

Der Puls trommelte in Elisas Schläfen. Sie sprang auf und lief zur Hauptstraße, hinein ins Laternenlicht, weg von dem Irren, der die Welt in Flammen aufgehen lassen wollte. Dort faltete sie Judiths Zettelchen auseinander und las. Sie wiegte ihren Kopf, lächelte und steckte das Papier in ihr Medaillon, zu dem Zettel von Hannes. Judith war in Sicherheit. Elisa fühlte sich leicht, so leicht ...

Ein Schiff, so groß
wie ein Wal

Judith war in Sicherheit! Elisa drehte sich um sich selbst und ließ ihre Haare flattern. Sie versuchte, vorwärts zu tänzeln wie die Stepptänzer in den Kinofilmen, da entdeckte sie Lutz, der eng umschlungen mit Marianne den Bürgersteig entlangschlenderte. Elisa drückte sich in einen Hofeingang, wartete und schlich ihnen hinterher.

Vor der Kohlehandlung Bayer waren sie plötzlich wie vom Erdboden verschluckt. Elisa grinste. Nur zehn Atemzüge später, dann hob sie selbst die Latten an und kletterte durch die Lücke. Geduckt kroch sie weiter.

Die Büsche mit ihrem dichten Blattwerk boten Schutz. Es roch nach verrostetem Metall und süßlicher Schafsgarbe.

In der Bretterbude brannte Licht. Elisa streckte sich, um durchs Fenster blicken zu können. An der Wand hing der Stadtplan mit den umkreisten Häusern. Manche Kreise waren mit einem Stift durchkreuzt. Andere waren neu. An der Wand gegenüber stand mit krakeliger Schrift: ›Juden raus!‹.

Am Fenster tauchte der Hinterkopf von Lutz auf, dann das Gesicht von Marianne. Sie küssten sich, und Lutz zog an seinem Finger, bis es knackte. Beide lachten schallend, und Lutz drehte sich zum Tisch. »Wo ist denn nur …«

Mehr hörte Elisa nicht. Sie wollte schreien, aber ihre Stimme versagte. Da gab es kein Ein- und Ausatmen mehr.

In der Bretterbude stand nicht Lutz, sondern Hannes. Hannes! Hannes hatte Marianne geküsst … Hannes ahmte Friedrich mit dem Fingerknacken nach und machte sich damit über sie lustig …

Elisa sog langsam Luft ein. Es klang wie unterdrücktes Keuchen.

Da stand Hannes, der ihr Liebesworte geschrieben hatte. Hannes, der ihr zwanzig Reichsmark leihen wollte. Hannes …

Eine Hand packte sie mit festem Griff und zog sie weg, weit nach hinten zur nächsten Hauswand hin, die an das Gelände grenzte. Es war Bruno. »Sei ruhig, sonst verpatzt du alles … und hock dich da hin!«

An der Hausrückwand waren kniehoch Ziegelsteine aufgeschichtet, Bruno leuchtete mit einer Taschenlampe auf ein seltsames Gerät mit Lautstärkereglern. Bruno setzte sich Kopfhörer auf und lauschte.

Erst jetzt entdeckte Elisa einen dünnen Kupferdraht, der zur Bretterbude führte. Bruno winkte ihr, sich nah an die Kopfhörer zu lehnen. Elisa hörte die Stimmen von Marianne und Hannes, die kratzig klangen und verzerrt.

»Es muss jemand sein, der uns kennt.«

»Und wir ihn.«

»Ein Verräter?«

»Er wird es bitter bereuen ... Sehr bitter sogar! Du weißt, was mit Verrätern geschieht.«

Stille. Nur Knacken und Rauschen und Sirren. Es waren die Geräusche, die sie von Brunos Zentrale her kannte.

Elisa schüttelte Bruno an der Schulter. »In der Bretterbude, das ist nicht Lutz, das ist Hannes ...«. Ihre Stimme versagte.

»Ich weiß.« Bruno drehte an Reglern, sprach leise und horchte. »Ich hatte dich gewarnt. Andererseits verstehe ich dich. Manchmal will man nicht glauben, was schwarz auf weiß vor einem liegt. Weil die Wahrheit nicht zur eigenen Lebenslüge passt.«

Elisas Antwort ging in ihrem Schluchzen unter. »Und ... dieser Verräter?«, sagte sie stockend. »Wer soll das sein? Wer soll etwas bitter bereuen?«

»Das will ich hier herausfinden. Ich ahne da etwas ...«

»Aber wie funktioniert das?«, fragte Elisa und deutete auf das Gerät.

»Hinter einer dünnen Latte ist eine halbe Kupferkugel versteckt, die sieht aus wie ein Igel. Durch die Löcher wird der Schall von einem starken Mikrofon aufgenommen ...«

» ... und über den Draht hierhergeleitet.« Elisa nickte. »Verstehe.«

»Die halbe Kupferkugel ist ein gutes Versteck. Dann wird das Mikrofon nicht so schnell entdeckt, falls ...«

Vom Hof her hallte wütendes Hundegebell zu ihnen herüber.

»Los, komm«, sagte Bruno, versteckte den Kasten

unter einem steinernen Vorsprung und zog Elisa mit sich. »Da kommt der alte Bayer mit seinem Köter. Der ist mit denen da im Bund.«

*

Am nächsten Abend wollten die Eltern Freunde treffen, und Elisa sollte auf Karlchen aufpassen. Vati hatte über den Streit vom vorletzten Abend kein Wort mehr verloren. Auch Mutti schwieg, seufzte nur hin und wieder und schaute Elisa bittend an. Elisa biss die Zähne zusammen. Keine einzige Träne mehr wollte sie wegen Hannes vergeuden!

Das Briefchen von Hannes hatte sie in den Küchenofen geworfen. Jeder Millimeter, den sich die Glut weiter durchs Papier fraß, war für sie eine Befreiung, und sie glaubte, mehr und mehr von ihm loszukommen. Oder war das auch nur eine Lebenslüge? Aber Judith war in Sicherheit! Elisa schloss die Augen. Ihre Judith mit der kleinen Lücke zwischen den Vorderzähnen.

»Wir spielen Holztrappeln, ja?«, rief Karlchen, als die Eltern die Wohnung verlassen hatten. Er hielt seine geschnitzten Pferdchen in den Händen und einen schwarzen Pappkarton mit Fäden dran. »Und die ziehen dann den Leichenwagen weg.«

Elisa nickte und rollte den Fransenteppich im Wohnzimmer auf, stellte ihn in die Ecke und ließ die geschnitzten Holzpferdchen über den Holzboden trappeln. Doch ihre Gedanken flogen davon zu Judith und Richard. Woher wusste er von der Schweiz? Wann hatte Judith ihm das Freundschaftsband gegeben? Was spielte er für ein Spiel, in dem es um Leben und Tod ging? Und Hannes? Sie schüttelte den Kopf. Kein überflüssiger Gedanke mehr an ihn! Das war nur Zeit, die ihr verloren ging.

»Ist was?«, fragte Karlchen.

»Nein, alles gut!«, antwortete Elisa und schüttelte den Kopf. Die schulterlangen Haare flogen ihr ins Gesicht, und sie genoss es.

Da entdeckte sie, dass eine der Holzdielen, die normalerweise unter dem Teppich versteckt lagen, an den Seiten abgeschabt war und erhöht abstand. Bestimmt konnte man sie hochhebeln. Sie musste Karlchen müde spielen, dann würde sie nachsehen, was sich darunter verbarg.

Karlchen wollte Doktor spielen, und Elisa wickelte dem Teddy einen Mullverband um den Bauch. Karlchen wollte mit den Holztierchen um die Wette rennen, und Elisa ließ ihn gewinnen. Karlchen wollte Lieder singen, und Elisa sang Lieder, sogar das Lied vom Maikäfer, der fliegen sollte, weil der Vater im Krieg war.

Sie sang, bis er sich mit seinem Teddy unter die Bettdecke verkroch.

Endlich blieben seine Lider geschlossen. Elisa betrachtete genau die Wimpern. Sie zuckten nicht, und sein Atem ging regelmäßig. Das konnte er nicht erschwindeln. Wie oft hatte er schon vorgetäuscht zu schlafen, um sich dann von hinten anzuschleichen und sie mit lautem Gebrüll zu erschrecken.

Das Bettgestell quietschte, als sie leise aufstand. Im Küchenherd entzündete sie in der Glut einen Span. Dann nahm sie den silbernen Leuchter und entzündete damit den Docht einer Kerze. Die helle Deckenlampe mochte sie nicht anknipsen, die war von der Straße aus zu sehen.

Sie horchte. Da waren Schritte im Treppenhaus. Sie

führten an der Tür vorbei, höher in den zweiten Stock. Hundegebell war zu hören. Das musste Frau von Ahrensburg sein, die mit ihrem Pudel im Park gewesen war.

Mit zitternden Fingern suchte Elisa in der Küchenschublade ein breites Messer. Sie stellte den Kerzenleuchter auf dem Boden im Wohnzimmer ab und lockerte die Diele. Mit dem Messer war sie leicht hochzuhebeln.

Elisa fasste nach und legte das Holz, das an beiden Enden auf Querplanken auflag, neben sich. Darunter öffnete sich ein Hohlraum. Vorsichtig tastete sie ihn seitlich ab und fühlte Bücherrücken, Schriften und feine Papiere.

Staub zog ihr in die Nase. Es kribbelte und juckte. Sie hielt sich die Nase zu, um nicht zu niesen und Karlchen aufzuwecken.

Vorsichtig zog Elisa eins der Bücher aus dem Versteck. Das Kerzenlicht leuchtete auf einen dicken Pappeinband, trotzdem waren goldene Buchstaben darauf geprägt.

Das war doch eins der verbotenen Bücher aus Vatis Regal im Arbeitszimmer!, dachte sie. Als sie es aufblätterte, glitt dünnes Papier durch ihre Finger. Das Werk war von Anna Seghers.

Sie legte es zurück, zog den Kerzenständer näher und tastete nach der anderen Seite des Hohlraums. Dort waren Blechkisten und Kästchen verstaut. In einem Samtkästchen entdeckte sie eine Goldkette, in einer anderen ein Armband mit glitzernden Edelsteinen und …

Im Flur drehte sich ein Schlüssel im Schloss. Elisa pustete die Kerze aus, stellte die Kästchen zurück, schob die Bohle in die Lücke und rollte den Fransenteppich darüber.

»Langsam, ganz vorsichtig!«, hörte sie Muttis unterdrückte Stimme vom Flur her. Vati ächzte und stöhnte. In der Küche wurde ein Stuhl gerückt. »Setz dich.«

Leise Schritte liefen aufgeschreckt hin und her. Irgendetwas schepperte. Das musste der Blechdeckel vom Arzneikasten gewesen sein. Elisa kannte das Geräusch von letzter Woche, als sie sich das Knie aufgeschlagen hatte. Mutti hatte teuflisch brennendes Jod auf die Wunde geträufelt.

Ein unterdrücktes Aufstöhnen von Vati war zu hören. War das vom beißenden Jod in der Wunde? Dann folgte ein feines Reißen und Ratschen. Pflaster? Verbandszeug? Elisa biss sich auf die Lippen. Bleib ruhig! Sie lauschte.

»Komm, ich bring dich ins Schlafzimmer.«

Wieder ein Aufstöhnen, ein Ächzen, ein Aufheulen.

»Pst, die Kinder!«

Als die Eltern zum Schlafzimmer gingen, lief sie in die Küche. Reste von Verbandsmull lagen auf dem Tisch, das Jodfläschchen stand neben einem rotdurchtränkten Tuch. Ein Handabdruck mit Blutstropfen war auf den Wandfliesen über der Spüle zu sehen.

Elisas Puls raste. Vatis Blut! Auf Zehenspitzen schlich sie in ihr Zimmer, legte sich leise ins Bett und horchte, bis sie spät in der Nacht in einen unruhigen Schlaf fiel.

Jemand rüttelte Elisa an der Schulter, eine Hand fuhr über ihr Haar. Sie schreckte hoch und roch Parfum.

»Zeit zum Aufstehen, mein Mädchen«, sagte Mutti mit zärtlicher Stimme und versuchte zu lächeln. »Es ist Zeit.«

Elisa rieb sich die Augen und schaute sie verwundert an. »Zeit? Wozu? Heute ist doch Sonntag. Da ist keine Schule.«

Die Mutter trug ihr graues Wollkostüm und hatte die

Haare mit der Lockenschere ordentlich eingedreht. Es roch nach verbranntem Zeitungspapier.

Sofort war Elisa hellwach, der letzte Abend … Die blutigen Wandkacheln … Was war mit Vati? Sie sprang aus dem Bett und rannte in die Küche.

Vati hockte auf dem Stuhl. Die Brille mit dem zerbrochenen Glas war vorne auf seine Nase gerutscht. Die rechte Schulter hielt er hochgezogen. Auf seinem Schoß saß Karlchen und biss in ein Marmeladenbrot. Die Tischdecke aus Plastik war penibel sauber gewischt. Keine Spuren von gestern Nacht waren zu sehen, auch nicht an den Wandfliesen. Vor Karlchen standen seine geschnitzten Tierchen, ein Hund, ein Schaf, ein Elefant …

Die Flügeltür zum Wohnzimmer stand geöffnet. Mutti holte aus dem Wohnzimmer den silbernen Leuchter mit den Kerzen, die Elisa letzte Nacht angezündet hatte.

Elisa wagte kaum zu atmen. Den hatte sie vergessen, den hatte sie auf dem Boden stehen lassen! Mutti stellte ihn auf den Küchentisch, ohne ein Wort zu sagen. Und ohne Elisa anzuschauen.

»Ich will noch ein Brot«, rief Karlchen. »Mit ganz viel Marmelade.«

»Wir machen gleich einen Ausflug.« Vati zog die rechte Schulter noch weiter hoch. Hatte er Schmerzen?

»Einen Ausflug? Wohin?« Karlchen wollte aufspringen, aber Vati schlang seine Arme fest um ihn und küsste die erhitzten Wangen seines Sohnes. Das Brillengestell auf Vatis Nase verrutschte noch mehr, aber er ließ es zu, schloss die Augen und genoss Karlchens Nähe. Er ließ die Glut seines Sohnes in sich gleiten, als wollte er sich daran wärmen.

Elisa stand abseits am Küchenherd. Im Herd brannte

kein Feuer. Der Geruch von kalter Asche zog ihr in die Nase. Der Kohleneimer war fast leer, Krümel drückten sich in ihre nackten Fußsohlen. Warum musste sie nicht in den Keller, um Kohlen zu holen? In den Keller, wo die schwarze Teufelsmarionette fehlte. Irgendwie war heute alles anders.

»Zieh dich bitte an.« Mutti räusperte sich und wischte fahrig mit einem nassen Lappen den Tisch sauber. »Deine Sachen liegen im Wohnzimmer. Und beeil dich! Wir müssen bald los.«

*

Im Güterwagen hockten Elisa und die Eltern auf Strohballen. Karlchen saß auf den Knien von Vati und drückte den Teddy an sich. Elisa lehnte sich an ihre Mutter, die sie fest im Arm hielt. Das Ruckeln des Wagens und das Quietschen der großen Eisenräder auf den Schienen machten ihr Angst. Bei jeder Bodenschwelle ging es ein Stück weiter von zu Hause weg, weiter weg von ihrer Wohnung, von der Wasserpumpe, von Bruno, den sie plötzlich vermisste.

Mutti hatte ein Köfferchen gepackt und in einem Beutel Butterbrote und Würstchen verstaut. »Das müsste reichen«, hatte sie gesagt.

»Wohin geht es denn jetzt?«, fragte Karlchen. »Wann fahren wir denn zurück? Ich bin müde.«

»Bald! Bald sind wir da!« Vati hustete, als wollte er das Gespräch beenden.

»Wo da?«, fragte Karlchen und rieb sich über die Augen.

Michael schaute kurz zu Charlotte, die nickte und er fuhr fort: »Wir fahren zu einem Schiff.«

»Zu einem Schiff?« Karlchen riss die Augen weit auf. »Zu einem großen Schiff?«

»Ja, so groß wie ein Wal! Aber jetzt schlaft noch ein bisschen, damit ihr gleich munter seid.«

Im Waggon war es düster. Es gab nur ein schmales Sichtfenster nach draußen. Dicht an dem schmalen Fenster hockte ein Schwarzer und hielt eine Zeitung so, dass er sie lesen konnte.

Etwas Licht fiel auf die Seite mit den fetten Überschriften. ›Sieg der Nationalsozialisten‹ und ›Wehrt euch gegen jüdische Blutschande‹ und ›Hitlerjunge Richard K. im Bethmannpark hingerichtet‹.

Richard K.? Ob das ihr Richard war? Richard Kleinert? Elisa versank in Eiseskälte. Hingerichtet ... Wurde er erschossen? Wegen Judith? Wegen des Briefchens oder wegen des Freundschaftsbands? War er der Verräter, von dem Hannes und Marianne gesprochen hatten? Oder war es gar nicht Richard Kleinert, sondern ein Richard Kruse, Kramer oder Kaufmann ...

Die Schiebetüren knirschten in ihren Scharnieren.

Elisa fuhr sich übers Gesicht, es klebte vor Schweiß, der Staub der Strohballen juckte. Sie war so dankbar, dass ihre Mutter sie im Arm hielt und an sich drückte. Und dass es dunkel war und niemand ihre tränennassen Augen sehen konnte.

»Was ist denn jetzt?«, fragte sie leise. »Was geschieht mit uns?«

»Wir fahren ans Meer.« Mutti atmete tief durch, senkte den Kopf und drückte ihre Tochter noch fester an sich.

Endlich quietschten die Bremsen. Der Zug hielt, und die breiten Waggontüren wurden zur Seite geschoben.

Reisende drängten auf den Bahnsteig. Dort standen Menschen dicht an dicht. Elisa betrachtete die feinen Mäntel und zerlumpten Jacken, die Dienstkleider und Uniformen. Überall standen Koffer, Taschen und Säcke neben gestapelten Kisten und Kästen. Es roch nach Maschinenöl, auf einem anderen Gleis pustete eine Lokomotive Dampfwolken aus dem Schornstein. Sie tutete derart laut, dass Karlchen erschrocken Schutz bei Vati suchte. Elisa ließ alles über sich ergehen und stellte keine Fragen.

»Bremerhaven, hier Bremerhaven-Wesermünde!«, schepperte die Lautsprecherstimme über ihre Köpfe hinweg. »Der Regionalzug zur Columbuskaje wartet am Gleis gegenüber.«

Die Menschen drängten zu einem Zug mit kleineren Waggons, die Fenster hatten. Mutti hielt Elisa im Gewühl fest an der einen Hand, mit der anderen umklammerte sie das Köfferchen. Vati hatte den Rucksack auf dem Rücken und nahm Karlchen auf den Arm, als sie in einen der Wagen stiegen.

»Wann sind wir denn da?«, fragte er weinerlich. »Was wollen die ganzen Menschen hier? Ich will nach Hause.«

»Wir sind gleich am Meer«, antwortete Vati. »Am weiten Meer.«

»Liegt da das Schiff, das so groß ist wie ein Wal?«, fragte Karlchen.

Der Vater nickte. Er wirkte unruhig und drückte seinen Sohn immer wieder an sich. Langsam zuckelte der Zug los.

»Schade, dass mein Schiffchen nicht hier ist«, sagte Karlchen. »Da könnte es im Meer schwimmen! Das wollte es immer.«

»Dafür kannst du Teddy das Meer zeigen«, sagte Vati.

»Au ja! Aber wann kommt es denn?«, fragte Karlchen ungeduldig.

Vati schob ein Waggonfenster hinunter. Salziger Geruch und das Gekrächze von Möwen drang zu ihnen in den Wagen. Überall flatterten Hakenkreuzfahnen. Weiter entfernt spielte eine Musikkapelle: »Muss i denn, muss i denn, zum Städele hinaus…«

Der Zug fuhr langsamer, fast nur noch schrittweise. Arbeiter mit vollbepackten Karren überquerten die Hafengleise.

In diesem Moment hallten schmerzerfüllte Schreie zu ihnen herüber.

»Wer schreit denn da?«, fragte Karlchen und nahm Vatis Gesicht zwischen seine Händchen. »Ist da jemand hingefallen?«

Ein großer Mann mit schwarzer Hautfarbe, der dicht hinter ihnen stand, flüsterte: »Leise! Das sind die Seelen aus dem Geisterschiff!« Bei den Worten standen ihm Tränen in den Augen.

Elisa betrachtete ihn aus den Augenwinkeln. Irgendwoher kannte sie den Schwarzen mit der schiefen Nase. Der gab mit einer Kopfbewegung ein Zeichen zu schweigen. Elisa verstand und biss sich auf die Lippen.

Hinter ihnen flüsterte jemand: »Sie schlagen mit Gummiknüppeln, Stahlruten und Nagelstöcken …«

Vati schloss das Fenster, und im gleichen Moment ruckelte der Zug weiter. Als sie an der Hafenkaje ankamen und ausstiegen, fing eine SA-Musikkapelle unter einem Meer von Hakenkreuzfahnen an zu spielen, während ein SA-Trupp nähermarschierte:

»Die Fahne hoch, die Reihen fest geschlossen,

SA marschiert mit ruhig festem Schritt …«, fielen

Aufseher, Kontrolleure und SA-Leute in das Lied mit ein.

Elisa dachte wieder an den Text, den Bruno gesungen hatte:

›Der Metzger ruft! Die Augen fest geschlossen.

Das Kalb marschiert mit ruhig festem Tritt …‹

Eine Menschenmasse drängte auf eine große Halle zu. Überall standen SA-Männer und Polizisten in Uniform und mit Pistolen im Halfter. Es war unheimlich ruhig.

Vor ihnen lag die riesige Halle mit den Fahrkartenschaltern, vor denen Menschen sich in Reihen ordneten. Vati stellte sich gleich links an und wartete mit anderen.

»Wir fahren weg?«, fragte Elisa ihre Mutter. »Wir fahren wirklich weg? Was ist hier los?«

Mutti beugte sich zu ihrer Tochter und flüsterte ihr zu: »Ich schwöre dir, es ist alles in Ordnung. Vertraue uns!«

Dann nahm sie einen kleinen Brustbeutel, hängte ihn ihrer Tochter um den Hals und ließ ihn unter deren Pullover verschwinden.

»Es ist besser, wenn du ihn nimmst. Wegen der Kontrollen.« Ihre Augen waren rot. Als sie Elisas fragenden Blick sah, wischte sie sich über die Lider. »Das war nur der Wind … da draußen. Und jetzt, ich flehe dich an, sei leise. Wegen Karlchen.«

Die Mutter nahm die Hand ihrer Tochter und führte sie an den Saum von Elisas Jacke. Die spürte etwas Hartes, das sich durch den Saum schlängelte.

»Für schlechte Zeiten«, sagte Mutti. Sie war ganz nah an Elisas Ohr. »Schau in den Beutel! Heimlich. Und pass gut darauf auf. Ich verlasse mich auf dich!«

In diesem Moment kam Vati mit Papierstreifen zurück, den Tickets, wie er sagte und drückte Elisa Dokumente in die Hand. Das waren die Ausreiseerlaubnis, Ausweise und andere Papiere.

»Steck das ein und geh mit Karlchen vor«, sagte Mutti leise. »Das ist so. Kinder gehen als Erste. Zeigt eure Karten. Die Erlaubnis. Die Papiere. Wir kommen nach.«

»Ihr kommt nach? Wann? Wann kommt ihr nach?«, fragte Elisa. Ihre Stimme versagte. Um sie herum war ein Taumel von schwitzenden Menschen, wandernden Koffern, von dicken Mänteln, Hüten und blassen Gesichtern.

»Ich … ich habe aus dem Sparstrumpf …«, stotterte Elisa. »Tut mir so leid. Der Friedrich … ich konnte nicht anders … ich war zu feige.«

»Ich weiß«, sagte Mutti leise, gab ihrer Tochter einen zärtlichen Kuss und streichelte ihr über die Wange. »Und ich … habe meine Arbeit verloren. Wegen Vati … nein!«, verbesserte sie sich. »Wegen der Nazis!«

Sie umarmte ihre Kinder. Lange, viel zu lange. Karlchen zwängte sich aus der Umarmung heraus. »Wann geht's denn weiter?«

Vatis Hände waren eisig kalt, als er Elisas Finger umfasste. »Nun geh! Pass gut auf Karlchen auf. Wir kommen nach.«

Dann schoben die Eltern ihre Kinder vor, den Gang entlang auf die Kontrollen zu. An der Seite standen breitbeinig uniformierte Soldaten mit Gewehren. Ihre Gesichter waren regungslos, aber ihre hellwachen Augen nahmen selbst die kleinsten Auffälligkeiten wahr.

Elisa blieb kurz stehen und blickte zurück. Vati liefen Tränen über die Wangen. Dann drehte er sich um, hielt den Arm vors Gesicht und ging in die Hocke. Mutti presste die Hand vor den Mund und nickte ihr auffordernd zu.

Elisa schloss kurz die Augen, so wie sie es bei Oma Elsbeth getan hatte, als Onkel Toni schwer verletzt in der Laube gelegen hatte. Sie hatte verstanden.

Die Menschen drängten sie weiter, zu den Kontrollen.

»Was ist denn los?«, fragte Karlchen. »Wann kommen Mutti und Vati?«

»Wir ... wir sind doch die Detektive«, antwortete Elisa leise. »Wir müssen die Diebe fangen.«

»So wie im Buch bei Emil?«

Elisa nickte. »Genauso wie im Buch bei Emil. Und wir gewinnen!«

Bei der Kontrolle zeigte Elisa die Fahrscheine und die Erlaubnis zur Ausreise. Ihr Herzschlag raste. Können Herzen zerspringen? Sie hielt Karlchens Hand fest, die schweißnass war. Er lief geduckt, verstand nicht, was wirklich geschah, stellte aber auch keine Fragen.

Weiter ging es den Gang entlang zum Anlegekai, und da lag der Gigant vor ihnen. Ein Schiff so groß wie ein Wal.

»Vati hat nicht gelogen«, flüsterte Karlchen.

Der Geruch nach Teer, verbranntem Holz und Kohle zog ihnen in die Nase. Das dumpfe Stampfen der Maschinen lag wie ein aufwühlendes, drängendes Geräusch in der Luft. Die gelblichen Wolken am Himmel sahen aus, als wäre etwas ausgeflockt und verdorben. Der Kai war vollgestellt mit Kisten und Kästen und Säcken. Hafenarbeiter schleppten sie an Deck. Manchmal strauchelten sie über die Holzplanken hoch zum Bauch des Schiffes, der alles in sich aufnahm.

Die Menschen drängten weiter. Elisa schaute in dem Gewusel zurück. Wo blieben nur die Eltern? Sie wollten doch nachkommen.

Die Planke, die zum Schiff hochführte, wankte und zitterte unter ihren Schritten. Karlchen weinte und hielt den Teddy fest an sich gedrückt. »Ich mag nicht mehr.«

»Komm weiter, Karlchen«, sagte Elisa. Ihre Stimme klang weich. »Die Eltern kommen nach. Sie haben das versprochen.«

»Warum?«

»Wieso warum?«

»Warum kommen sie nicht gleich mit?«

»Wegen der Kontrollen«, raunte Elisa ihm zu. »Wir wollen doch gewinnen, oder? Denk an Emil und die Detektive …«

Karlchen nickte.

Elisa schaute zurück. Sie blickte nur in fremde Gesichter. Weiter ging es über den Steg. Rechts und links tief unter ihnen brodelte das Meereswasser.

»Warum kocht das Wasser da?«, fragte Karlchen.

»Die prüfen nur, ob die Schiffsschraube geht«, antwortete Elisa.

Dann beruhigte sich das Wasser wieder. Es sah bräunlich aus, als wäre es verbraucht.

Da stolperte jemand gegen sie. Der Beutel rutschte Elisa von der Schulter, der Stoffbeutel mit den Broten und Würsten. Er fiel und platschte ins Wasser. Sofort stürzten Möwen hinterher, zerfleischten den Stoff, schnappten nach dem Essen und flogen mit der Beute davon.

Karlchen schrie auf: »Meine Würstchen …«

»Ganz ruhig!« Hinter ihnen stand der Schwarze, der schon im Eisenbahnwaggon bei ihnen gestanden hatte. »Ich habe genug. Ich gebe euch gerne was ab.«

»Macht! Geht weiter«, drängten die Menschen hinter ihnen.

Elisa schaute noch einmal zurück, bevor sie über eine Eisenkante an Deck des Schiffes gingen. Von den Eltern war nichts zu sehen.

Wieder mussten sie ihre Karten vorzeigen und wurden überprüft, dann wurden sie in eine kleine Kajüte einquartiert. Dort standen fünf Holzgestelle mit Hochbetten. Die Matratzen waren aus Stroh.

Elisa und Karl teilten sich den Platz oben auf einem Strohbett. Das Köfferchen stellten sie hochkant an die Rückwand. Unter ihnen hatte ein dicklicher Mann sein Bett. Er hatte den Platz für sich allein.

»Oppermann«, stellte er sich vor. »Jonathan Oppermann.«.

Elisa schloss die Augen. Ein jüdischer Name. Wo Judith wohl gerade war? Sie griff nach dem schmalen Freundschaftsband, das mit der Strickliesl geflochten war, aus Fäden in allen Regenbogenfarben. Vielleicht hielt Judith ja auch gerade ihr Bändchen in der Hand …

Gegenüber richtete sich ein junges Pärchen ein. Sie schob eine Bauchkugel vor sich her und stöhnte und ächzte. Über den beiden hockte ein Mann auf dem Stroh, mischte Spielkarten, teilte sie auf dem Bett aus, klaubte sie zusammen und mischte sie neu.

Das Stampfen der Maschinen ließ das Schiff erzittern. Elisa schaute zum Kajüteneingang. Von den Eltern war nichts zu sehen.

Jetzt drängte sich der Schwarze mit der krummen Nase zu einem Strohbett. Er hielt einen länglichen Koffer in der Hand und drückte ihn weit hinten auf sein Lager. Er grinste Elisa an, und seine schneeweißen Zähne schienen zu leuchten. Sie überlegte. Woher kannte sie ihn nur?

»Wer hat Angst vorm schwarzen Mann?...«, sang Karlchen leise.

Der Schwarze öffnete eine Tasche, kramte aus einem Beutel zwei Päckchen und steckte sie Karlchen und Elisa zu.

» … Niemand!« Karlchen fand in seinem Päckchen gebratene Fleischklößchen. Er strahlte und biss in eine der Frikadellen. Er schmatzte und leckte. Sie musste köstlich schmecken.

Elisa schaute sich um. Alle Strohlager waren inzwischen belegt. Eigentlich müsste doch noch eins für ihre Eltern frei sein.

Sie sprang zu Boden und lief auf den Gang. »Mutti? Vati?«

Sie blickte aus dem Bullauge, aber von hier aus war der Landungskai nicht zu sehen, nur in der Ferne ragte die Mauer des Hafenbeckens aus dem Wasser.

Dann war das dröhnende Tuten des Schiffes zu hören. Maschinen ließen das gesamte Schiff erzittern. Wind drückte dunklen Qualm gegen das Bullauge. Elisas Herz pochte so sehr, dass ihr Brustkorb schmerzte. Wo waren die Eltern? Sollten sie etwa …? Die Soldaten? Die Polizei? Die Gewehre? Tränen brannten ihr in den Augen. Sie mochte nicht weiterdenken.

Elisa rannte los, lief die Gänge entlang, dorthin, wo die Planke zum Kai hinunterführte, hinunter zum Festland.

»Meine Eltern fehlen noch«, schrie sie einen Matrosen an. »Meine Eltern müssen noch da draußen sein!«

Aber die Planke war schon eingeholt und lag nass am Boden. Die Eisentür wurde geschlossen. Elisa trommelte gegen die Tür, ihre Hände brannten, der Atem ging keuchend. »Sie sind noch da draußen!«

Der Matrose schob sie zur Seite. »Das Schiff ist groß. Sie werden sich schon melden.«

Elisa erinnerte sich an die Worte, die Mutti ihr beim Abschied zugeflüstert hatte: »Schau in den Brustbeutel. Aber heimlich!«

Sie umklammerte den Beutel und suchte nach einem ruhigen Platz. Draußen an der Reling drängten sich Trauben von Menschen, um die Ausfahrt des Schiffes aus dem Hafenbecken zu verfolgen. Ganz in der Nähe ihrer Kajüte hockte sie sich auf den Boden und öffnete den Beutel. Da waren die Ausweise, die Schiffskarten, Ausreisegenehmigungen ... Elisa stutzte: Auf den Genehmigungen war jeweils ein kleiner, schwarzer Fleck zu sehen, er war kaum erkennbar. Sie schaute genauer hin. Das war doch ... natürlich. Ein kleines ›s‹, das Zeichen von Josua Siebenstern! Das waren also die Papiere, auf die ihre Eltern gewartet hatten, und sie waren gefälscht!

Und dann war da noch ein zusammengefaltetes Papier. Elisa strich es glatt und erkannte die Handschrift ihrer Mutter:

»Geliebte Kinder. Bitte versteht: Die Reise ist teuer, wir können euch nicht begleiten. Aber sehr bald kommen wir nach. Versprochen! Onkel Toni erwartet euch am Hafen in der neuen Heimat. In Amerika. Wir lieben euch und ...« Elisa schluchzte. Der Rest verschwamm vor ihren Augen.

Jemand setzte sich neben sie auf den Eisenboden. »Ist ... alles in Ordnung?«

Elisa schaute hoch. Neben ihr saß ein dunkelhaariger Junge. Er mochte in ihrem Alter sein und grinste sie an. »Ganz schön windig hier, was? Da fangen die Augen immer an zu tränen.«

Im gleichen Moment hallten Töne von einem Blasinstrument aufs Deck. Mein kleiner, grüner Kaktus? Elisa sprang auf und lief in ihre Kajüte. Da stand der Schwarze, der sein Saxophon ausgepackt hatte und spielte. Elisa erinnerte sich. Es war der Schwarze mit der krummen Nase, die aussah, als wäre sie mal gebrochen gewesen. Der bei dem Kabarett-Abend in der Band gespielt hatte. Der Karlchen aufgefangen und zu Mutti gebracht hatte. Nur hatte er damals nicht Saxophon, sondern Bass gespielt.

Karlchen stand vor ihm, schaute bewundernd hoch und klatschte im Takt in die Hände.

»Wenn Vati und Mutti nachkommen«, rief Karlchen, »dann spielst du ihnen das auch vor, ja?«

Der Schwarze lachte, und Elisa nickte ihm zu.

»Ich heiße Daniel«, sagte der fremde Junge, der ihr gefolgt war.

»Und ich Elisa!«

Wieder war das laute Tuten der Schiffssirene zu hören. Das Schiff fuhr aus dem Hafenbecken, und der dunkle Rauch vor dem Bullauge löste sich allmählich auf. Jetzt waren Sonnenflecken zu sehen, die auf dem Kai, auf Menschen, Kisten und Kranwagen lagen.

Es sind nur drei Wochen, dachte Elisa. Nur drei Wochen mit dem Schiff … Dann würden sie bei Onkel Toni sein. Weit weg im Land der unbegrenzten Möglichkeiten.

Sie schaute zum Horizont, wo das Meer mit dem Himmel eins wurde und hielt das Medaillon mit Judiths Briefchen fest in der Hand. ›Wir sehen uns wieder‹, hatte ihre Freundin geschrieben. ›An der grünen Bank bei der Wasserpumpe. Später, wenn Frieden ist …‹

Glossar

Weitere Informationen auf der Homepage
www.Ursula-Flacke.de

S. 8 SA – Sturmabteilung der Nationalsozialisten. Die SA war die uniformierte und bewaffnete Kampf-, Schutz- und Propagandatruppe der NSDAP. 1920 als Ordnungstruppe (Saalschutz für politische Veranstaltungen der Nationalsozialisten) gegründet, wurde sie zum Teil mit Mitteln der Reichswehr 1921 unter Ernst Röhm in einen paramilitärischen Kampfverband umgewandelt. Die SA rekrutierte sich hauptsächlich aus ehemaligen Soldaten und wurde sehr bald für gezielte Terroraktionen gegen politische Gegner eingesetzt. 1930 übernahm Hitler selbst die Führung. 1932 hatte sie 220 000 Mitglieder und beherrschte mit Aufmärschen und Gewaltaktionen das Straßenbild der Weimarer Republik. 1933 wuchs die SA auf etwa 700 000 Mitglieder und wurde auch als Hilfspolizei zur Verfolgung von Juden und politischen Gegnern eingesetzt.

S. 14 Erik Jan Hanussen machte sich als Hellseher einen Namen und agierte trotz jüdischer Herkunft als engagierter Sympathisant der Nationalsozialisten. Auf dem Höhepunkt seiner Karriere führte er zweimal am Tag in der Varieté Scala vor Tausenden von Besuchern seine spiritistischen Séances durch und erlangte enormen Reichtum. Er prophezeite den Aufstieg des Faschismus, die Wahl Hitlers zum Reichskanzler und den Reichstagsbrand. Diese Vorhersage machte ihn für die Nationalsozialisten verdächtig, sie hielten ihn für einen Verräter und ließen ihn 1933 ermorden.

S. 16 Die außergewöhnliche Grippewelle und eisige Kälte im Januar/Februar 1933 führte zu Überlastungen in den Krankenhäusern und zu Schulschließungen.

S. 19 Die Klinger-Schule wurde bereits im Januar 1933 in Adolf-Hitler-Schule umbenannt. In dem alternativen Stadtführer des DGB steht auf S. 27: »Die ehemalige Schule wurde von der SS zur Kaserne und zum Gefängnis umfunktioniert. In den Kellerräumen ihrer Unterkunft ... an der Berger Straße misshandelte SS herbeigeschleppte Sozialdemokraten und Kommunisten. Häftlinge wurden gefesselt und so lange verprügelt, bis sie das Bewusstsein verloren. Keiner der dort Eingelieferten blieb von fürchterlichen Misshandlungen verschont.« 1941 bis 1943 hat man in der Turnhalle dieser Schule den Hausrat von jüdischen Nachbarn versteigert, die im Holocaust ermordet wurden. Eine Gedenktafel am Haupteingang der Klingerschule soll heute an diese Zeit erinnern: »Das Vergangene ist nicht tot; es ist nicht einmal vergangen.« (Christa Wolf)

S. 26 Die Römerberg-Festspiele wurden zum Goethejahr 1932 begründet. Die Zuschauer erlebten Inszenierungen mit Massenszenen, an denen über 500 Statisten,

Komparsen und auch 20 Berittene teilnahmen. Die provisorische Bühne war vor dem Römer aufgebaut. Tribünen für 1500 zahlende Zuschauer waren um die Bühne errichtet. Der Brunnentrog des Gerechtigkeitsbrunnens wurde überbaut, die Figur der Justitia von Sitzbänken umschlossen. Mehr als 1000 weitere Zuschauer verfolgten die Aufführungen aus den Fenstern der umliegenden Häuser und von der Dachgalerie der Nikolaikirche. Die etwa 50 Aufführungen im Goethejahr mit mehr als 70 000 Zuschauern führten die Römerberg-Festspiele zu so einem großen Erfolg, dass auch 1933 Theaterproduktionen zur Aufführung kamen. (s. Stadtchronik Frankfurt)

S. 32 Schießerlass Am 17. Februar 1933 erwirkten die Nationalsozialisten den sogenannten Schießerlass. Dadurch wurde die Polizei ermächtigt, auch mit Schusswaffen gegen NS-Gegner vorzugehen. Zu ihrer Unterstützung wurden etwa 50.000 Hilfspolizisten abgestellt. Sie waren in der Sturmabteilung (SA), der Schutzstaffel (SS) und dem Stahlhelm organisiert. Gemeinsam verhafteten sie bis zum Ende des Wahlkampfs im März 1933 mehr als 25.000 Mitglieder der SPD und KPD.

S. 32 SS Die »Schutzstaffel« (kurz SS) wurde 1923 als Leibgarde Hitlers gegründet und stieg unter Heinrich Himmler zur mächtigsten Organisation im nationalsozialistischen Regime auf. Sie bezeichnete sich selbst als Elitetruppe, war für die Geheimdienste verantwortlich und dafür, dass Millionen von Menschen in den Konzentrationslagern hingerichtet wurden.

S. 34 Puck ist der Hofnarr und Zettel der einfältige Handwerker in Shakespeares Sommernachtstraum

S. 35 Paul Joseph Goebbels (29. Oktober 1897 – 1. Mai 1945 in Berlin) war nicht nur einer der einflussreichsten Politiker während der NS-Zeit, sondern auch einer der engsten Vertrauten Adolf Hitlers. Als Reichspropagandaleiter von Berlin ab 1930 hatte er wesentlichen Anteil am Aufstieg der NSDAP in der Schlussphase der Weimarer Republik. Als Reichsminister für Volksaufklärung und Propaganda und Präsident der Reichskulturkammer hatte er zwei entscheidende Positionen für die Lenkung von Presse, Rundfunk und Film und der Kulturpolitik inne. Durch die Verbindung von demagogischer Rhetorik und Massenveranstaltungen, Film und Rundfunk war es ihm möglich, die Menschen für nationalsozialistische Ideen zu infiltrieren und zu indoktrinieren. Er bereitete ideologisch die Deportation und anschließende Vernichtung von Juden und anderen Minderheiten vor und gilt als entscheidender Wegbereiter des Holocausts. Seine berüchtigte Sportpalastrede vom Februar 1943, in der er die Bevölkerung zum ›totalen Krieg‹ aufrief, steht beispielhaft für die Manipulation der Bevölkerung. Als er 1945 keine Alternative zur Kapitulation mehr sah, starben seine Frau und er nach dem Mord an seinen Kindern mit Hilfe von Zyankali. Unklar ist, ob er sich zusätzlich erschoss.

S. 35 Das Holzhausenschlösschen ist ein barockes Wasserschloss in Frankfurt und an drei Seiten vom

Holzhausenpark umgeben. Die Frankfurter Patrizierfamilie Holzhausen errichtete es auf einem ihrer Gutshöfe, der damals noch an Frankfurts nördlicher Stadtgrenze lag. Es wurde im Laufe der Jahrhunderte mehrmals zerstört und wiederaufgebaut. Als die Stadt wuchs, verlagerte es sich immer weiter in den Frankfurter Stadtteil Nordend.

S. 35 Die Comedian Harmonists hatten mit 150 Konzerten im Jahr 1933 ihren vorläufigen Karrierehöhepunkt erreicht. Da jedoch drei der sechs Mitglieder (Collin, Frommermann und Cycowski) Juden waren, wurden bereits 1933 erste Konzerte abgesagt. Die Harmonists teilten sich in zwei Gesangsgruppen, die jüdischen Sänger emigrierten später in die USA. Berühmt wurden sie u.a. durch »Veronika, der Lenz ist da« oder »Wochenend und Sonnenschein«. »Der kleine grüne Kaktus« erschien 1934 auf Schallplatte.

S. 40 Adolf Hitler (1889–1945) Im Zentrum von Hitlers extrem nationalistischer und antisemitischrassistischer Weltanschauung stand der Glaube an die »germanische Herrenrasse«. Deutschland musste seiner Überzeugung nach mit allen Mitteln vor den tödlichen Angriffen des »Weltjudentums« und später auch des »Weltbolschewismus« bewahrt werden. Er stieg an der Spitze der NSDAP bis zum »Führer und Reichskanzler« des Deutschen Reichs auf. Entsprechend dem Führerprinzip schuf er in Deutschland die nationalsozialistische Diktatur. Hitler bereitete mit brutaler Verfolgung im Inneren und mit einer aggressiver Außenpolitik den Zweiten Weltkrieg vor, in dem

es ihm vor allem um die Gewinnung von »Lebens-
raum im Osten« und die Vernichtung der Sowjet-
union ging. Mit dem Überfall auf Polen brach er ihn
schließlich auch vom Zaun. Die Niederlage bei Sta-
lingrad im Februar 1943 brachte die Wende und die
unausweichliche Niederlage in diesem vom NS-Re-
gime geführten Vernichtungskrieg. Hitler entzog sich
durch Selbstmord in den letzten Kriegstagen der Verantwortung. (siehe auch: Schülerlexikon Geschichte)

S. 41 Schon im 4. Jahrtausend v. Chr. gab es im Alten
Ägypten die Beschneidung bei Männern. Dabei wur-
de die Penisvorhaut entfernt, wie auf alten Darstel-
lungen zu sehen ist. Sie wird nach jüdischem Ritus
Brit Mila genannt, nach islamischem Ritus Chitan
(Khitan). Im Christentum wurde das Kirchenfest
›Beschneidung des Herrn‹ (Beschneidungsfest) bis vor
kürzester Zeit gefeiert. Im Judentum symbolisiert die
Beschneidung den Eintritt der männlichen Juden in
den Bund mit Gott und weist so auch Christen auf
eine Heilsgeschichte hin, die lange vor der Geburt
Jesu ihren Anfang nahm. (siehe auch Wikipedia)

S. 44 ›Sie haben Philip Löwenstein …‹ siehe Bernt Engel-
mann – Im Gleichschritt marsch

S. 48 Eschenheimer Turm Hier kommt es am 30. Januar
1933 zu Schlägereien zwischen der SA und Anhän-
gern der Eisernen Front, bei der alten Markthalle
(Reineckestraße) zwischen Nationalsozialisten und
Kommunisten. Die »Eiserne Front« postiert Wachen
vor dem Gewerkschaftshaus und dem Gebäude der

sozialdemokratischen »Volksstimme«. Kommunisten veranstalten Umzüge und rufen vergeblich zum Generalstreik auf. Am Abend demonstrieren 2.000 SA-Männer von der Innenstadt nach Bornheim. SA und SS agieren in den nächsten Tagen und Wochen mit offenem Terror. Zugleich werden Demonstrationen der KPD und linkssozialistischer Organisationen wiederholt polizeilich aufgelöst. (Siehe: www.stadtgeschichte-ffm.de/de/stadtgeschichte/stadtchronik/1933)

S. 48 Eiserne Front Sie war ein Zusammenschluss des Reichsbanners Schwarz-Rot-Gold, des Allgemeinen freien Gewerkschaftsbundes (ADGB), der SPD, des Allgemeinen freien Angestelltenbundes (Afa-Bund) und des Arbeiter-Turn- und Sportbundes (ATSB). Als Bündnis war ihr Ziel die »Erhaltung und Erfüllung« der Verfassung der Weimarer Republik und die Abwehr radikaler »republikfeindlicher« Bestrebungen, vor allem durch die Nationalsozialisten.

S. 51 Hunderte von KünstlerInnen wie z.B. SchriftstellerInnen, emigrierten schon früh im Jahr 1933 ins Ausland - vor allem nach dem Reichstagsbrand - u.a. Bertolt Brecht, Anna Seghers, Thomas Mann

S. 55 Der Kaiserdom St. Bartholomäus ist der größte Sakralbau in Frankfurt am Main. In dieser ehemaligen Wahl- und Krönungskirche wurden die römisch-deutschen Kaiser gewählt, und sie ist deshalb ein bedeutendes Baudenkmal der Reichstagsgeschichte. Vor allem im 19. Jahrhundert galt der Dom als Symbol nationaler Einheit.

S. 58 Die Künstlerklause gehörte zu den ›Groß-Frank-furt‹-Betrieben und lag gleich hinter dem Eschenheimer Turm. Für fast drei Jahrzehnte lag dort der Brennpunkt des Frankfurter Nachtlebens. Auf dieser Bühne waren die großen Namen der Kleinkunstszene zu finden, wie auch immer wieder Claire Waldoff, der lesbische Beziehungen nachgesagt wurden.

S. 61 Der Name Klaa Paris ist von Klein Paris abgeleitet. Er bezeichnet den Frankfurter Stadtteil Heddernheim. Dieser Ortsteil gilt mit seinem spektakulären Fastnachtsumzug als die Hochburg der Frankfurter Fastnacht.

S. 74 Rassengesetze oder auch Nürnberger Gesetze Mit ihrem Inkrafttreten am 15. September 1935 war die rechtliche Grundlage für die Verfolgung der Juden in Deutschland geschaffen. Antisemitismus war zukünftig nicht nur legal, sondern gesetzlich verordnet.
Eins dieser Gesetze war das so genannte "Gesetz zum Schutze des deutschen Blutes und der deutschen Ehre". Es gründete auf der Annahme, dass "die Reinheit des deutschen Blutes die Voraussetzung für den Fortbestand des deutschen Volkes" sei und wird auch als Blutschutzgesetz bezeichnet. Danach war es Juden und Nicht-Juden verboten zu heiraten. Bereits geschlossene Ehen galten als nichtig. Zudem war es ihnen auch untersagt, außerehelichen Geschlechtsverkehr zu haben.
Das zweite Nürnberger Gesetz war das so genannte Reichsbürgergesetz und regelte die Reichszugehörigkeit im nationalsozialistischen Deutschland. Danach

waren Staatsangehörige jüdischen Glaubens nicht als Reichsbürger anzusehen. Sie durften u.a. nicht wählen oder in einem öffentlichen Amt tätig sein.

S. 75 Die nationalsozialistische Organisation Kraft durch Freude (KdF) wurde am 27. November 1933 als Unterorganisation der Deutschen Arbeitsfront (DAF) gegründet. Ihr Ziel war, dem Totalitätsanspruch des NS-Regimes mit der »Bildung einer wirklichen Volks- und Leistungsgemeinschaft aller Deutschen« gerecht zu werden.

S. 79 Flieger – Sondereinheit Mitglieder der Hitler-Jugend konnten am damaligen Frankfurter Flughafen Ausbildungen in der Flieger-Sondereinheit absolvieren.

S. 83 Der Metzger ruft ... Umdichtung von Bertolt Brecht

S. 86 Der im Jahr 1871 eröffnete Palmengarten ist einer von drei botanischen Gärten in Frankfurt am Main und liegt im Stadtteil Westend. Mit 22 ha ist er einer der größten Gärten seiner Art in Deutschland.

S. 93 Josephine Baker (1906 – 1975) war Tänzerin, Sängerin und Schauspielerin. Ihre Tänze in Revuetheatern, bei denen sie nur mit einem Bananenrock bekleidet ist, sind legendär.

S. 94 Händchen falten ... Kindergebet aus den 1933er Jahren

S. 97 Der kleine Häwelmann (Theodor Storm) liegt im

Schlafanzug in seinem Rollbettchen und kommt nicht zur Ruhe. Da fährt er einfach durchs Schlüsselloch auf einem Mondstrahl hinaus in die Nacht.

S. 98 Wehrgedanke und Schule Von L. Grünberg, 1934 Aus dem Inhalt u. a.: Die Ziele (Rasse, Volk, Heer / Schule und Heer / Der Soldat als Verkörperung echten Mannestums / Der Heerführer als heldisches Vorbild)

S. 101 Hitlergruß im Kabarett. Der Flüsterwitz erfreute sich in der Zeit des Nationalsozialismus großer Beliebtheit, der manchmal auch bekannten Komikern wie Karl Valentin, Weiß Ferdl oder Werner Finck in den Mund gelegt wurde. So soll z.B. Weiß Ferdl die Hand mit den Worten hochgestreckt haben: »So hoch liegt der Schnee.«
Fritz Grünbaums Leben endete tragisch. Auf stockdunkler Bühne sagte er: »Ich sehe nichts, absolut gar nichts, da muss ich mich in die nationalsozialistische Kultur verirrt haben.« Fritz Grünbaum wurde im KZ Dachau ermordet.

S. 102 Bei der Eröffnungsfeier von seinem Palast des Okkultismus ging Hanussen zu weit. Er versetzte die Schauspielerin Maria Paudler in Trance und ließ sie ›Feuer, Flammen, Verbrecher am Werk‹ sagen. Am nächsten Tag brannte der Reichstag. Es war das Ereignis, mit dem die Nazis durch Notverordnungen ihre Macht festigen konnten. Kurz darauf wurde Hanussen von der SA erschossen. Wilfried Kugel: Hanussen – Die wahre Geschichte des Hermann Steinschneider. Düsseldorf 1998

S. 110/112 Der Reichstagsbrand in der Nacht vom 27. Auf den 28. Februar 1933 war der Brand des Reichstagsgebäudes in Berlin. Der Brand war auf Brandstiftung zurückzuführen. Am Tatort wurde Marinus van der Lubbe festgenommen, ein geistig verwirrter Kommunist. Seine angebliche Alleintäterschaft wird noch heute kontrovers diskutiert. Man vermutet eine unmittelbare Tatbeteiligung der Nationalsozialisten. Noch in der Nacht wurden Tausende von Kommunisten verhaftet, viele wurden erschossen. Gleich am 28. Februar wurde die Reichstagsbrandverordnung oder auch die Verordnung des Reichspräsidenten zum Schutz von Volk und Staat erlassen. Dadurch wurden die Grundrechte der Weimarer Verfassung außer Kraft gesetzt. Jetzt war eine Verfolgung der politischen Gegner der NSDAP durch Polizei und SA offiziell erlaubt. Dies war ein entscheidender Schritt in die Errichtung der nationalsozialistischen Diktatur. Die Gefängnisse waren bald überfüllt. Politische Häftlinge wurden auch in improvisierte Haftlager gebracht, in die ersten ›wilden‹ oder auch ›frühen‹ Konzentrationslager.

S. 113 Hanussen siehe S. 102

S. 122 Aus einer Rede Hitlers zum Reichstagsbrand

S. 124 Wir werden weitermarschieren … (Es zittern die morschen Knochen) Hans Baumann. Es gehörte zu den Standardtexten der Hitler-Jugend und der SA. 1934 wurde es zum Pflichtlied des Reichsarbeitsdienstes.

S. 136 Der Hitler-Putsch vom 9. November 1923 war der Versuch, die deutsche Regierung zu stürzen. Adolf Hitler wollte sich zum Diktator des Deutschen Reichs erklären. Der Putschversuch war aber derart schlecht organisiert, dass Hitler schon an der Feldherrnhalle in München aufgehalten und verhaftet wurde. Während der fünfjährigen Gefängnisstrafe schrieb er sein Buch »Mein Kampf«.

S. 140 Die Adler-Werke waren ein deutsches Fahrzeug- und Maschinenbauunternehmen mit Sitz in Frankfurt am Main, das Fahrräder, Schreibmaschinen, Autos und Motorräder herstellte. In den Werken waren während des Kriegs Arbeitslager für Zwangsarbeiter an der Froschhäuser Straße, Kleyerstraße 45 und Krifteler Straße 47 (Werk IV) untergebracht.

Da für die Fertigung von Motoren und Fahrgestellen für Halbkettenfahrzeuge der Wehrmacht Arbeitskräfte fehlten, beantragte die Unternehmensleitung vom SS-Wirtschafts- und Verwaltungshauptamt die Zuweisung von KZ-Häftlingen. Der Antrag wurde bewilligt. Die Häftlinge wurden auf dem Gelände im Werk I an der Weilburger Straße untergebracht. Zwischen August 1944 und dem 24. März 1945 arbeiteten rund 1.600 Menschen im Außenlager des KZ Natzweiler-Struthof mit dem Decknamen Katzbach. Etwa ein Drittel der KZ-Häftlinge starb in Frankfurt. Mehr als 700 wurden, weil sie zu schwach zum Arbeiten waren, in andere Lager transportiert. Nur ein geringer Teil der in den Adlerwerken Inhaftierten überlebte. Am 24. März 1945 wurden etwa 350 Häftlinge über Hanau, Schlüchtern, Fulda und Hünfeld auf einem Todesmarsch zum KZ Buchenwald getrieben.

S. 155 Original-Lieder: ›Mein Gorilla hat 'ne Villa im Zoo‹ und ›Adolf Hitlers Lieblingsblume ist das schlichte Edelweiß‹

S. 156 Originalzitat aus dem ›Völkischen Beobachter‹: »Zerstampft den Kommunismus! Zerschmettert die Sozialdemokratie!«

S. 158 Die Reichstagswahl am 05. März 1933 zum achten Deutschen Reichstag in der Weimarer Republik war die letzte Wahl, an der mehr als eine Partei teilnahm: In Frankfurt am Main erreichen die Nationalsozialisten 168.745 (44,1 %) der 382.359 abgegebenen gültigen Stimmen (bei 432.626 Wahlberechtigten), also keine absolute Mehrheit. Im Wahlkampf verübte die NSDAP mit der SA verstärkte Übergriffe auf politische Gegner wie die KPD oder SPD. Gegendemonstrationen wurden verboten, jegliche Form von Opposition im Keim erstickt. Die Reichstagsbrandverordnung hatte die Grundrechte außer Kraft gesetzt, sodass die Strukturen der KPD im Prinzip zerschlagen wurden. Im Bündnis mit der Kampffront Schwarz-Weiß-Rot hatte die NSDAP eine parlamentarische Mehrheit und konnte so den Weg in die Diktatur ausbauen. Bei der nächsten Wahl im November 1933 trat nur noch die NSDAP-Einheitsliste an.

S. 159 Zahlreiche jüdische Mitarbeiter sahen sich gezwungen, die liberale Frankfurter Zeitung schon 1933 zu verlassen. Darunter waren so berühmte Kritiker wie Siegfried Kracauer oder Walter Benjamin.

S. 162 KZ Osthofen Anfang März 1933 wurde eine leerstehende Papierfabrik von den Nationalsozialisten beschlagnahmt und als Konzentrationslager genutzt. Ab dem 1. Mai 1933 diente es als eins der ersten staatlichen KZs im Deutschen Reich. Hier kam es zu keinen Todesfällen, anders als z. B. im KZ Dachau.

S. 164 Kinderhaus Hans-Thomastr. 24 oder auch ›Kinderhaus der weiblichen Fürsorge‹.

S. 171 Ich bin am Ort das größte Schwein … Original-Zitate auf Pappschildern, die jüdische Frauen und Männer, bzw. solche, die jüdische Männer oder Frauen geheiratet hatten, um den Hals tragen mussten.

S. 157 Als Judenboykott wurde der Boykott jüdischer Geschäfte, Warenhäuser, Banken, Geschäfte, Arztpraxen, Rechtsanwalts- und Notarkanzleien bezeichnet, den die Nationalsozialisten am 1. April 1933 durchführten. Dies war die erste reichsweite, gezielt nur gegen Juden gerichtete Maßnahme, die lokal schon seit März 1933 begleitet von gewalttätigen Aktionen aufflammte.

S. 179 Ernst Theodor Amandus Litfaß (1816 – 1874) war Verleger und Druckereibesitzer. Bekannt wurde er als Erfinder der Litfaßsäule, die nach ihm benannt wurde. Mit Geldern aus vielen Wohltätigkeitsveranstaltungen unterstützte er Soldaten.

S. 190 Mit dem Ermächtigungsgesetz war das Parlament entmachtet worden. Die Parteien hatten ihre Funktion als politische Entscheidungsträger verloren. Nach dem Verbot der KPD wurden Anfang Mai 1933 die Gewerkschaften zerschlagen. Am 22. Juni 1933 folgte das Verbot der SPD.

S. 198 Die Bücherverbrennung war eine Aktion, die von der NSDAP, der Hitlerjugend, Körperschaften der SA und der Deutschen Studentenschaft geplant und durchgeführt wurde. Dabei wurden die Werke verfemter Autoren und Autorinnen ins Feuer geworfen und verbrannt. Die Bücherverbrennungen waren der Höhepunkt der ›Aktion wider den undeutschen Geist‹, mit der jüdische und oppositionelle Schriftsteller und Schriftstellerinnen verfolgt wurden und leiteten die radikale Wende für eine nationalsozialistische Erziehung ein.

S. 206 Comedian Harmonists siehe S. 35

S. 213 Die Beschreibung der Bücherverbrennung ist möglichst authentisch wiedergegeben. Siehe Institut für Stadtgeschichte https://www.frankfurt1933-1945.de/home

S. 247 Der Bund Deutscher Mädel war das weibliche Pendant zur Hitlerjugend, bei dem alle Mädchen und jungen Frauen zwischen 10 und 21 Jahren erfasst wurden. Ziel war die Erziehung für den Nationalsozialismus und die Vorbereitung auf die künftigen Aufgaben in der nationalsozialistischen Volksgemeinschaft. Später wurden die BDM-Mädchen bei Arbeitsdiensten und schließlich auch bei Kriegshilfsdiensten eingesetzt.

S. 250 Comedian Harmonists siehe S. 35

S. 264 Das Kinderhaus des Vereins der weiblichen Fürsorge e.V., das von der Frankfurter Sozialreformerin Bertha Pappenheim mitgegründet wurde, nahm schon 1919 rund 49 jüdische Kinder auf, die verwaist waren oder nicht versorgt werden konnten. Ab etwa 1935 nahm das Heim zusätzlich auch Kinder auf, deren Eltern aufgrund der NS-Verfolgung verarmt waren oder die Flucht aus Deutschland vorbereiteten. Hinzu kamen Kinder aus aufgelösten Heimen und Kinder aus umliegenden Landgemeinden, die vor der dortigen judenfeindlichen Atmosphäre geschützt werden sollten. Einzelne Kinder aus dem Kinderhaus wurden bereits ab Oktober 1941 mit ihren Familien deportiert. Der Großteil der Kinder und ihre Betreuer wurden im September 1942 nach Theresienstadt deportiert, die meisten von ihnen später in Auschwitz ermordet. Zitat aus: www.gedenkorte-Frankfurt.de

S. 287 Bremerhaven-Wesermünde Ab 1925 fuhr der Zug zur Columbuskaje ab Bahnhof Bremerhaven-Wesermünde. Vor 1925 gab es nur Bahnhof Geestemünde. 1925 vereinigten sich Geestemünde und Lehe zu Wesermünde.

S. 287 Beim Bau der Columbuskaje wurde zwischen dem Außendeich und der späteren Kaje eine Fläche aufgeschwemmt, auf der der Columbusbahnhof entstand. Von hier aus gab es eine Bahnverbindung zum Hinterland. Die Kaje wurde als wichtiger Anlegeplatz von Dampfschiffen im Transatlantikverkehr in die Vereinigten Staaten bekannt. In den 1930er Jahren legten hier die weltbekannten Schiffe mit dem Blauen Band wie die Bremen oder Europa des Norddeutschen Lloyd an. (siehe Stadtarchiv Bremerhaven)

S. 288 ›Muss i denn …‹ wurde nachweislich in den zwanziger bis in die dreißiger Jahre hinein von der Bordkapelle gespielt.

S. 288 Das Gespensterschiff war eins der ersten wilden Konzentrationslager in Bremerhaven. Als die Schmerzensschreie der Gequälten auf dem Gespensterschiff, einem für die Marine-SA gekauften Minensuchschiff zu laut wurden, verlegte man es mehrfach. Bis Ende Januar 1934 bestand zudem ein Konzentrationslager auf der Insel Langlütjen II in der Wesermündung, in dem viele Bremer und Bremerhavener Regimegegner interniert wurden. https://www.bremerhaven.de/de/freizeit-kultur/stadtarchiv/archivpaedagogische-materialien-i-die-machtergreifung-durch-die.62556.html

Danksagung

In einer Zeit, in der es auffallend mehr rechtsextremistische und antisemitische Vorfälle gibt, in der Unwissen über das 3. Reich zu unerträglichen Vergleichen führt, in der mit unbegreiflicher Ahnungslosigkeit Corona-Maßnahmen mit KZ-Methoden gleichgesetzt werden, fasste ich den Entschluss, einen Jugendroman über das Jahr 1933 zu schreiben, über das Jahr, in dem die Nationalsozialisten die Herrschaft übernahmen.

War der 30. Januar wirklich der Tag der Machtergreifung? Wie konnte Schritt für Schritt eine Diktatur errichtet werden? Wie konnte Hitler erreichen, dass sich ein Volk den Nazis beugte? Wie sah es mit dem Widerstand aus?

Es folgte ein intensiver Prozess der Recherche und des Schreibens, den ich ohne Freunde und Freundinnen, ohne engagierte Mitmenschen, ohne die Kompetenz seitens Fachkundiger nicht hätte erfolgreich abschließen können. Das Ergebnis ist ein spannender, fiktiver Roman, der in den historischen Kontext der Geschehnisse von 1933 eingebunden ist.

Von ganzem Herzen möchte ich mich bei Andreas Lion und Felix Münch von der Landeszentrale für politische Bildung für ihre großzügige Unterstützung bedanken, beim Institut für Stadtgeschichte in Frankfurt und dem Historischen Museum. Großer Dank geht an Rolf Stindl aus Bremerhaven, der mir mit zahlreichen fachlichen Kontakten weiterhalf, wie zu der engagierten Brita Scheuermann, Jens Carstensen oder dem Auswandererhaus, die mir mit Informationen rund um die Columbuskaje weiterhalfen.

Großer Dank geht an Andrea Gibbels, meine Lektorin, die mich mit Engagement zu jeder Tages- und Nachtzeit unterstützte. Danke an die Freunde wie Diana Schönau, Hans Krieg, Anja Dorn, Dr. Erika Dittrich, Sabine Gerullis, Heike Mühlenbruch, Claudia Dern und auch Volker Lange, die mir mit unterschiedlichster Unterstützung halfen, meinen Weg zu gehen.

Was wäre der Horlemann-Verlag ohne Iris Lemanczyk und Andreas Kirchgäßner, die dem Verlag zu neuem Leben verhalfen und Katja Schüch, die mit Sachverstand und Sympathie für die Fertigung des Romans verantwortlich war.

Danke an:
Kultusministerin Angela Dorn für das Literaturstipendium
Die Hessische Kulturstiftung für das Arbeitsstipendium
Die Hessische Kulturstiftung für das Projektstipendium

r